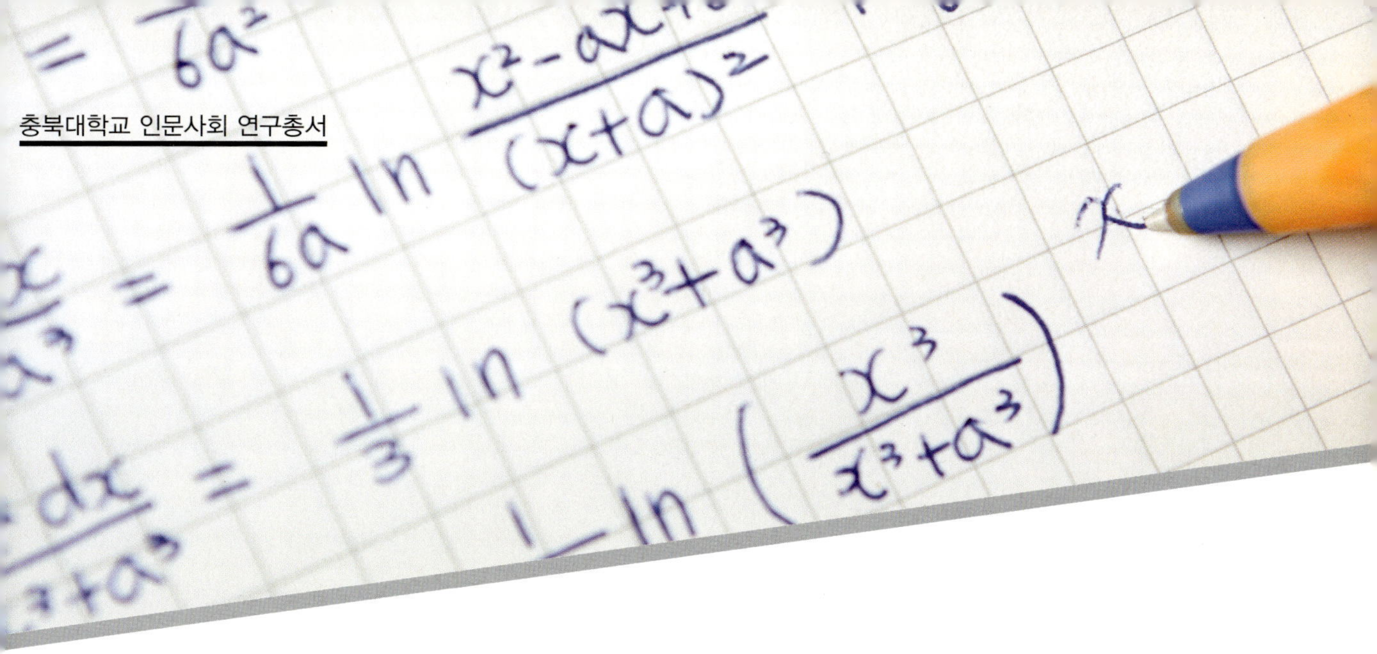

충북대학교 인문사회 연구총서

경제 수학

구영완 지음

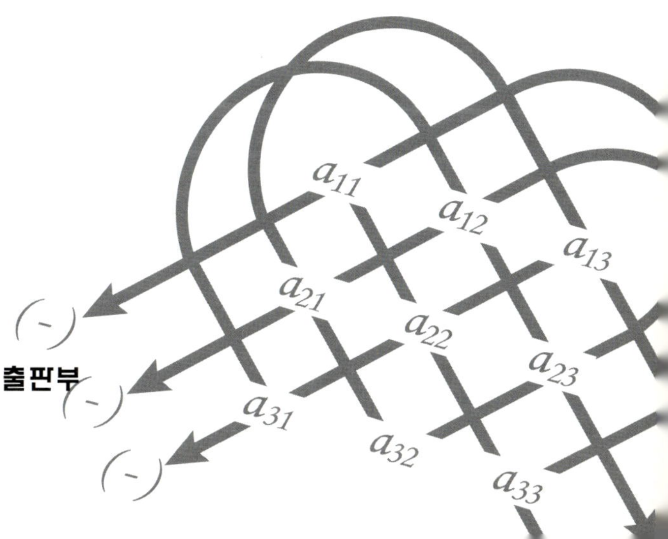

충북대학교 출판부

경제수학

구 영 완

경제수학

저 자	구 영 완
발행처	충북대학교 출판부
발행인	윤 여 표
주 소	(28644) 충북 청주시 서원구 충대로1 (개신동12)
전 화	043)261-2952, 3014
팩 스	043)274-1256
이메일	presscbu@chungbuk.ac.kr
등 록	제1983-2001-7호
초판 1쇄	2017년 3월 2일
인쇄처	다해 02)2266-9247

* 이 저서는 2014학년도 충북대학교 학술도서지원사업에 의하여 발행되었음 (This work was supported by the academic books of the Chungbuk National University in 2014).

ISBN 978-89-7295-272-5 93320

값 23,000원

감사의 말

나에게 많은 가르침을 주고 이 책을 쓸 수 있도록 격려해준 가족과 친구와 학생들에게 감사한다. 내가 지금의 이 자리에서 연구하고 강의 할 수 있다는 행복은 모두 이들의 덕분임을 분명히 하고 싶다. 사랑하고 고맙다.

나는 오랫동안 경제수학을 가르치면서 '어떻게 쉽게 경제 수학을 전달할 수 있을까?'를 항상 스스로에게 질문하였다. 이 질문에 대한 답이 이번의 "경제 수학" 책이다. 경제수학 강의를 준비하면서 오랫동안 틈틈이 준비한 것을 2년 정도 적극적으로 쓰기 시작하여 집필을 마무리하였다. 수학은 기호의 학문이고 이 기호를 문자로 이해하는 것이 가장 중요하다고 생각한다. 그래서 이 책에서는 그림과 수식과 설명을 통하여 기호가 의미하는 것을 설명하려고 노력하였다. 그러나 생각과 달리 스스로 지쳐가고 또한 시간에 쫓기다 보니 최초의 생각과 달리 조금 부족한 면도 발생하였다. 이 점은 독자인 학생과 선생님들께 많이 미안하다. 그러나 기본적인 내 생각은 "경제 수학" 책에 잘 나와 있다. 나는 학생들이 이 책을 통하여 경제 수학을 좀 더 쉽게 이해하고 응용 할 수 있기를 바라는 마음이다.

수학책이다 보니 그림이나 수식 작업에 어려움이 많았고 계속되는 계산의 오류는 지루한 일과가 되었으나, 대학원생 홍석현 군의 적극적인 도움으로 잘 마무리하게 되었다. 홍군에게 감사의 마음 꼭 전하고 싶다. 항상 큰 형님 같고 꼼꼼하신 김승년 교수, 천재성을 가진 이성훈 교수, 성실한 삶의 자세를 보이고 있는 김형욱 박사, 유학을 준비중인 박동규 학생. 편집과정에서 이들이 보여 준 성의와 열성에 감사한다. 꼭 미래에는 이들과 같이 작업할 수 있는 기회를 가지기 바란다. 마지막으로 항상 옆에서 슬픔과 고민과 행복을 같이 해준 가족에게 내 마음을 전하고 싶다. 좋은 남편 좋은 아빠가 되도록 항상 노력하고 있다는 점을 기억해 주기 바란다.

학교 출판부와 교정작업에 고생을 하신 출판부 직원 분들에게 감사의 마음을 전한다.

2017년 1월

충북대학교 연구실에서

목 차

쪽	줄	원본	수정
34	16	$a_{11}x_1$	$a_{12}x_2$
36	7	$I=I_0+er$	$I=I_0-er$
37	3	$-\frac{38}{5}$	$\frac{38}{5}$
39	5	$bY-C+0I+0r=-C_0$	$b(1-t)Y-C+0I+0r=-C_0$
39	6	$0Y+0C-I-er=I_0$	$0Y+0C+I+er=I_0$
41	19-20	$\frac{x_{12}}{x_1}x_1,\ \frac{x_{21}}{x_2}x_2$	$\frac{x_{12}}{x_2}x_2,\ \frac{x_{21}}{x_1}x_1$
42	2-3	$a_{11}X_1+a_{12}X_1+D_1$ $a_{21}X_2+a_{21}X_2+D_2$	$a_{11}X_1+a_{12}X_2+D_1$ $a_{21}X_1+a_{21}X_2+D_2$
67	14	$\frac{dy}{dp_x}\frac{p_x}{y}$	$\frac{dx}{dp_y}\frac{p_y}{x}$
87	20	2%	3%
100	11	$3x$	$6x$
101	6	$-\frac{1}{x^2}$	$\frac{1}{x^2}$
102	11, 19	그림, e	그림 삭제, e^{-3}
116	6	총 이윤	총 수입
117	10	$-0.1G$이므로……대입하면	-0.1
131	16	$+(6x_1x_2)dx_2$	$-(6x_1x_2)dx_2$
134	6	d^2z, dy^2	d^2z, d^2y
135	4	$\frac{dy}{dw}\frac{dw}{dx}$	$\frac{dy}{dx}\frac{dx}{dw}$
136	16	$4(2t-3)+3(5t^2)\cdot 10t$	$4(2t-3)+3(5t^2)^2\cdot 10t$
139	2		5번 문제 삭제
148	16	$d^2y<0$	$d^2z<0$
154	1	$[H_1]=-\frac{1}{100}$, $[H_2]=\frac{2}{10,000}$	$[H_1]=-\frac{2}{100}$, $[H_2]=\frac{4}{10,000}$
154	7, 12	$\frac{14}{9}$, $\Pi=3$	$-\frac{1}{3}$, $\Pi=1$
161	21	x_1+x_2	$4x_1+x_2$
163	3, 12	$L_2=\frac{1}{2}x_1^{\frac{1}{2}}x_1^{-\frac{1}{2}}-\lambda p_{2=0}$, $\left[\ \frac{1}{2}(-\frac{1}{2})x_1^{\frac{1}{2}}x_1^{-\frac{3}{2}}\right]$	$L_2=\frac{1}{2}x_1^{\frac{1}{2}}x_2^{-\frac{1}{2}}-\lambda p_{2=0}$, $\left[\ \frac{1}{2}(-\frac{1}{2})x_1^{\frac{1}{2}}x_2^{-\frac{3}{2}}\right]$
165	7, 16	$\begin{pmatrix}0&2&1\\2&-2&0\\1&0&0\end{pmatrix}$, $\begin{pmatrix}0&4&-1\\4&2&0\\-1&0&0\end{pmatrix}$	$\begin{pmatrix}0&1&1\\1&-2&0\\1&0&0\end{pmatrix}$, $\begin{pmatrix}0&4&1\\4&2&0\\1&0&0\end{pmatrix}$
168	14, 22	$2z-\lambda$, $[H_4]<0$	$2z-\lambda=0$, 삭제
180	9	$\int\frac{1}{x^2+5}dx$	$\int\frac{1}{x^2+5x}dx$
184	9	$\frac{1}{3}(x^2+1)^{\frac{3}{2}}$	$\frac{1}{3}(x^2+2)^{\frac{3}{2}}$
198	2-3	우측 $MU(x)$, 좌측 $MC(x)$	좌측 $MU(x)$, 우측 $MC(x)$
198	3	$MC(x)$는 수요함수이고 $MU(x)$는 공급함수	$MC(x)$는 공급함수이고 $MU(x)$는 수요함수
198	10, 19	수량인 D로, $20t-2x^2$	가격인 p로, $20x^*-2x^2$

제 1 장 함수

함수는 집합간의 관계를 가장 명확하게 보여주는 방법이다. 경제학은 현실에 나타난 집합간의 관계를 표현하기 위하여 함수를 이용한다. 본 장에서는 함수의 개념을 집합과 관련하여 생각해보고, 함수가 경제학에서 어떻게 이용되는지 알아본다.

1-1. 함수의 개념 및 형태

▶ 함수의 개념

두 집합 X와 Y가 주어졌을 때 X의 각 원소에 Y의 원소가 하나씩 대응하는 관계를 X에서 Y로의 함수(function of X into Y)라 하고 기호로 다음과 같이 표시한다.

$$f: X \to Y \text{ 또는 } X \overset{f}{\to} Y$$

집합 X의 한 원소에 집합 Y의 원소가 두 개 이상 대응하는 경우는 함수가 아니다.

함수에는 정의역, 공역, 치역에 해당하는 집합이 있다. $f: X \to Y$에서 집합 X는 정의역(domain), 집합 Y는 공역(codomain), 집합 $\{f(x) | x \in X\}$는 치역(range)이 된다.

▶ 정의역과 공역의 관계에 따른 함수의 정의

1) 단사함수(injection) 혹은 일대일 함수(one-to-one function): 정의역의 서로 다른 원소를 공역의 서로 다른 원소로 대응시키는 함수를 단사함수 혹은 일대일 함수라고 한다. 이를 수식으로 달리 표현하면, 함수 $f: X \to Y$에서 정의역 X의 임의의 두 원소가 $x_1 \neq x_2$이면 $f(x_1) \neq f(x_2)$가 성립할 때 이 함수를 단사함수 혹은 일대일 함수라고 한다. 따라서 단사함수는 정의역의 서로 다른 원소가 각각 다른 함수 값을 가진다고 할 수 있다.

2) 전사함수(surjection): 공역과 치역이 동일한 경우는 전사함수라고 한다.

3) 쌍사함수(bijection) 혹은 일대일 대응(one-to-one correspondence): 정의역의 임의의 한 원소에 공역의 원소가 단 하나만 대응하고 공역의 임의의 한 원소에도 정의역의 원소가 단 하나만 대응할 때 일대일 대응이라고 한다, 일대일 대응이 되어야 역함수가 존재한다. 단사함수이면서 동시에 전사함수인 경우는 일대일 대응이 된다. 이를 쌍사함수라고도 한다.

다음 그림을 보면 쉽게 이해가 된다. 그림 1)은 단사함수(일대일 함수)이지만 전사함수가 아니다. 그림 2)는 단사함수도 아니고 일대일 대응도 아니지만 전사함수이다. 그림 3)은 단사함수이고 동시에 전사함수이므로 일대일 대응이다. 따라서 쌍사함수가 된다.

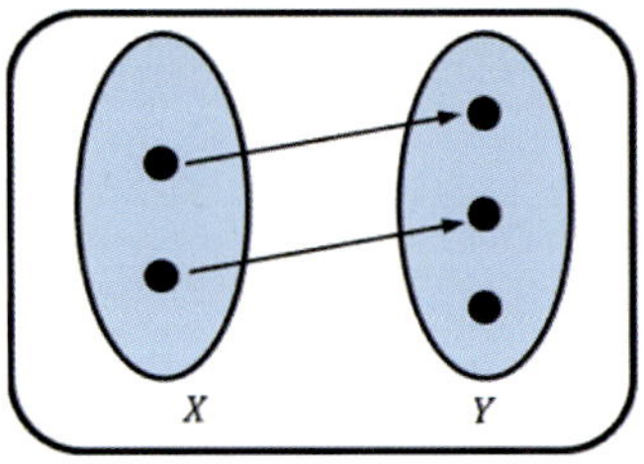

1) 단사함수

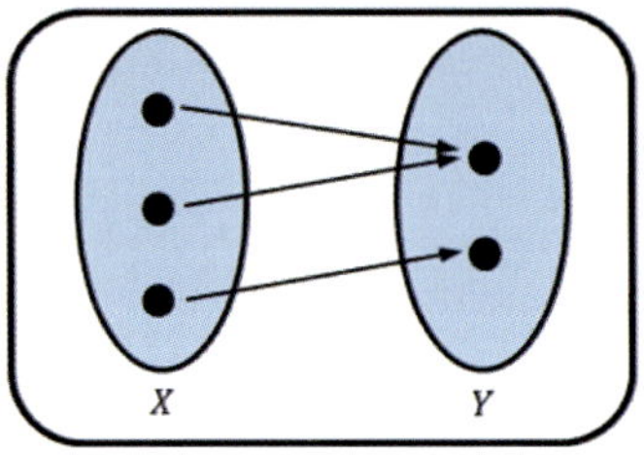

2) 전사함수

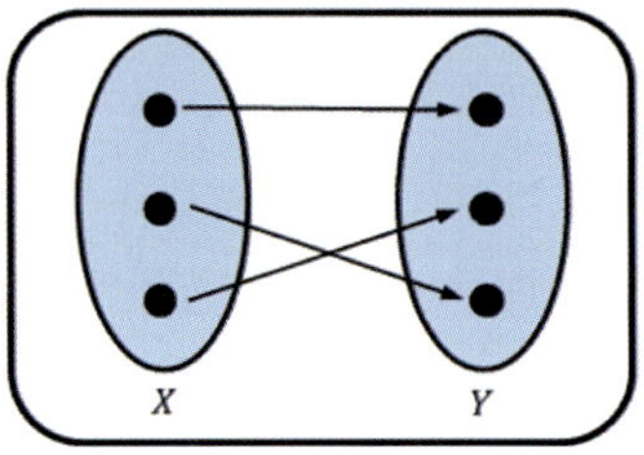

3) 쌍사함수

▶ 함수의 개수

정의역인 집합 X의 원소가 m개, 공역인 집합 Y의 원소가 n개 있는 경우 다음을 생각해 보자.

(1) 집합 X에서 집합 Y로의 가능한 함수의 개수는 다음과 같다.

$$n^m$$

증명) 집합 X의 한 원소가 집합 Y의 개별 원소 n개에 대응할 수 있다. 마찬가지로 집합 X의 원소 m개가 각각 집합 Y의 n개에 각각 대응하므로 함수의 개수는 $n \times n \times n \cdots\cdots = n^m$이 된다.

(2) $\mathrm{m} \le n$인경우 집합 X에서 집합 Y로의 일대일 함수의 개수는 다음과 같다.

$$n(n-1)(n-2)\cdots(n-(m-1))$$

증명) 집합 X의 첫 번째 원소는 집합 Y의 n개의 원소에 대응하고, 집합 X의 두 번째 원소는 집합 Y의 $(n-1)$ 개의 원소에 대응하고, 집합 X의 마지막 m 개의 원소는 집합 Y의 $(n-(m-1))$에 대응한다. 따라서 위와 같은 순열이 된다.

생각 열기

함수의 이름은 좌측에 위치한 종속변수의 명칭을 따른다.

경제학은 경제 현상을 함수를 이용하여 관계식으로 만드는 경우가 많다. 이 경우 함수 이름은 일반적으로 종속변수의 이름을 따른다. 즉, $\boldsymbol{y=f(x)}$에서 $\boldsymbol{x}$는 독립변수(설명변수), $\boldsymbol{y}$는 종속변수(피설명변수)인 경우 이 함수를 $\boldsymbol{y}$ 함수라고 부른다. 예를 들면, 종속변수가 각각 수요량과 공급량인 함수의 이름은 각각 수요함수와 공급함수이다. 따라서 함수를 이해하기 위해서는 종속변수와 독립변수가 무엇인지 구별하는 것이 중요하다.

다음의 사례를 보고 좌측 및 우측에 어떤 변수가 오는지 생각해 보자.

(1) **수요함수:** 수요함수란 소비자의 수요에 영향을 미치는 요인들과 수요량 간의 관계를 나타내는 함수이다. 재화의 가격을 제외한 모든 변수들이 불변이라고 가정한다면 종속변수인 수요량 $\boldsymbol{Q_d}$는 독립변수인 가격 $\boldsymbol{p}$의 함수로 나타낼 수 있다. $\boldsymbol{Q_d = D(p)}$.

(2) **공급함수:** 공급함수는 공급량과 공급량에 영향을 미치는 재화의 가격, 다른 재화들의 가격, 자본과 노동, 기술수준 등과의 관계를 나타내는 함수이다. 재화 가격 이외의 모든 변수들이 불변이라고 가정한다면 종속변수인 공급량 $\boldsymbol{Q_s}$는 독립변수인 $\boldsymbol{p}$의 함수로 나타낼 수 있다. $\boldsymbol{Q_s = S(p)}$.

(3) **정규분포:** 정규분포의 식은 다음과 같이 나타낼 수 있다. $\boldsymbol{p = f(x) = \frac{1}{\sqrt{2\pi\sigma^2}}\exp\left[\frac{-(x-\mu)^2}{2\sigma^2}\right]}$. 단, $-\infty < \boldsymbol{x} < \infty$. 정규분포도 함수이므로 변수로 설명할 수 있다. 여기서 $\boldsymbol{p}$는 종속변수로 분포를 나타내며, $\boldsymbol{x}$는 독립변수이다. 그 외의 값은 모두 상수이다.

(4) **표준정규분포:** 표준정규분포는 $\boldsymbol{z = \frac{x-\mu}{\sigma} \sim N(0,1)}$ 로 표시할 수 있다. 표준정규분포도 함수이므로 변수로 설명할 수 있다. 여기서 $\boldsymbol{z}$는 종속변수로 표준정규분포를 나타내며, $\boldsymbol{x}$는 독립변수이다. 그 외의 모든 값들은 상수이다.

1-2. 단조함수

▶ **단조함수**: 함수 $f(x)$ 에서, 정의역에 속한 원소 a, b 가 $a < b$ 일 때 $f(a) \leq f(b)$ 또는 $f(a) \geq f(b)$가 성립하면 함수 $f(x)$를 단조증가함수 또는 단조감소함수라고 하며, 이들을 합쳐 단조함수라고 한다.

한편 원소 a, b가 $a < b$일 때 $f(a) < f(b)$ 또는 $f(a) > f(b)$가 성립하면 함수 $f(x)$를 강단조증가함수 또는 강단조감소함수라고 하며, 이들을 합쳐 강단조함수라고 한다.

강단조증가함수	강단조감수함수	단조함수가 아닌 경우
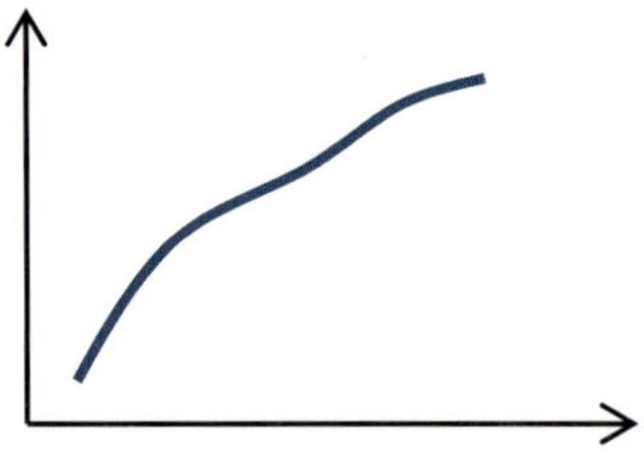	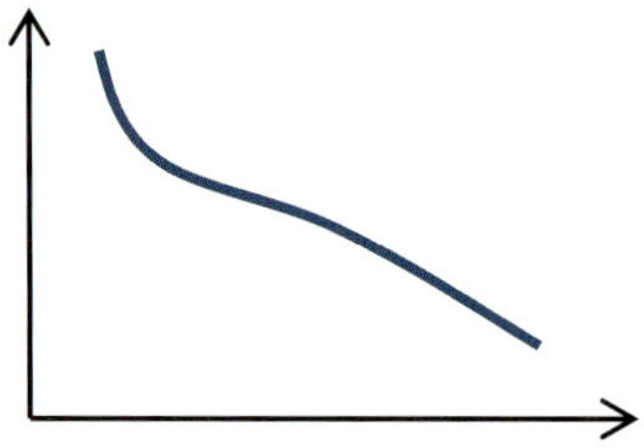	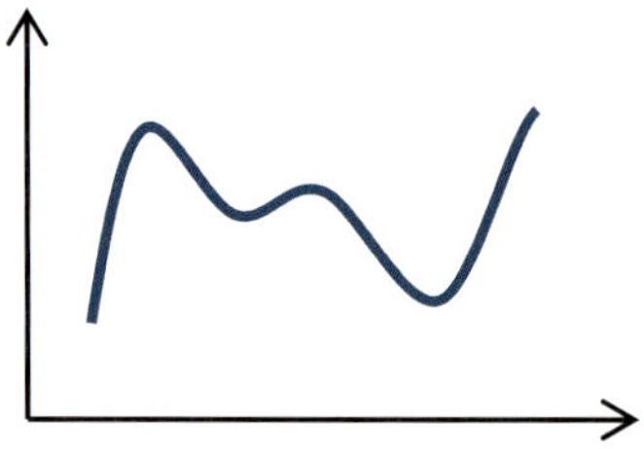

생각 열기

단조함수는 어떤 때에 사용되는가? 정의역과 치역이 결정되는 경우 최대 혹은 최솟값을 구하는데 편리하다. 예를 들어 단조증가함수이면 독립변수의 값이 증가 시 종속변수의 값이 감소하지 않는다. 따라서 정의역의 구간이 정해지면 독립변수의 최소 및 최댓값이 종속변수의 최소 및 최댓값과 연결된다. 다음을 생각해 보자.

1) 대한민국의 특징 중의 하나는 지나치다고 할 정도의 교육열이다. 특히 고등학교 때 대학을 가기 위해 열심히 공부하거나, 대학 때 취업을 위해서 높은 학점을 위해서 공부하는 경우가 많다. 학생들이 고등학교와 대학교 때에 이렇게 열심히 공부하는 이유는 무엇일까? 여러 이유가 있겠지만 가장 중요한 이유 중의 하나는 미래소득이다. 함수로 만들면, $\boldsymbol{y = f(x)}$ 에서 $\boldsymbol{y}$ 는 미래 기대소득이 되고 $\boldsymbol{x}$ 는 시험 성적이 된다. 따라서 $\boldsymbol{y = f(x)}$ 가 단조함수라고 가정하면 많은 사람들이 생각하는 것처럼 공부를 열심히 하면 미래소득이 증가한다. 그러나 더 중요한 것은 $\boldsymbol{y = f(x)}$ 가 볼록함수인지 오목함수인지 확인하는 것이다. 이는 나중에 다시 생각해보자.

2) 수학적으로 단조증가는 함수의 진행 방향이 일정함을 의미한다. 경제학에서 다루는 효용함수는 일반적으로 단조성을 가진다. 여기서 단조성이란 재화의 소비량이 늘어날수록

효용이 증가한다는 것이다. 모든 재화가 단조성을 가진다고 가정한다면 비재화(효용이 감소하는 재화를 말함)는 경제적 분석에서 제외된다.

문제

1. 정의역 원소들의 값이 음수가 아닌 실수들의 집합($\{x \in R | x \geq 0\}$)인 경우 다음 함수의 치역을 구하시오.

(1) $f(x) = \frac{4}{4x+3}$

(2) $f(x) = 3(x-2)^2$

(3) $f(x) = \sqrt{2x+5}$

풀이

1. (1) 정의역의 범위는 $x \geq 0$이고 단조감소함수이므로 치역은 $x = 0$인 경우가 최댓값이 되고 x가 ∞에 근접할수록 y는 0 의 값에 근접한다. 따라서 치역은 다음과 같이 정의된다.
$f(x) = \left\{y \in R \middle| 0 < y \leq \frac{4}{3}\right\}$

(2) 정의역의 범위는 $x \geq 0$ 이고 $f(x)$ 는 이차함수이므로 치역은 이차함수의 최솟값이 $x = 2$에 해당하는 $y = 0$이 된다. 따라서 치역은 다음과 같이 정의된다.

$f(x) = \{y \in R | y \geq 0\}$

(3) 정의역의 범위는 $x \geq 0$ 이고 단조함수이므로 치역은 단조함수의 최소점인 $\sqrt{5}$ 이상이 된다 따라서 치역은 다음과 같이 정의된다. $f(x) = \{y \in R | y \geq \sqrt{5}\}$

1-3. 다양한 함수

▶ **역함수**(inverse function): 일대일 대응에서 정의역과 공역을 바꾼 함수, 즉, 함수 $f: X \rightarrow Y$가 X와 Y 사이에 1 대 1 대응이라면 역함수는 다음과 같이 표기한다.

$f^{-1}: Y \rightarrow X$ 혹은 $f^{-1}(y) = x$

역함수는 다음과 같은 순서로 구한다.

① $y = f(x)$를 x에 대하여 정리하면 $x = f^{-1}(y)$이 된다.

② $x = f^{-1}(y)$에서 x와 y를 서로 바꾸어 주면, $y = f^{-1}(x)$가 된다.

이때, f의 정의역은 역함수인 f^{-1}의 치역이 되고, f의 치역은 역함수인 f^{-1}의 정의역이 된다.

▶ **다항함수**(polynomial function): $y = f(x)$에서 $f(x)$가 x에 대해 다항식일 때 다항함수라고 한다. 예를 들면, $f(x) = 1 + 4x + 6x^2 + \cdots + 9x^n$가 다항함수이고 n차함수이다. 마찬가지로 $y = x^3 + x + 3$은 삼차함수인 다항함수이다.

▶ **유리함수**(rational function): $f(x)$, $g(x)$가 다항함수인 경우 $r(x) = f(x) / g(x)$로 정의(단 $g(x) \neq 0$)되는 함수가 유리함수이다.

▶ **무리함수**(irrational function): 다항함수와 다항함수의 무리식(root) 또는 무리식으로 구성된 함수이다. 예를 들어 $y = \sqrt{2x}$, $y = \sqrt{2x} + x$ 는 모두 무리함수에 속한다.

▶ **다변수함수**: 두 개 이상의 독립변수를 가지는 함수를 의미한다.

문제

1. 정의역 원소들의 값이 음수가 아닌 실수들의 집합 $(x \in R \mid x \geq 0\})$인 경우 다음 함수들의 역함수를 구하시오.

(1) $\boldsymbol{y = 3x + 4}$

(2) $\boldsymbol{y = 2(x+1)^2 - 2}$

풀이

(1) [1 단계] $\boldsymbol{x}$에 대해 정리하면

$$\boldsymbol{x = \frac{y-4}{3}}$$

[2 단계] $\boldsymbol{x}$와 $\boldsymbol{y}$를 서로 바꾸어 주면 역함수는 다음과 같다.

$$\boldsymbol{y = \frac{x-4}{3}}$$

(2) [1 단계] $\boldsymbol{x}$에 대해 정리하면

$$\boldsymbol{x = \pm\sqrt{\frac{y+2}{2}} - 1}$$

[2 단계] $\boldsymbol{x}$와 $\boldsymbol{y}$를 서로 바꾸어 주면 역함수는 다음과 같다.

$$y = \pm\sqrt{\frac{x+2}{2}} - 1$$

1-4. 합성함수

▶ **합성함수**(composite function): 두 함수 $f: x \to y$와 $g: y \to z$가 주어졌을 때, 함수 $f(x)$의 임의의 원소 x에 $g(y)$의 원소 z를 대응시키는 새로운 함수를 합성함수라고 하고 다음과 같이 표기한다.

$$g \cdot f = g \cdot f(x) = g(f(x))$$

▶ **함수연산**: 함수 f와 g가 모두 동일한 정의역 X를 가진다고 할 때 이들 두 함수를 결합하면 다음과 같이 새로운 함수가 정의된다.

(1) $(f+g)(x) = f(x) + g(x)$

(2) $(f-g)(x) = f(x) - g(x)$

(3) $(f \cdot g)(x) = f\big(g(x)\big)$

(4) $\left(\frac{f}{g}\right)(x) = \frac{f(x)}{g(x)}\ \big(\text{단}, g(x) \neq 0\big)$

생각 열기

경제현상을 분석해보면 많은 집합과 집합이 연결되어 있다. 예를 들면 원자재($\boldsymbol{x}$)를 투입하여 중간재($\boldsymbol{y}$)를 만드는 함수 $\boldsymbol{x = f(x)}$가 있고, 다시 중간재를 투입하여 최종재($\boldsymbol{z}$)를 만드는 함수 $\boldsymbol{y = g(x)}$가 있다. 이 두 개의 생산함수를 합하여 하나의 합성함수로 표시하면 $\boldsymbol{y = g(f(x))}$의 형태가 된다. 이 합성함수를 통하여 원자재의 가격이 상승하는 경우 최종재 생산이 어떻게 변하는지를 분석할 수 있다.

문제

1. 함수 $y = f(x)$를 달리 표현하면 $f : X \rightarrow Y$라고 표시할 수 있고 함수 $y = f(x)$의 역함수를 $f^{-1}: Y \rightarrow X$ 라고 표시할 수 있다. 이 경우 아래와 같이 정의되는 합성함수의 값을 구하시오.

   (1) $(f^{-1} \cdot f)(x)$

   (2) $(f \cdot f^{-1})(y)$

2. $f(x) = 2x,\ \ g(x) = \frac{1}{x} + 1$ 일 때 다음을 구하시오.

   (1) $(f \cdot f)(x)$

   (2) $(f \cdot g)(x)$

   (3) $(g \cdot g)(x)$

   (4) $(g \cdot f)(x)$

3. $f(x) = x^2 + 2,\ \ g(x) = 3x - 2$일 때 다음을 계산하시오.

   (1) $(f \cdot g)(3)$

   (2) $(f \cdot f)(2)$

   (3) $\left(\frac{f}{g}\right)(1)$

4. S 전자는 휴대폰 보조 배터리를 독점으로 생산하여 판매하고 있다. 보조 배터리의 수요량 $D(p)$와 보조 배터리 가격 p와의 관계인 수요함수는 $D(p) = 60 - p$로 주어졌다.

   (1) S전자의 총 수입을 보조 배터리 수요함수를 이용한 합성함수로 표시하시오. (단, 총 수입함수는 판매량 Q의 함수로 나타내야 한다.)

   (2) 보조 배터리의 생산비용이 $TC(Q) = 50 + 10Q$라고 한다면, S전자의 총 이윤을 총 수입함수와 생산비용함수의 합성함수로 표시하시오. (단, 총 이윤함수는 판매량 Q의 함수로 나타내야 한다.)

5. 손목시계를 생산하는 S기업의 비용함수는 생산량에 관계없이 5,000원의 비용이 소요되며, 시계 1개당 총 5원의 비용이 추가로 들어간다. 손목시계의 판매량을 x라 하고, 손목시계의 가격을 p라고 하자.

   (1) 총 비용함수를 x의 함수로 나타내시오.

   (2) 손목시계에 대한 수요함수가 $x = 100(40 - p)$ 라고 주어졌다. 수요함수를 이용하여 수입함수를 p의 함수로 표시하시오.

   (3) 이윤함수를 총 수입함수와 총 비용함수의 합성함수인 p의 함수로 표시하시오.

풀이

1. (1) $(f^{-1}\cdot f)(x)=f^{-1}(f(x))=f^{-1}(y)=x$

(2) $(f\cdot f^{-1})(y)=f\left(f^{-1}(y)\right)=f(x)=y$

2. (1) $(f\cdot f)(x)=2(2x)=4x$

(2) $(f\cdot g)(x)=2\left(\frac{1}{x}+1\right)=\frac{2}{x}+2$

(3) $(g\cdot g)(x)=\frac{1}{\frac{1}{x}+1}+1=\frac{2x+1}{x+1}$

(4) $(g\cdot f)(x)=\frac{2x+1}{2x}$

3. (1) $(f\cdot g)(3)=(3x-2)^2+2=9x^2-12x+6=51$

(2) $(f\cdot f)(2)$=$(x^2+2)^2+2=x^4+4x^2+4+2=38$

(3) $\left(\frac{f}{g}\right)(1)=\frac{(x^2+2)}{3x-2}-3$

4. (1) [수요함수]

$D(p)=Q$라 한다면 $Q=60-p$ 에서 $p=60-Q$임을 알 수 있다.

[총수입함수]

따라서 총수입 $TR(Q)=p\cdot Q=(60-Q)Q=60Q-Q^2$이다.

(2) [총 이윤] $=TR(Q)-TC(Q)$

$=(60Q-Q^2)-(50+10Q)$

$=-Q^2+50Q-50$

5. (1) 총비용; $TC=5,000+5x$

(2) 총수입; $TR=xp=[100(40-p)]p=4,000p-100p^2$

(3) $TC\left(x(p)\right)\ =-500p+25000$

이윤; $\pi(\mathrm{p})=TR-TC=4000p-100p^2+500p-25000$

$=-100p^2+4500p-25000=-100(p^2-45p+250)$

1-5. 동차함수

▶ **동차함수**(homogeneous function): 어떤 함수의 독립변수 x에 0 보다 큰 값인 t를 곱할 때 그 함수의 값 F가 t^r만큼 변하면 이 함수를 r차 동차함수(homogeneous degree of r)라고 한다. 이를 식으로 표시하면 다음과 같다.

$$t^r F(x_1, x_2) = F(tx_1, tx_2)$$

$r = 1$ 이면 1차 동차함수이며 이 경우 독립변수가 t만큼 변하면 종속변수도 t만큼 변한다. $r > 1$ (혹은 $r < 1$) 이면 독립변수가 t만큼 변하는 경우 종속변수는 t보다 더 크게(혹은 작게) 증가한다. 즉, 함수에 따라서 독립변수를 t배 늘리면 종속변수는 t배 이상 증가할 수도 있으며 t배보다 작게 증가할 수도 있다.

생각 열기

경제학에서 가장 많이 사용되는 콥-더글러스(Cobb-Douglas:C-D) 생산함수를 사용하여 $\boldsymbol{r}$차 동차함수로 이루어진 생산함수를 생각해보자. 다음 함수는 생산에 투입되는 요소와 생산량 간의 관계를 나타낸다.

$$\boldsymbol{y = f(x_1, x_2) = A{x_1}^k {x_2}^{1-k} \quad (0 < k < 1)}$$

독립변수인 생산요소에 0 보다 큰 값인 $\boldsymbol{t}$를 곱해주고 정리하면 다음과 같은 식이 도출된다.

$$\begin{aligned}\boldsymbol{f\,(tx_1, tx_2)} &\boldsymbol{= A(tx_1)^k (tx_2)^{1-k}} \\ &\boldsymbol{= t^k t^{1-k} \cdot A{x_1}^k {x_2}^{1-k} = t^{(k+1-k)} \cdot A{x_1}^k {x_2}^{1-k}} \\ &\boldsymbol{= tf(x_1, x_2)}\end{aligned}$$

이와 같이 생산요소를 $\boldsymbol{t}$배 하는 경우 생산량 $\boldsymbol{y}$도 $\boldsymbol{t}$배 증가하므로 이 함수는 일차동차함수(homogeneous of degree one)가 된다. 즉,

$$\boldsymbol{f\,(tx_1, tx_2) = tf(x_1, x_2)}$$

가 되어 $\boldsymbol{f(x_1, x_2)}$는 일차 동차함수가 된다.

문제

1. $Y = f(L,\ K)$는 노동(L)과 자본(K)으로 이루어진 일차동차 생산함수이다. $Y = f(L,\ K)$를 1 인당 생산함수로 나타내시오.

2. 다음 생산함수들이 몇 차 동차함수인지 증명하고 규모와 관련된 특성에 따라 분류하시오.

(1) $f(x, y) = 3x^{\frac{1}{2}}y^{\frac{1}{2}}$

(2) $f(x, y) = 2x^{\frac{2}{3}}y^{\frac{1}{5}}$

(3) $f(x, y) = 5xy$

(4) $f(x, y) = 5x^{\frac{1}{3}}y^{\frac{1}{3}}$

풀이

1. $Y = f(L,\ K)$가 일차동차 생산함수이므로 다음과 같이 나타낼 수 있다.

$$\frac{1}{L}Y = f\left(\frac{L}{L}, \frac{K}{L}\right) = f\left(1, \frac{K}{L}\right)$$

따라서 다음과 같이 표시할 수 있다.

$$\frac{Y}{L} = f\left(1, \frac{K}{L}\right)$$

2. (1) 일차동차 생산함수인 C-D함수의 형태를 띠고 있다. 일차동차 함수이므로 규모의 수익은 변하지 않는다.

(2) $f(tx, ty) = 2(tx)^{\frac{2}{3}}(ty)^{\frac{1}{5}} = t^{\frac{13}{15}}\left(2x^{\frac{2}{3}}y^{\frac{1}{5}}\right) = t^{\frac{13}{15}}f(x, y)$ 이므로 $r < 1$가 되어 $f(x, y)$는 규모의 수익이 감소하는 특성을 갖는다.

(3) $f(tx, ty) = 5t^2xy = t^2 5xy > tf(x, y)$ 이므로 $r > 1$ 가 되어 $f(x, y)$ 는 규모의 수익이 증가하는 특성을 갖는다.

(4) $f(tx, ty) = 5(tx)(ty) = t^{\frac{2}{3}}(5x^{\frac{1}{3}}y^{\frac{1}{3}})$ 이므로 $r < 1$ 이 되어 $f(tx, ty) < tf(x, y)$ 가 되어 $f(x, y)$ 는 규모의 수익이 감소하는 특성을 갖는다.

제 2 장 행렬

선형대수(Linear Algebra)는 벡터(vector), 선형변환, 행렬(matrix), 선형 연립 방정식 등을 연구하는 분야이다. 이 중 선형 연립 방정식을 푸는 좋은 방법이 행령식이다. 행렬은 이론적으로 매우 명쾌하며, 기호적으로도 간결하기 때문에 그 응용의 폭이 넓은 특징이 있다. 본 장에서는 행렬의 기본 개념과 연산, 단위행렬, 역행렬, 전치행렬을 알아보고, 행렬에서 미지수의 값을 구하는 방법에 대해서 학습한다.

2-1. 행렬의 개념

▶ **행렬**: 행렬이란 수 또는 변수 등을 사각형 모양의 순서로 배열해 놓고 괄호로 묶은 것을 말한다. 예를 들면 다음과 같다.

$$\begin{bmatrix} 1 & 2 & 3 & 4 \\ 9 & 2 & 1 & -1 \\ 5 & 2 & -2 & 0 \end{bmatrix}$$

괄호 안의 숫자들을 행렬의 원소(element) 또는 성분이라고 한다. 가로 줄은 행(row)이고 세로 줄은 열(column)이라 한다. 위의 예는 3행 4열로 구성된 행렬이다. 제 i행과 제 j열이 교차하는 위치에 있는 행렬의 원소를 그 행렬의 (i, j) 원소라고 한다. 숫자 0은 (3, 4) 원소에 해당한다.

행의 차수를 m이라 하고 열의 차수를 n이라고 하는 경우, $m = n$인 정사각형 형태의 행렬을 n차 정방행렬(square matrix)이라 하며, $1 \times n$ 행렬은 n차 행벡터(row vector), $m \times 1$ 행렬은 m차 열벡터(column vector)라고 한다.

$1 \times n$행벡터 A와 $1 \times n$열벡터 B를 표시하면 다음과 같다.

$$A = [a_1 a_2 \cdots a_n], \qquad B = \begin{bmatrix} b_1 \\ b_2 \\ \vdots \\ b_n \end{bmatrix}$$

▶ **행렬의 상등**: 행렬의 상등이란 같은 꼴인 행렬 A와 B에 있어서 서로 대응하는 원소가 모두 같을 때, 행렬 A와 B는 '서로 같다'고 하며 이때 A와 B를 상등이라고 한다.

▶ **스칼라**(scalar): 경제학에서 스칼라는 하나의 숫자를 의미한다. 벡터는 스칼라를 한 줄로 배열한 것이고(행벡터, 열벡터), 행렬은 벡터를 행과 열로 직사각형의 모양으로 만든 것이다. 텐서(tensor)는 스칼라를 3차원의 모습으로 배열하여 공간을 만든 것이다. 다음 그림을 참조하자.

점: 하나의 숫자로 표기(스칼라)

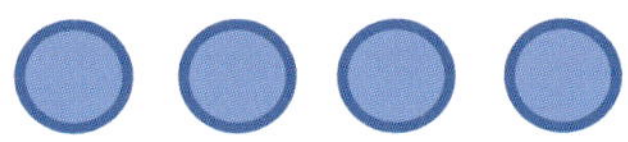

선: 행 혹은 열로 표기(벡터)

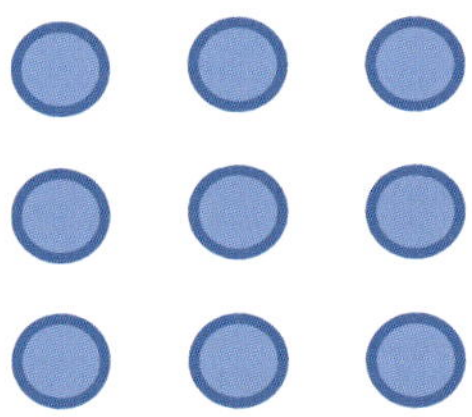

면: 행렬로 표기(행렬)

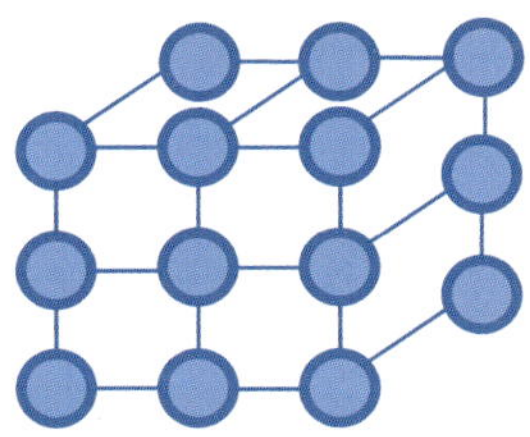

공간: 행렬의 입체로 표기(텐서)

▶ **행렬대수**(Matrix Algebra): 행렬대수란 대수학과 마찬가지로 원소가 행렬이고 이의 연산을 다루는 분야이다.

생각 열기

대수학(Algebra)은 숫자 대신 문자를 써서 수학의 법칙을 간명하게 나타내는 수학의 한 분야이다. 예를 들면, $\mathbf{1, 2, 3}$처럼 상수로 표기하는 경우도 있지만, $\boldsymbol{x}$, $\boldsymbol{y}$, $\boldsymbol{z}$와 같이 미지수로 표기할 수도 있다. 혹은 $\mathbf{1 + 2 = 3}$처럼 숫자로 식을 쓰기도 하지만 $\boldsymbol{x + y = z}$와 같이 미지수로 표기할 수도 있다. 이처럼 미지수로 방정식을 푸는 것이 대수학에 해당한다.

해석학(Analysis)은 경제학에서 가장 많이 이용되는 분야이다. 경제학에서 다루는 해석학은 주로 미분과 적분을 기초로 연속 함수의 성질(극값 등)을 다룬다. 예를 들어 해석학의 분야를 단순하게 말한다면, 다음과 같은 미분과 적분 두 가지 분야이다.

$$\boldsymbol{\frac{df(x)}{dx}}$$

$$\boldsymbol{\int f(x)\,dx}$$

2-2. 행렬의 기본연산

▶ **행렬의 덧셈과 뺄셈**: 행렬의 덧셈과 뺄셈은 차원이 같은 행렬끼리의 덧셈과 뺄셈이다. 행렬의 덧셈과 뺄셈은 다음과 같이 $n \times m$ 행렬 A와 $n \times m$ 행렬 B의 행과 열의 차원이 모두 각각 n과 m으로 같아야 된다. 예를 들어 $A = \begin{bmatrix} a_{11} & a_{12} \\ a_{21} & a_{22} \end{bmatrix}$ 와 $B = \begin{bmatrix} b_{11} & b_{12} \\ b_{21} & b_{22} \end{bmatrix}$ 인 경우 행렬의 덧셈과 뺄셈은 다음과 같다.

$$A + B = \begin{bmatrix} a_{11}+b_{11} & a_{12}+b_{12} \\ a_{21}+b_{21} & a_{22}+b_{22} \end{bmatrix}$$

$$A - B = \begin{bmatrix} a_{11}-b_{11} & a_{12}-b_{12} \\ a_{21}-b_{21} & a_{22}-b_{22} \end{bmatrix}$$

▶ **스칼라**(scalar) **곱셈**: 행렬 A가 주어져 있을 때

$$A + A = 2A, \qquad A + A + A = 3A,$$

와 같이 나타낼 수 있다. 이때 수는 행렬과 구분하기 위해 스칼라라 부르며, 스칼라와 행렬 A의 곱을 kA로 나타내고 스칼라 배(scalar multiple)라 한다. 예를 들면 아래와 같다.

$$A = \begin{bmatrix} a_{11} & a_{12} \\ a_{21} & a_{22} \end{bmatrix}$$

$$kA = \begin{bmatrix} ka_{11} & ka_{12} \\ ka_{21} & ka_{22} \end{bmatrix}$$

▶ **행렬끼리의 곱셈**: 행렬끼리의 곱셈이 성립하려면 앞에 곱해진 행렬의 열과 뒤에 곱해진 행렬의 행의 차원이 같아야 한다.

예를 들어 3×4 행렬 A와 4×2 행렬 B의 경우, 행렬 A의 열과 행렬 B의 행차원이 모두 4로 같으므로 곱셈이 정의될 수 있다. 이 경우 행렬 AB는 3×2 행렬이 된다.

$$A = \begin{bmatrix} a_{11} & a_{12} & a_{13} & a_{14} \\ a_{21} & a_{22} & a_{23} & a_{24} \\ a_{31} & a_{32} & a_{33} & a_{34} \end{bmatrix} \quad B = \begin{bmatrix} b_{11} & b_{12} \\ b_{21} & b_{22} \\ b_{31} & b_{32} \\ b_{41} & b_{42} \end{bmatrix}$$

$$AB = \begin{bmatrix} a_{11}b_{11} + a_{12}b_{21} + a_{13}b_{31} + a_{14}b_{41} & a_{11}b_{12} + a_{12}b_{22} + a_{13}b_{32} + a_{14}b_{42} \\ a_{21}b_{11} + a_{22}b_{21} + a_{23}b_{31} + a_{24}b_{41} & a_{21}b_{12} + a_{22}b_{22} + a_{23}b_{32} + a_{24}b_{42} \\ a_{31}b_{11} + a_{32}b_{21} + a_{33}b_{31} + a_{34}b_{41} & a_{31}b_{12} + a_{32}b_{22} + a_{33}b_{32} + a_{34}b_{42} \end{bmatrix}$$

2×3 행렬 A와 3×4 행렬 B의 경우, 행렬 A의 열과 행렬 B의 행 차원이 모두 3으로 같다. 이 경우의 곱셈도 같은 방식으로 다음과 같이 계산된다.

$$\begin{bmatrix} 1 & 2 & 3 \\ 3 & 4 & 5 \end{bmatrix} \begin{bmatrix} 2 & 1 & 1 & 0 \\ 0 & 2 & 3 & 3 \\ 1 & 2 & 5 & 2 \end{bmatrix} = \begin{bmatrix} 5 & 11 & 22 & 12 \\ 11 & 21 & 40 & 22 \end{bmatrix}$$

$1 \times n$ 행벡터 A와 $n \times 1$ 열벡터 B의 경우, 벡터의 행 개수와 열벡터의 열 개수가 일치하므로 행렬의 곱셈 AB가 정의될 수 있으며, 결과는 1×1 차원이 된다. 곱 BA 역시 정의될 수 있으며, 결과는 $n \times n$ 차원이 된다.

$$A = [a_1 a_2 \cdots a_n], \qquad B = \begin{bmatrix} b_1 \\ b_2 \\ \vdots \\ b_n \end{bmatrix}$$

$$AB = [a_1 a_2 \cdots a_n]\begin{bmatrix} b_1 \\ b_2 \\ \vdots \\ b_n \end{bmatrix} = a_1 b_1 + a_2 b_2 + \cdots + a_n b_n$$

$$BA = \begin{bmatrix} b_1 \\ b_2 \\ \vdots \\ b_n \end{bmatrix}[a_1 \ \ a_2 \ \ \cdots \ \ a_n] = \begin{bmatrix} a_1 b_1 & a_2 b_1 & \cdots & a_n b_1 \\ a_1 b_2 & a_2 b_2 & \cdots & a_n b_2 \\ \vdots & \vdots & \ddots & \vdots \\ a_1 b_n & a_2 b_n & \cdots & a_n b_n \end{bmatrix}$$

문제

1. $A = \begin{bmatrix} 2 & 3 & 4 \\ 0 & -1 & 2 \end{bmatrix}$, $B = \begin{bmatrix} 1 & 3 & 5 \\ -2 & -3 & 0 \end{bmatrix}$의 경우 다음을 계산하시오.

(1) $A + B$ (2) $A - B$ (3) AB

2. 다음을 계산하시오.

(1) $A = [1 \ \ 2 \ \ 3]$, $B = \begin{bmatrix} 1 \\ 2 \\ 3 \end{bmatrix}$ 일 때 AB

(2) $A = [1 \ \ 2 \ \ 3]$, $B = \begin{bmatrix} 1 \\ 2 \\ 3 \end{bmatrix}$ 일 때 BA

(3) $A = \begin{bmatrix} 1 & 0 \\ 2 & -1 \end{bmatrix}$, $B = \begin{bmatrix} -1 & 2 & 0 \\ 4 & -3 & 2 \end{bmatrix}$일 때 AB

(4) $A = \begin{bmatrix} 1 & 0 & 1 \\ 0 & 1 & 2 \\ 3 & -2 & -1 \end{bmatrix}$, $B = \begin{bmatrix} 2 & 1 & 0 \\ -2 & 0 & 4 \\ -1 & 3 & 1 \end{bmatrix}$일 때 AB

(5) $k = 3$, $A = \begin{bmatrix} 1 & 2 \\ 3 & 4 \\ -1 & -2 \end{bmatrix}$ 일 때 kA

3. 다음 등식을 만족하는 a, b, c, d 를 구하시오.

$$\begin{bmatrix} 4a + 1 & 2c \\ -a & d + 4 \end{bmatrix} = \begin{bmatrix} 5 & 3c + 1 \\ 3b - 1 & 6 \end{bmatrix}$$

4. $A = \begin{bmatrix} 1 & 0 \\ 0 & 1 \end{bmatrix}$ $B = \begin{bmatrix} 1 & 1 \\ 1 & 1 \end{bmatrix}$ 일 때 행렬 $\begin{bmatrix} 4 & 4 \\ 4 & 4 \end{bmatrix}$ 을 실수 x와 y를 이용하여 두 행렬의 가중합인 $xA + yB = \begin{bmatrix} 4 & 4 \\ 4 & 4 \end{bmatrix}$ 의 형태로 나타내시오.

풀이

1. (1) $A + B = \begin{bmatrix} 2+1 & 3+3 & 4+5 \\ 0-2 & -1-3 & 2+0 \end{bmatrix} = \begin{bmatrix} 3 & 6 & 9 \\ -2 & -4 & 2 \end{bmatrix}$

(2) $A - B = \begin{bmatrix} 2-1 & 3-3 & 4-5 \\ 0+2 & -1+3 & 2-0 \end{bmatrix} = \begin{bmatrix} 1 & 0 & -1 \\ 2 & 2 & 2 \end{bmatrix}$

(3) A와 B 모두 2×3행렬이기 때문에 AB는 정의되지 않는다.

2. (1) $AB = [1 \quad 2 \quad 3]\begin{bmatrix} 1 \\ 2 \\ 3 \end{bmatrix} = [14]$

(2) $BA = \begin{bmatrix} 1 \\ 2 \\ 3 \end{bmatrix}[1 \quad 2 \quad 3] = \begin{bmatrix} 1 & 2 & 3 \\ 2 & 4 & 6 \\ 3 & 6 & 9 \end{bmatrix}$

(3) $AB = \begin{bmatrix} 1 & 0 \\ 2 & -1 \end{bmatrix}\begin{bmatrix} -1 & 2 & 0 \\ 4 & -3 & 2 \end{bmatrix} = \begin{bmatrix} -1 & 2 & 0 \\ -6 & 7 & -2 \end{bmatrix}$

(4) $AB = \begin{bmatrix} 1 & 0 & 1 \\ 0 & 1 & 2 \\ 3 & -2 & -1 \end{bmatrix}\begin{bmatrix} 2 & 1 & 0 \\ -2 & 0 & 4 \\ -1 & 3 & 1 \end{bmatrix} = \begin{bmatrix} 1 & 4 & 1 \\ -4 & 6 & 6 \\ 11 & 0 & -9 \end{bmatrix}$

(5) $3\begin{bmatrix} 1 & 2 \\ 3 & 4 \\ -1 & -2 \end{bmatrix} = \begin{bmatrix} 3 & 6 \\ 9 & 12 \\ -3 & -6 \end{bmatrix}$

3. 같은 행렬에 위치한 값은 서로 같으므로 총 4개의 식을 방정식을 도출할 수 있다. 미지수 역시 4개이므로 연립하여 풀면 모든 미지수 값을 얻을 수 있다.
$4a + 1 = 5$ 에서 $a = 1$, $2c = 3c + 1$ 에서 $c = -1$, $-a = 3b - 1$ 에서 $b = 0$, 그리고 $d + 4 = 6$에서 $d = 2$가 된다. 따라서 $a = 1$, $b = 0$, $c = -1$, $d = 2$가 된다.

4. $\begin{bmatrix} 4 & 4 \\ 4 & 4 \end{bmatrix} = x\begin{bmatrix} 1 & 0 \\ 0 & 1 \end{bmatrix} + y\begin{bmatrix} 1 & 1 \\ 1 & 1 \end{bmatrix} \Rightarrow \begin{bmatrix} 4 & 4 \\ 4 & 4 \end{bmatrix} = \begin{bmatrix} x+y & y \\ y & x+y \end{bmatrix}$ 따라서 $x + y = 4$, $y = 4$의 방정식을 풀면 $x = 0$, $y = 4$이 도출된다.

2-3. 행렬의 연산법칙

▶ **행렬의 연산법칙**: 행렬 A, B, C가 모두 덧셈, 곱셈에 관한 적합성 조건(행과 열이 모두 m, n으로 같은 것을 적합성 조건이라고 함)이 성립할 때 다음이 성립한다.

(1) $A+B=B+A$ (교환법칙)
(2) $(A+B)+C=A+(B+C)$ (결합법칙)
(3) $A(B+C)=AB+AC$; $(B+C)A=BA+CA$ (분배법칙)

생각 열기

행렬의 곱셈에서 교환법칙은 성립할까? 행과 열의 크기가 다른 두 행렬간의 곱셈의 교환법칙은 성립하지 않는다. 따라서 정방행렬(행과 열의 크기가 같은 행렬)인 행렬 $\boldsymbol{A}$와 $\boldsymbol{B}$를 가정하여 교환법칙을 생각해 보자. 행렬 $\boldsymbol{AB}$는 행렬 $\boldsymbol{A}$의 각 행($\boldsymbol{i}$)의 원소와 행렬 $\boldsymbol{B}$의 각 열($\boldsymbol{j}$)이 원소를 곱히여 만든 행렬이나. 행렬 $\boldsymbol{BA}$는 행렬 $\boldsymbol{B}$의 각 행($\boldsymbol{i}$)의 원소와 행렬 $\boldsymbol{A}$의 각 열($\boldsymbol{j}$)의 원소를 곱하여 만든 새로운 행렬이다. 따라서 서로 다른 원소의 곱으로 이루어진 행렬 $\boldsymbol{AB}$와 행렬 $\boldsymbol{BA}$는 다르다. 즉, $\boldsymbol{AB} \neq \boldsymbol{BA}$가 된다.

행렬에서 나눗셈은 성립할까? 두 행렬 $\boldsymbol{A}$, $\boldsymbol{B}$가 있을 때 $\boldsymbol{A}$를 $\boldsymbol{B}$로 나눈다는 것은 $\boldsymbol{AB^{-1}}$ 혹은 $\boldsymbol{B^{-1}A}$의 형태로 곱한다는 것과 같다. 곱셈의 교환법칙이 성립하지 않으므로 $\boldsymbol{AB^{-1}}$ 혹은 $\boldsymbol{B^{-1}A}$가 동일하지 않기에 행렬의 나눗셈은 일반적으로 고려하지 않는다. 또한 $\boldsymbol{AB^{-1}}$에서 행렬 $\boldsymbol{B}$의 역행렬을 구할 수 있는 경우만 나눗셈이 가능하다. 따라서 역행렬이 존재하기 위해서는 무엇보다도 행렬식이 "0"이 되지 않아야 한다(역행렬과 행렬식의 개념은 뒤에서 다루게 된다).

문제

1. $\boldsymbol{A}=\begin{bmatrix}1 & 2\\ 2 & 3\end{bmatrix}$, $\boldsymbol{B}=\begin{bmatrix}-1 & 1\\ 4 & 3\end{bmatrix}$, $\boldsymbol{C}=\begin{bmatrix}2 & -2\\ 1 & 2\end{bmatrix}$일 때 다음이 성립하는지 보이시오.

(1) $\boldsymbol{A}+\boldsymbol{C}=\boldsymbol{C}+\boldsymbol{A}$

(2) $(\boldsymbol{B}+\boldsymbol{C})\boldsymbol{A}=\boldsymbol{BA}+\boldsymbol{CA}$

(3) $\boldsymbol{A}(\boldsymbol{B}+\boldsymbol{C})=\boldsymbol{AB}+\boldsymbol{AC}$

(4) $\boldsymbol{A}+(\boldsymbol{B}+\boldsymbol{C})=(\boldsymbol{A}+\boldsymbol{B})+\boldsymbol{C}$

풀이

(1) $\boldsymbol{A+C=C+A}$

$$\boldsymbol{A+C}=\begin{bmatrix}\mathbf{1} & \mathbf{2}\\ \mathbf{2} & \mathbf{3}\end{bmatrix}+\begin{bmatrix}\mathbf{2} & \mathbf{-2}\\ \mathbf{1} & \mathbf{2}\end{bmatrix}=\begin{bmatrix}\mathbf{3} & \mathbf{0}\\ \mathbf{3} & \mathbf{5}\end{bmatrix}$$

$$\boldsymbol{C+A}=\begin{bmatrix}\mathbf{2} & \mathbf{-2}\\ \mathbf{1} & \mathbf{2}\end{bmatrix}+\begin{bmatrix}\mathbf{1} & \mathbf{2}\\ \mathbf{2} & \mathbf{3}\end{bmatrix}=\begin{bmatrix}\mathbf{3} & \mathbf{0}\\ \mathbf{3} & \mathbf{5}\end{bmatrix}$$

(2) $(\boldsymbol{B+C})\boldsymbol{A}=\begin{bmatrix}\mathbf{1} & \mathbf{-1}\\ \mathbf{5} & \mathbf{5}\end{bmatrix}\begin{bmatrix}\mathbf{1} & \mathbf{2}\\ \mathbf{2} & \mathbf{3}\end{bmatrix}=\begin{bmatrix}\mathbf{-1} & \mathbf{-1}\\ \mathbf{15} & \mathbf{25}\end{bmatrix}$

$$\boldsymbol{BA+CA}=\begin{bmatrix}\mathbf{1} & \mathbf{1}\\ \mathbf{10} & \mathbf{17}\end{bmatrix}+\begin{bmatrix}\mathbf{-2} & \mathbf{-2}\\ \mathbf{5} & \mathbf{8}\end{bmatrix}=\begin{bmatrix}\mathbf{-1} & \mathbf{-1}\\ \mathbf{15} & \mathbf{25}\end{bmatrix}$$

(3) $\boldsymbol{A}(\boldsymbol{B+C})=\begin{bmatrix}\mathbf{1} & \mathbf{2}\\ \mathbf{2} & \mathbf{3}\end{bmatrix}\begin{bmatrix}\mathbf{1} & \mathbf{-1}\\ \mathbf{5} & \mathbf{5}\end{bmatrix}=\begin{bmatrix}\mathbf{11} & \mathbf{9}\\ \mathbf{17} & \mathbf{13}\end{bmatrix}$

$$\boldsymbol{AB+AC}=\begin{bmatrix}\mathbf{7} & \mathbf{7}\\ \mathbf{10} & \mathbf{11}\end{bmatrix}+\begin{bmatrix}\mathbf{4} & \mathbf{2}\\ \mathbf{7} & \mathbf{2}\end{bmatrix}=\begin{bmatrix}\mathbf{11} & \mathbf{9}\\ \mathbf{17} & \mathbf{13}\end{bmatrix}$$

(4) $\boldsymbol{A}+(\boldsymbol{B+C})=\begin{bmatrix}\mathbf{1} & \mathbf{2}\\ \mathbf{2} & \mathbf{3}\end{bmatrix}+\begin{bmatrix}\mathbf{1} & \mathbf{-1}\\ \mathbf{5} & \mathbf{5}\end{bmatrix}=\begin{bmatrix}\mathbf{2} & \mathbf{1}\\ \mathbf{7} & \mathbf{8}\end{bmatrix}$

$$(\boldsymbol{A+B})+\boldsymbol{C}=\begin{bmatrix}\mathbf{0} & \mathbf{3}\\ \mathbf{6} & \mathbf{6}\end{bmatrix}+\begin{bmatrix}\mathbf{2} & \mathbf{-2}\\ \mathbf{1} & \mathbf{2}\end{bmatrix}=\begin{bmatrix}\mathbf{2} & \mathbf{1}\\ \mathbf{7} & \mathbf{8}\end{bmatrix}$$

2-4. 영행렬과 단위행렬

▶ **영행렬**(zero matrix): 모든 원소가 0인 행렬이며 알파벳 대문자 O로 나타낸다. 예를 들어 2×3영행열은 다음과 같다.

$$O=\begin{bmatrix}0 & 0 & 0\\ 0 & 0 & 0\end{bmatrix}$$

▶ **영행렬에 대해 다음이 성립한다.**

(1) $O+A=A+O=A$

(2) $(-A)+A=A+(-A)=0$

(3) $AO=O$

▶ **단위행렬**(identity matrix): 왼쪽 위에서 오른쪽 아래로의 대각선상의 모든 원소가 1이고 그 밖의 원소는 모두 0인 $n \times n$ 정방행렬을 단위행렬이라 하며, 다음과 같이 I_n으로 표기한다. 단위행렬은 항등행렬이라고도 한다.

$$I_n = \begin{bmatrix} 1 & 0 & \cdots & 0 \\ 0 & 1 & \cdots & 0 \\ \vdots & \vdots & \vdots & \vdots \\ 0 & 0 & \cdots & 1 \end{bmatrix}$$

단위행렬은 다음과 같은 특징이 있다.

$$AI = IA = A$$

문제

1. $\boldsymbol{A} = \begin{bmatrix} \boldsymbol{a} & \mathbf{1} \\ \mathbf{-1} & \boldsymbol{b} \end{bmatrix}$ 이고, $\boldsymbol{A}^3 = \begin{bmatrix} \mathbf{1} & \mathbf{0} \\ \mathbf{0} & \mathbf{1} \end{bmatrix}$일 때, 이것을 이용하여 다음 문제의 행렬을 계산하시오.
   (1) $\boldsymbol{A}^{100}$을 구하여라.
   (2) $\boldsymbol{A}^{99}\begin{bmatrix} \boldsymbol{x} \\ \boldsymbol{y} \end{bmatrix} = \begin{bmatrix} \mathbf{-1} \\ \mathbf{1} \end{bmatrix}$ 일 때 $\boldsymbol{x}$ 와 $\boldsymbol{y}$ 의 값은 얼마인가?

2. 정방행렬 $\boldsymbol{A}$가 $\boldsymbol{A} = \begin{bmatrix} \mathbf{1} & \mathbf{2} \\ \mathbf{-2} & \mathbf{4} \end{bmatrix}$로 정의 되는 경우, 다음을 구하시오.
   (1) $\boldsymbol{f(A) = A^2 - 4A + 5I}$
   (2) $\boldsymbol{g(A) = 2A^2 + 3A + 3I}$

풀이

1. (1) $\boldsymbol{A}^{100} = (\boldsymbol{A}^3)^{33}\boldsymbol{A} = \boldsymbol{I} \cdot \boldsymbol{A} = \begin{bmatrix} 1 & 0 \\ 0 & 1 \end{bmatrix}\begin{bmatrix} a & 1 \\ -1 & b \end{bmatrix} = \begin{bmatrix} a & 1 \\ -1 & b \end{bmatrix}$

   (2) $\boldsymbol{A}^{99} = \begin{bmatrix} 1 & 0 \\ 0 & 1 \end{bmatrix} \Rightarrow \begin{bmatrix} 1 & 0 \\ 0 & 1 \end{bmatrix}\begin{bmatrix} x \\ y \end{bmatrix} = \begin{bmatrix} -1 \\ 1 \end{bmatrix} \Rightarrow \boldsymbol{x = -1, y = 1}$

2. (1) $f(A) = \begin{bmatrix} 1 & 2 \\ -2 & 4 \end{bmatrix}\begin{bmatrix} 1 & 2 \\ -2 & 4 \end{bmatrix} - 4\begin{bmatrix} 1 & 2 \\ -2 & 4 \end{bmatrix} + 5I = \begin{bmatrix} -3 & 10 \\ -10 & 12 \end{bmatrix} - \begin{bmatrix} 4 & 8 \\ -8 & 16 \end{bmatrix} + \begin{bmatrix} 5 & 0 \\ 0 & 5 \end{bmatrix} = \begin{bmatrix} -2 & 2 \\ -2 & 1 \end{bmatrix}$

   (2) $g(A) = 2\begin{bmatrix} 1 & 2 \\ -2 & 4 \end{bmatrix}\begin{bmatrix} 1 & 2 \\ -2 & 4 \end{bmatrix} + 3\begin{bmatrix} 1 & 2 \\ -2 & 4 \end{bmatrix} + 3I = \begin{bmatrix} -6 & 20 \\ -20 & 24 \end{bmatrix} + \begin{bmatrix} 3 & 6 \\ -6 & 12 \end{bmatrix} + \begin{bmatrix} 3 & 0 \\ 0 & 3 \end{bmatrix} = \begin{bmatrix} 0 & 26 \\ -26 & 39 \end{bmatrix}$

2-5. 역행렬

▶ **역행렬**(inverse matrix): $n \times n$인 정방행렬 A에 대하여 $AB = BA = I_n$을 만족시키는 $n \times n$행렬 B가 존재할 때 행렬 B를 행렬 A의 역행렬이라 하고, 기호로는 $B = A^{-1}$로 표시한다. 예를 들어 다음과 같은 2×2인 A행렬을 보자.

$$A = \begin{bmatrix} a_{11} & a_{12} \\ a_{21} & a_{22} \end{bmatrix}$$

A행렬의 역행렬을 A^{-1}라고 표기하고 다음과 같이 정의하자,

$$A^{-1} = \begin{bmatrix} x_{11} & x_{12} \\ x_{21} & x_{22} \end{bmatrix}$$

이 경우 역행렬의 정의에 의해서 $AA^{-1} = I_2$가 다음과 같이 성립한다.

$$\begin{bmatrix} a_{11} & a_{12} \\ a_{21} & a_{22} \end{bmatrix}\begin{bmatrix} x_{11} & x_{12} \\ x_{21} & x_{22} \end{bmatrix} = \begin{bmatrix} 1 & 0 \\ 0 & 1 \end{bmatrix}$$

행렬의 곱셈에 의하여 다음 식 4개가 도출된다.

$$a_{11}x_{12} + a_{12}x_{22} = 0$$

$$\begin{aligned} a_{11}x_{11} + a_{12}x_{21} &= 1 & \quad a_{11}x_{12} + a_{12}x_{22} &= 0 \\ a_{21}x_{11} + a_{22}x_{21} &= 0 & \quad a_{21}x_{12} + a_{22}x_{22} &= 1 \end{aligned}$$

따라서 식 4개에 미지수 4개인 연립방정식의 해를 구하면 미지수 x_{ij}를 다음과 같이 구할 수 있다.

$$x_{11} = \frac{a_{22}}{a_{11}a_{22} - a_{12}a_{21}}, \qquad x_{12} = \frac{-a_{12}}{a_{11}a_{22} - a_{12}a_{21}}$$
$$x_{21} = \frac{-a_{21}}{a_{11}a_{22} - a_{12}a_{21}}, \qquad x_{22} = \frac{a_{11}}{a_{11}a_{22} - a_{12}a_{21}}$$

따라서 A의 역행렬은 다음과 같이 정리된다.

$$A^{-1} = \frac{1}{a_{11}a_{22} - a_{12}a_{21}}\begin{bmatrix} a_{22} & -a_{12} \\ -a_{21} & a_{11} \end{bmatrix}$$

단, $a_{11}a_{22} - a_{12}a_{21} \neq 0$

▶ **정리**

(1) A의 역행렬 A^{-1}이 존재하면 $(A^{-1})^{-1} = A$
(2) A와 B의 역행렬 A^{-1}과 B^{-1}이 존재하면 $(AB)^{-1} = B^{-1}A^{-1}$

문제

1. 행렬 $\begin{bmatrix} (x-2) & 8 \\ 3 & (x-4) \end{bmatrix}$가 역행렬을 갖지 않을 조건을 구하시오.

2. 행렬 $\begin{bmatrix} 4 & 10 \\ 1 & 2 \end{bmatrix}$의 역행렬을 구하시오.

풀이

1. 앞에서 본 것처럼 2차정방행렬의 경우, $a_{11}a_{22} - a_{12}a_{21} = 0$이라면 역행렬이 존재하지 않는다. 따라서 다음과 같다.

$$(x-2)(x-4) - [8 \times 3] = x^2 - 6x - 16 = (x-8)(x+2) = 0$$

따라서 $x = 8$ 혹은 -2인 경우, 역행렬이 존재하지 않는다.

2. $$\frac{1}{a_{11}a_{22}-a_{12}a_{21}}\begin{bmatrix} a_{22} & -a_{12} \\ -a_{21} & a_{11} \end{bmatrix} = -\frac{1}{2}\begin{bmatrix} 2 & -10 \\ -1 & 4 \end{bmatrix} = \begin{bmatrix} -1 & 5 \\ \frac{1}{2} & -2 \end{bmatrix}$$

2-6. 다양한 행렬

▶ **전치행렬**(transpose): A의 전치행렬은 A의 행과 열을 서로 뒤바꾸어 놓은 $n \times m$ 행렬을 의미하며, A^T 또는 A'로 표기한다.

$$A = \begin{bmatrix} 1 & 2 & 3 \\ -1 & -2 & -3 \end{bmatrix} \text{ 이면 } A^T = \begin{bmatrix} 1 & -1 \\ 2 & -2 \\ 3 & -3 \end{bmatrix}$$

행렬 A와 B에 대해 $A + B$, A가 정의된다면, 전치행렬은 다음과 같은 성질을 가진다.

(1) $(A^T)^T = A$ (2) $(A+B)^T = A^T + B^T$

(3) $(kA)^T = kA^T$ (4) $(AB)^T = B^T A^T$

▶ **대칭행렬**(symmetric matrix): A의 대칭행렬은 A의 원소들이 주대각원소($A_{ij},\ i=j$)를 기준으로 대칭인 행렬이다.

$$A = \begin{bmatrix} 1 & 4 & 5 \\ 4 & 2 & 6 \\ 5 & 6 & 3 \end{bmatrix} = A'$$

▶ **멱등행렬**(idempotent matrix): 정방행렬 B에 자신을 곱하였을 때 결과값이 변하지 않는 행렬이다.

$$B = \begin{bmatrix} 2 & -2 \\ 1 & -1 \end{bmatrix},\ BB = \begin{bmatrix} 2 & -2 \\ 1 & -1 \end{bmatrix}\begin{bmatrix} 2 & -2 \\ 1 & -1 \end{bmatrix} = \begin{bmatrix} 2 & -2 \\ 1 & -1 \end{bmatrix} = B$$

▶ **직교행렬**(orthogonal matrix): 행렬 C에 전치행렬 C'를 곱하였을 때 결과가 단위행렬이 된다면 행렬 C를 직교행렬이라고 한다.

$$C = \begin{bmatrix} \frac{1}{\sqrt{2}} & -\frac{1}{\sqrt{2}} \\ \frac{1}{\sqrt{2}} & \frac{1}{\sqrt{2}} \end{bmatrix},\ CC' = \begin{bmatrix} \frac{1}{\sqrt{2}} & -\frac{1}{\sqrt{2}} \\ \frac{1}{\sqrt{2}} & \frac{1}{\sqrt{2}} \end{bmatrix}\begin{bmatrix} \frac{1}{\sqrt{2}} & \frac{1}{\sqrt{2}} \\ -\frac{1}{\sqrt{2}} & \frac{1}{\sqrt{2}} \end{bmatrix} = \begin{bmatrix} 1 & 0 \\ 0 & 1 \end{bmatrix} = I$$

제 3 장 행렬식의 응용

본 장에서는 행렬식 및 행렬을 이용하여 연립방정식의 미지수를 구하는 방법에 대해서 알아본다. 행렬식을 배우는 가장 중요한 이유는 복잡한 식을 간단한 행렬대수로 표시할 수 있다는 것이고 다른 하나는 행렬대수를 이용하여 미지수를 구할 수 있다는 것이다. 본 장에서는 행렬식이 경제학 분야에서 어떻게 이용되는지 알아본다.

3-1. 행렬식

▶ **행렬식**(determinant): 주어진 정방행렬에 대한 행렬식은 하나의 값으로 주어지는 일종의 스칼라(수)이다. 행렬식은 정방행렬에 대해서만 정의된다. 행렬식은 $det(A)$ 혹은 $|A|$ 로 표시한다. 절대값이 아님에 유의하자. 예를 들면, 다음과 같은 (2×2) 정방행렬을 고려하자.

$$A = \begin{bmatrix} a_{11} & a_{12} \\ a_{21} & a_{22} \end{bmatrix}$$

A 의 행렬식은 좌측 위에서 우측 아래로 곱한 주대각원소 곱에서 다른 주대각원소인 우측 위에서 좌측 아래로 곱하는 주대각행렬의 곱을 빼서 구할 수 있다. 이를 식으로 나타내면 다음과 같다.

$$det(A) = |A| = (a_{11})(a_{22}) - (a_{21})(a_{12})$$

생각 열기

행렬식은 독일의 수학자인 라이프니찌(Leibniz, G)가 연립방정식의 해법을 연구하면서 고안해 낸 것이다. 다음의 간단한 예를 생각해 보자.

$$\boldsymbol{a_1 x + b_1 y = 0} \qquad (1)$$

$$a_2x + b_2y = 0 \qquad (2)$$

식 (1)에서 y에 대해 정리한 후 식 (2)에 대입하면 다음과 같은 식으로 변환된다.

$$(a_1b_2 - a_2b_1)x = 0 \qquad (3)$$

따라서 식 (3)에서 $x \neq 0$이라면 $a_1b_2 - a_2b_1 = 0$이 된다. 연립방정식의 계수를 행렬식으로 표시하면 다음과 같다.

$$\begin{vmatrix} a_1 & b_1 \\ a_2 & b_2 \end{vmatrix} = (a_1b_2 - a_2b_1) = 0$$

행렬식은 정방행렬에만 존재하고 행 혹은 열의 수를 행렬의 차수(次數)라고 한다.

문제

1. $A = \begin{bmatrix} 2 & 3 \\ 1 & 4 \end{bmatrix}$, $B = \begin{bmatrix} 4 & 9 \\ 0 & 1 \end{bmatrix}$ 일 때, A와 B의 행렬식을 구하시오.

풀이

1. $|A| = 2(4) - 3(1) = 5$, $|B| = 4(1) - 9(0) = 4$

3-2. 3 차원 이상의 행렬식

▶ 3 × 3 행렬의 행렬식

다음과 같은 3 × 3 행렬의 행렬식을 구하는 방법을 살펴보자.

$$det(A) = det\begin{pmatrix} a_{11} & a_{12} & a_{13} \\ a_{21} & a_{22} & a_{23} \\ a_{31} & a_{32} & a_{33} \end{pmatrix}$$

두 가지 방법이 있다. 첫째, 단순하게 같은 방향의 대각원소간의 곱을 통해서 구하는 단순법과 둘째, 3 × 3을 몇 개의 2 × 2 행렬식으로 전개하는 라플라스 전개(Laplace expansion) 방법이 있다.

▶ 단순법

3×3인 A행렬의 행렬식은 다음과 같이 대각원소의 곱을 통하여 간단히 도출할 수 있다.

$$det(A) = det\begin{pmatrix} a_{11} & a_{12} & a_{13} \\ a_{21} & a_{22} & a_{23} \\ a_{31} & a_{32} & a_{33} \end{pmatrix}$$

$$= a_{11}a_{22}a_{33} + a_{21}a_{32}a_{13} + a_{12}a_{23}a_{31} - a_{13}a_{22}a_{31} - a_{21}a_{12}a_{33} - a_{11}a_{32}a_{23}$$

이를 도식화하면 다음과 같다.

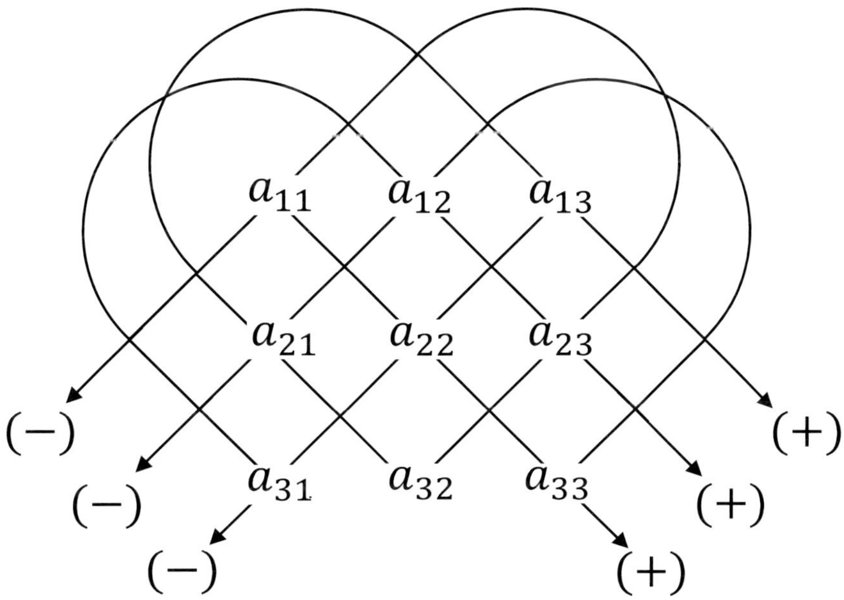

▶ 라플라스 전개 방법

n차 행렬식을 2차의 행렬식으로 분해해서 전개하는 방법을 라플라스 전개라고 한다. 3차 정방행렬을 라플라스 전개하는 방법은 다음과 같다.

첫째, 소행렬식을 구한다. 행렬 A의 한 원소 a_{ij}에 해당하는 소행렬식은 행렬 A에서 i번째 행과 j번째 열을 제거한 새로운 2×2 행렬식으로 $|M_{ij}|$라고 표기한다. 예를 들어, 3×3의 행렬에서 첫 번째 행을 제거하면 다음과 같은 3개의 2×2 소행렬식이 된다.

$$|M_{11}| = \begin{vmatrix} a_{22} & a_{23} \\ a_{32} & a_{33} \end{vmatrix},\ |M_{12}| = \begin{vmatrix} a_{21} & a_{23} \\ a_{31} & a_{33} \end{vmatrix},\ |M_{13}| = \begin{vmatrix} a_{21} & a_{22} \\ a_{31} & a_{32} \end{vmatrix}$$

둘째, 소행렬식 $|M_{ij}|$에서 두 하첨자 i, j의 합이 짝수면 (+)를, 홀수면 (-)를 소행렬식 앞에 다음과 같이 붙인다. 이를 첫째 행을 이용하여 예시하면 다음과 같다.

$$|M_{11}| - |M_{12}| + |M_{13}|$$

셋째, 소행렬식에 해당 원소 a_{ij}를 곱하여 행렬 A의 행렬식을 다음과 같이 구한다.

$$det(A) = |A| = a_{11}|M_{11}| - a_{12}|M_{12}| + a_{13}|M_{13}|$$

3-3. 행렬식 = 0 의미

다음 두 연립방정식을 살펴보자.

$$ax + by = e \qquad (1)$$
$$cx + dy = f \qquad (2)$$

두 방정식을 계수행렬이 (2×2)인 정방행렬로 표시하면 다음과 같은 행렬대수가 된다.

$$\begin{bmatrix} a & b \\ c & d \end{bmatrix}\begin{bmatrix} x \\ y \end{bmatrix} = \begin{bmatrix} e \\ f \end{bmatrix} \quad => \quad AX = E$$

계수행렬 A의 행렬식을 구하면 $det(A) = ad - bc$가 된다. 이제 연립방정식의 기울기를 이용하여 $det(A)$의 의미를 살펴보자.

(1) 행렬식이 0이 아닌 경우 $(ad - bc \neq 0)$:

두 직선 (1)과 (2)의 기울기는 각각 $-\frac{a}{b}$와 $-\frac{c}{d}$이다. 따라서 기울기가 서로 다르다면 $\frac{a}{b} \neq \frac{c}{d}$가 된다. 이 경우 균형점은 1개 존재한다. 따라서 해가 1개 존재하는 조건은 계수행렬 A의 행렬식이 $ad - bc \neq 0$이다.

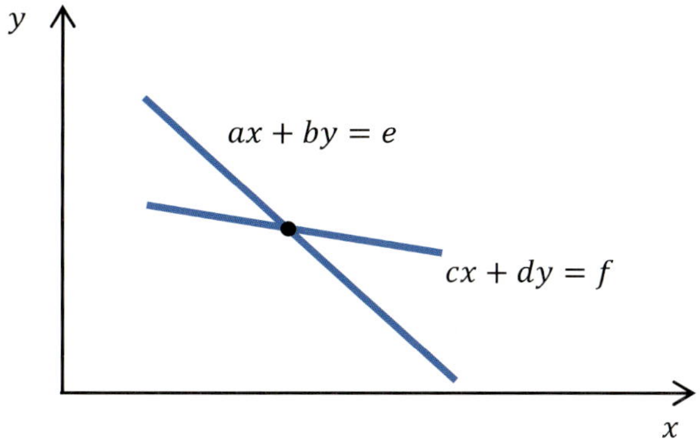

선형연립방정식이 유일한 해를 가지기 위해서는 선형방정식들이 서로 모순(inconsistent)되지 않고 독립적이어야 한다. 행렬식이 0이 아니다라는 정의는 유일한 해를 가지기 위한 조건이 된다.

(2) 행렬식이 0인 경우[부정 혹은 불능]

계수행렬 A의 행렬식 $ad-bc=0$인 경우, 두 직선의 기울기가 같아서 두 방정식이 접하거나 혹은 두 방정식이 평행하여 겹치지 않는 경우이다. 따라서 미지수 x와 y의 해가 무한히 많거나(부정) 해가 존재하지 않게(불능) 된다. 그림으로 보면 다음과 같은 경우이다.

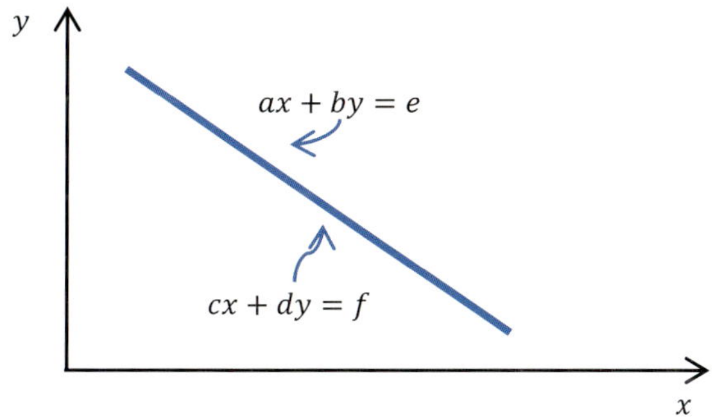

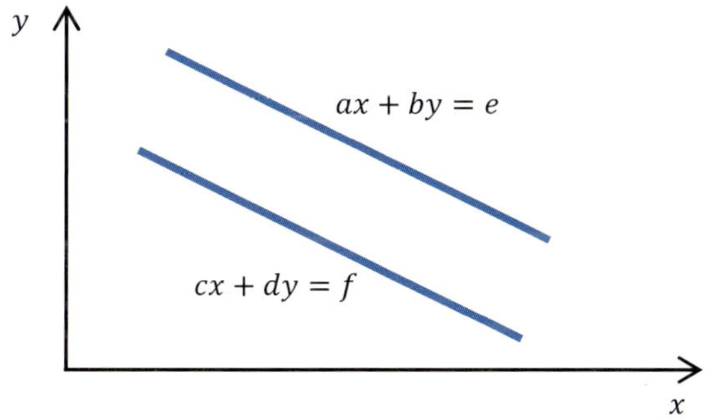

문제

1. 행렬 $\begin{bmatrix} 2 & -3 & 1 \\ 2 & -2 & 0 \\ -1 & 4 & 1 \end{bmatrix}$의 행렬식을 단순법으로 구하시오.

2. $A = \begin{bmatrix} 8 & 0 & -2 \\ 3 & 4 & 1 \\ -5 & -2 & -6 \end{bmatrix}$에서 첫 번째 열에 대한 소행렬을 이용하여 행렬식을 구하시오.

3. $A = \begin{bmatrix} 2 & 7 & -1 \\ 4 & 3 & 1 \\ 5 & -2 & -8 \end{bmatrix}$에서 두 번째 열에 대한 소행렬을 이용하여 행렬식을 구하시오.

4. 라플라스 전개에 의하여 행렬 $\begin{bmatrix} 1 & 1 & 3 \\ 2 & 0 & 4 \\ 1 & 1 & 5 \end{bmatrix}$의 행렬식을 구하시오.

풀이

1.

$$(2)(-2)(1) + (2)(4)(1) + (-3)(0)(-1) - (1)(-2)(-1) - (-3)(2)(1) - (2)(0)(4) = 8$$

2.

$$M_{11} = \begin{vmatrix} 4 & 1 \\ -2 & -6 \end{vmatrix} = -22$$

$$M_{21} = \begin{vmatrix} 0 & -2 \\ -2 & -6 \end{vmatrix} = -4$$

$$M_{31} = \begin{vmatrix} 0 & -2 \\ 4 & 1 \end{vmatrix} = 8$$

$$det\,A = (+1)a_{11}M_{11} + (-1)a_{21}M_{21} + (+1)a_{31}M_{31}$$

$$= (8)(-22) - (3)(-4) + (-5)(8) = -204$$

3.

$$det\,A = (-1)a_{12}M_{12} + (+1)a_{22}M_{22} + (-1)a_{32}M_{32}$$

$$= (-7)\begin{vmatrix} 4 & 1 \\ 5 & -8 \end{vmatrix} + (3)\begin{vmatrix} 2 & -1 \\ 5 & -8 \end{vmatrix} - (-2)\begin{vmatrix} 2 & -1 \\ 4 & 1 \end{vmatrix}$$

$$= 259 - 33 + 12 = 238$$

4.

첫 번째 행에 대하여 전개하여 구하면 다음과 같다.

$$|\boldsymbol{A}| = \boldsymbol{a}_{11}|\boldsymbol{M}_{11}| - \boldsymbol{a}_{12}|\boldsymbol{M}_{12}| + \boldsymbol{a}_{13}|\boldsymbol{M}_{13}|$$

$$= \boldsymbol{a}_{11}|\boldsymbol{C}_{11}| + \boldsymbol{a}_{12}|\boldsymbol{C}_{12}| + \boldsymbol{a}_{13}|\boldsymbol{C}_{13}| = \sum_{j=1}^{3} \boldsymbol{a}_{1j}|\boldsymbol{C}_{1j}|$$

$$= \mathbf{1}\begin{vmatrix} \mathbf{0} & \mathbf{4} \\ \mathbf{1} & \mathbf{5} \end{vmatrix} - \mathbf{1}\begin{vmatrix} \mathbf{2} & \mathbf{4} \\ \mathbf{1} & \mathbf{5} \end{vmatrix} + \mathbf{3}\begin{vmatrix} \mathbf{2} & \mathbf{0} \\ \mathbf{1} & \mathbf{1} \end{vmatrix}$$

$$= -\mathbf{4} - \mathbf{6} + \mathbf{6} = -\mathbf{4}$$

두 번째 열에 대하여 전개해도 같은 결과가 나온다.

$$= -\mathbf{1}\begin{vmatrix} \mathbf{2} & \mathbf{4} \\ \mathbf{1} & \mathbf{5} \end{vmatrix} + \mathbf{0}\begin{vmatrix} \mathbf{1} & \mathbf{3} \\ \mathbf{1} & \mathbf{5} \end{vmatrix} - \begin{vmatrix} \mathbf{1} & \mathbf{3} \\ \mathbf{2} & \mathbf{4} \end{vmatrix} = -\mathbf{6} + \mathbf{0} + \mathbf{2} = -\mathbf{4}$$

3-4. 라플라스 전개와 여인자

▶ **라플라스 전개**: 라플라스 전개는 n 계 정방행렬의 행렬식을 구하는 문제들을 $(n-1)$ 계 소행렬식을 계산하는 문제로 변환해준다. 이 방법을 반복하여 적용하면, 결국 모든 n 계 정방행렬 행렬식은 2 혹은 3계 행렬식을 계산하는 문제로 단순하게 전환되므로 상대적으로 쉽게 행렬식을 계산할 수 있다.

소행렬식을 이용한 행렬식을 기호 $\sum$(시그마)를 이용해 간단하게 나타내기 위해 여인자(cofactor)의 개념을 도입해보자. 여인자는 소행렬식에 관련 원소를 곱한 것과 같은 개념이다. $|C_{ij}|$ 로 표기되는 여인자는 소행렬식 $|M_{ij}|$ 에 지정된 부호인 (+) 혹은 (-)를 붙인 것이다. 소행렬식 $|M_{ij}|$ 에서 두 하첨자 i, j 의 합이 짝수면 (+)를, 홀수라면 (-)를 붙이는 것이다. 이를 수식으로 정의해보면 다음과 같다.

$$|C_{ij}| = (-1)^{i+j}|M_{ij}|$$

n계 정방행렬의 행렬식을 구하는 방법을 시그마와 여인자를 통해 나타내면 다음과 같다.

$$\begin{bmatrix} a_{11} & a_{12} & \cdots & a_{1n} \\ a_{21} & a_{22} & \cdots & a_{2n} \\ \vdots & \vdots & \cdots & \vdots \\ a_{n1} & a_{n2} & \cdots & a_{nn} \end{bmatrix}$$

$$|A| = \sum_{j=1}^{n} a_{1j}|C_{ij}| \qquad \text{[첫번째 행에 대한 전개]}$$

$$|A| = \sum_{i=1}^{n} a_{i2}|C_{i2}| \qquad \text{[두번째 열에 대한 전개]}$$

$$|A| = \sum_{i=1}^{n} a_{i3}|C_{i3}| \qquad \text{[세번째 열에 대한 전개]}$$

라플라스 전개 시 어느 특정 행 또는 특정 열에 대해 전개하여도 같은 값이 나온다. 따라서 라플라스 전개를 통하여 행렬식을 계산할 때, 전개하기 쉽도록 0과 1을 많이 포함하고 있는 행이나 열을 선택해서 전개하는 것이 좋다.

생각 열기

행렬식은 행과 열을 치환하여도 행렬식 값의 숫자는 변하지 않고 부호만 바뀐다. 예를 들어 2×2 정방행렬인 $\boldsymbol{D}$와 $\boldsymbol{E}$를 보자.

$$\boldsymbol{D} = \begin{bmatrix} \boldsymbol{a_1} & \boldsymbol{b_1} \\ \boldsymbol{a_2} & \boldsymbol{b_2} \end{bmatrix}$$

$$\boldsymbol{E} = \begin{bmatrix} \boldsymbol{b_1} & \boldsymbol{a_1} \\ \boldsymbol{b_2} & \boldsymbol{a_2} \end{bmatrix}$$

두 행렬은 열을 바꾸어 놓은 행렬이지만 행렬식의 값은 다음과 같다.

$$|\boldsymbol{D}| = \boldsymbol{a_1 b_2 - b_1 a_2} = -|\boldsymbol{E}|$$

3×3행렬 $\boldsymbol{A}$의 첫번째 행과 세번째 행을 바꾸어준 행렬 $\boldsymbol{B}$의 두 행렬의 행렬식을 각각 구해 보자.

$$\boldsymbol{A} = \begin{bmatrix} \boldsymbol{a_{11}} & \boldsymbol{a_{12}} & \boldsymbol{a_{13}} \\ \boldsymbol{a_{21}} & \boldsymbol{a_{22}} & \boldsymbol{a_{23}} \\ \boldsymbol{a_{31}} & \boldsymbol{a_{32}} & \boldsymbol{a_{33}} \end{bmatrix}$$

$$B = \begin{bmatrix} a_{31} & a_{32} & a_{33} \\ a_{21} & a_{22} & a_{23} \\ a_{11} & a_{12} & a_{13} \end{bmatrix}$$

두 행렬의 행렬식은 다음과 같이 같다.

$$|A| = a_{11}a_{22}a_{33} + a_{21}a_{32}a_{13} + a_{12}a_{23}a_{31} - a_{13}a_{22}a_{31} - a_{21}a_{12}a_{33} - a_{11}a_{32}a_{23} = -|B|$$

문제

1. 행렬 A가 아래와 같을 때 $det(A)$를 구하시오.

(1) $A = \begin{bmatrix} 2 & 7 & -1 \\ 4 & 3 & 1 \\ 5 & -2 & -8 \end{bmatrix}$

(2) $A = \begin{bmatrix} 2 & 7 & -1 \\ 0 & 4 & 2 \\ 5 & -2 & -8 \end{bmatrix}$

(3) $A = \begin{bmatrix} 0 & 4 & 2 \\ 4 & 3 & 1 \\ 5 & -2 & -8 \end{bmatrix}$

2. 행렬 A가 아래와 같을 때 네 번째 열을 구성하는 원소들의 소행렬식을 이용하여 $det(A)$를 구하시오.

$$A = \begin{bmatrix} 2 & 7 & -1 & 0 \\ 0 & 4 & 2 & 6 \\ 4 & 3 & 1 & 2 \\ 5 & -2 & -8 & 0 \end{bmatrix}$$

풀이

1.

(1) $\begin{bmatrix} 2 & 7 & -1 \\ 4 & 3 & 1 \\ 5 & -2 & -8 \end{bmatrix} = 238$

(2) $\begin{bmatrix} 2 & 7 & -1 \\ 0 & 4 & 2 \\ 5 & -2 & -8 \end{bmatrix} = 34$

(3) $\begin{bmatrix} \mathbf{0} & \mathbf{4} & \mathbf{2} \\ \mathbf{4} & \mathbf{3} & \mathbf{1} \\ \mathbf{5} & \mathbf{-2} & \mathbf{-8} \end{bmatrix} = \mathbf{102}$

2.

$$\boldsymbol{det\,A} = (-\mathbf{1})\boldsymbol{a_{14}M_{14}} + (+)\boldsymbol{a_{24}M_{24}} + (-\mathbf{1})\boldsymbol{a_{34}M_{34}} + (+\mathbf{1})\boldsymbol{a_{44}M_{44}}$$

$$= \mathbf{0} + (\mathbf{6})\begin{bmatrix} \mathbf{2} & \mathbf{7} & \mathbf{-1} \\ \mathbf{4} & \mathbf{3} & \mathbf{1} \\ \mathbf{5} & \mathbf{-2} & \mathbf{-8} \end{bmatrix} - (\mathbf{2})\begin{bmatrix} \mathbf{2} & \mathbf{7} & \mathbf{-1} \\ \mathbf{0} & \mathbf{4} & \mathbf{2} \\ \mathbf{5} & \mathbf{-2} & \mathbf{-8} \end{bmatrix} + \mathbf{0}$$

$$= (\mathbf{6})(\mathbf{238}) - (\mathbf{2})(\mathbf{34}) = \mathbf{1,360}$$

3-5. 연립일차방정식과 행렬식

▶ 연립방정식 풀이 방법

[1] 변수소거법: 직관적이지만 복잡한 문제에서 비실용적이다.
[2] 계수행렬의 역행렬 이용: 역행렬의 계산이 어려우므로 활용에 제한이 있다.
[3] 크레머(Cramer) 공식: 행렬의 크기가 작은 경우 행렬식만을 이용하기 때문에 쉽게 활용할 수 있다.
[4] 가우스-조던 소거법(Gaussian-Jordan elimination method): 행렬의 크기가 큰 경우 연립방정식의 해를 구하는데 많이 활용되지만 복잡하므로 활용이 많지는 않다.

▶ **크레머 공식**: 크레머의 공식을 이용하여 다음과 같은 연립방정식을 이용하여 x_2 의 값을 구해보자. 다음의 일차연립방정식을 행렬로 표기하면 $AX = B$로 표시할 수 있다.

$$a_{11}x_1 + a_{11}x_1 + a_{13}x_3 = b_1$$
$$a_{21}x_1 + a_{22}x_2 + a_{23}x_3 = b_2$$
$$a_{31}x_1 + a_{32}x_2 + a_{33}x_3 = b_3$$

$$A = \begin{bmatrix} a_{11} & a_{12} & a_{13} \\ a_{21} & a_{22} & a_{23} \\ a_{31} & a_{32} & a_{33} \end{bmatrix} \quad X = \begin{bmatrix} x_1 \\ x_2 \\ x_3 \end{bmatrix} \quad B= \begin{bmatrix} b_1 \\ b_2 \\ b_3 \end{bmatrix}$$

$$AX = B$$

이 때, 정방행렬 A를 계수 행렬(coefficient matrix)이라 한다. 이러한 연립방정식이 단 하나의 해를 갖기 위해서는 계수행렬 A의 행렬식이 0이 아니어야 한다. 즉, 계수행렬의 역행렬이 존재하면 연립방정식의 x_2에 해당하는 값은 다음과 같이 계산된다.

$$x_2 = \frac{det(A(2))}{det(A)} = \frac{det\begin{pmatrix} a_{11} & b_1 & a_{13} \\ a_{21} & b_2 & a_{23} \\ a_{31} & b_2 & a_{33} \end{pmatrix}}{det(A)} \quad (j = 1,2,\cdots,n)$$

여기서 $det(A(2))$는 행렬 A의 2번째 열을 $\begin{bmatrix} b_1 \\ b_2 \\ b_3 \end{bmatrix}$으로 대체한 후 계산한 행렬식이다. 이런 방식으로 다른 미지수의 값을 구할 수 있다.

문제

1. 다음 연립 방정식의 해를 크레머 공식을 이용하여 구하시오.

(1) $\boldsymbol{2x + 2y = 1,\ x + 2y = 2}$

(2) $\boldsymbol{x - 2z = 0,\ 8x + 5y - z = 3,\ 2x + 3y + 4z = -2}$

(3) $\boldsymbol{2x - 3y = 2,\quad 4x - 6y + z = 7,\quad x + 10y = 1}$

2. 다음과 같은 수요함수($\boldsymbol{Q_d}$)와 공급함수($\boldsymbol{Q_s}$)가 주어진 경우, 균형량($\boldsymbol{Q^*}$)과 균형가격($\boldsymbol{p^*}$)을 크레머 공식을 이용하여 구하시오.

$$\boldsymbol{Q_d = Q_s,\qquad Q_d = 5,000 - 1,500p,\qquad Q_s = -2,000 + 1,000p}$$

3. 다음 방정식은 케인즈 기본 모형이다. 내생변수인 $\boldsymbol{Y}$와 $\boldsymbol{C}$는 국민소득 및 가계소비를 나타내며, 독립변수인 $\boldsymbol{I}$와 $\boldsymbol{G}$는 기업의 투자와 정부지출을 의미한다. $\boldsymbol{\alpha}$는 절대소비를, $\boldsymbol{\beta}$는 한계소비성향을, $\boldsymbol{t}$는 소득세율을 나타낸다.

$$\boldsymbol{Y = C + I + G}$$

$$\boldsymbol{C = \alpha + \beta(1 - t)Y}$$

이 경우 내생변수인 $\boldsymbol{Y}$와 $\boldsymbol{C}$의 균형값을 구하시오.

4 다음 방정식은 IS-LM 기본 모형이다. 내생변수인 $\boldsymbol{Y}$, $\boldsymbol{C}$, $\boldsymbol{I}$, r은 국민소득, 가계 소비, 기업

투자, 이자율을 각각 나타내며, 독립변수인 G_0, C_0, b, t는 정부지출, 가계의 절대소비, 한계소비성향, 소득세율을 각각 나타낸다. 또한 I_0는 기업의 독립투자, e는 한계투자성향, f는 화폐의 거래적 수요계수, g는 화폐의 투기적 수요계수, M_0는 화폐공급을 의미한다. 이 경우 IS-LM 기본 모형은 다음과 같다.

$$Y = C + I + G_0$$
$$C = C_0 + b(1-t)Y$$
$$I = I_0 + er$$
$$fY - gr = M_0$$

이 경우 내생변수인 Y 의 균형값을 구하시오.

풀이

1. (1)

$$\begin{bmatrix} 2 & 2 \\ 1 & 2 \end{bmatrix}\begin{bmatrix} x \\ y \end{bmatrix} = \begin{bmatrix} 1 \\ 2 \end{bmatrix}$$

$$det(A) = \begin{vmatrix} 2 & 2 \\ 1 & 2 \end{vmatrix} = 2$$

$$det(A(1)) = \begin{vmatrix} 1 & 2 \\ 2 & 2 \end{vmatrix} = (1)(2) - (2)(2) = -2$$

$$det(A(2)) = \begin{vmatrix} 2 & 1 \\ 1 & 2 \end{vmatrix} = (2)(2) - (1)(1) = 3$$

$$x = \frac{det(A(1))}{det(A)} = -1,\ y = \frac{det(A(2))}{det(A)} = \frac{3}{2}$$

(2)

$$\begin{bmatrix} 1 & 0 & -2 \\ 8 & 5 & -1 \\ 2 & 3 & 4 \end{bmatrix}\begin{bmatrix} x \\ y \\ z \end{bmatrix} = \begin{bmatrix} 0 \\ 3 \\ -2 \end{bmatrix}$$

$$det(A) = \begin{vmatrix} 1 & 0 & -2 \\ 8 & 5 & -1 \\ 2 & 3 & 4 \end{vmatrix} = -5$$

$$det(A(1)) = \begin{vmatrix} 0 & 0 & -2 \\ 3 & 5 & -1 \\ -2 & 3 & 4 \end{vmatrix} = -38$$

$$det(A(2)) = \begin{vmatrix} 1 & 0 & -2 \\ 8 & 3 & -1 \\ 2 & -2 & 4 \end{vmatrix} = 54$$

$$det(A(3)) = \begin{vmatrix} 1 & 0 & 0 \\ 8 & 5 & 3 \\ 2 & 3 & -2 \end{vmatrix} = -19$$

$$x = \frac{det(A(1))}{det(A)} = -\frac{38}{5},\ y = \frac{det(A(2))}{det(A)} = -\frac{54}{5},\ z = \frac{det(A(3))}{det(A)} = \frac{19}{5}$$

(3)

$$\begin{bmatrix} 2 & -3 & 0 \\ 4 & -6 & 1 \\ 1 & 10 & 0 \end{bmatrix} \begin{bmatrix} x \\ y \\ z \end{bmatrix} = \begin{bmatrix} 2 \\ 7 \\ 1 \end{bmatrix}$$

$$det(A) = \begin{vmatrix} 2 & -3 & 0 \\ 4 & -6 & 1 \\ 1 & 10 & 0 \end{vmatrix} = -23$$

$$det(A(1)) = \begin{vmatrix} 2 & -3 & 0 \\ 7 & -6 & 1 \\ 1 & 10 & 0 \end{vmatrix} = -23$$

$$det(A(2)) = \begin{vmatrix} 2 & 2 & 0 \\ 4 & 7 & 1 \\ 1 & 1 & 0 \end{vmatrix} = 0$$

$$det(A(3)) = \begin{vmatrix} 2 & -3 & 2 \\ 4 & -6 & 7 \\ 1 & 10 & 1 \end{vmatrix} = -69$$

$$x = \frac{det(A(1))}{det(A)} = 1,\ y = \frac{det(A(2))}{det(A)} = 0,\ z = \frac{det(A(3))}{det(A)} = 3$$

2. 먼저, 주어진 3개의 연립방정식을 보고 3개의 종속변수를 좌측에 두고 나머지는 우변으로 넘겨야 한다.

$$\begin{bmatrix} 1 & -1 & 0 \\ 1 & 0 & 1500 \\ 0 & 1 & -1000 \end{bmatrix} \begin{bmatrix} Q_d \\ Q_s \\ p \end{bmatrix} = \begin{bmatrix} 0 \\ 5000 \\ -2000 \end{bmatrix}$$

$$det(A) = a_{11}C_{11} + a_{12}C_{12} = -1500 - 1000 = -2,500$$

$$det(A(1)) = \begin{vmatrix} 0 & -1 & 0 \\ 5000 & 0 & 1500 \\ -2000 & 1 & -1000 \end{vmatrix} = -2,000,000$$

$$det(A(2)) = \begin{vmatrix} 1 & 0 & 0 \\ 1 & 5000 & 1500 \\ 0 & -2000 & -1000 \end{vmatrix} = -2,000,000$$

$$det(A(3)) = \begin{vmatrix} 1 & -1 & 0 \\ 1 & 0 & 5000 \\ 0 & 1 & -2000 \end{vmatrix} = -7,000$$

$$Q_d^* = \frac{det(A(1))}{det(A)} = 800,\ Q_s^* = \frac{det(A(2))}{det(A)} = 800,\ p^* = \frac{det(A(3))}{det(A)} = 2.8$$

3. 주어진 단순거시경제모형을 알아보자. 국민소득은 모든 생산물의 총부가가치를 의미하며, 국민소득은 가계의 총소비 C와 기업의 총투자 I 그리고 정부의 정부지출 G로 이루어져 있다. 가계의 소비지출은 케인즈의 절대소득 가설에 따라 국민소득의 함수이다. 정부 부문이 존재하기 때문에 가계의 소비는 소득 중 세금을 제외한 가처분소득의 함수로 나타난다.

먼저, 주어진 2개의 연립방정식에 따라, 2개의 종속변수를 좌측에 두고 나머지는 우변으로 넘겨야 한다. 종속변수는 Y, C이므로, 이들 변수를 좌측에 두면 다음과 같은 연립방정식을 세울 수 있다.

$$Y - C = I + G$$

$$\beta(1-t)Y - C = -\alpha$$

이제 행렬식으로 전환시키면 다음과 같다.

$$\begin{bmatrix} 1 & -1 \\ \beta(1-t) & -1 \end{bmatrix} \begin{bmatrix} Y \\ C \end{bmatrix} = \begin{bmatrix} I+G \\ -\alpha \end{bmatrix}$$

크레머 법칙을 적용하면 다음과 같다.

$$Y = \frac{\begin{bmatrix} I+G & -1 \\ -\alpha & -1 \end{bmatrix}}{det(A)} = \frac{(I+G)(-1) - (-1)(-\alpha)}{-1 + \beta(1-t)} = \frac{\alpha + I + G}{1 - \beta(1-t)}$$

마찬가지로

$$C = \frac{\begin{bmatrix} 1 & I+G \\ \beta(1-t) & -\alpha \end{bmatrix}}{det(A)} = \frac{-\alpha - \big(\beta(1-t)\big)(I+G)}{-1+\beta(1-t)} = \frac{\alpha + \beta(1-t)(I+G)}{1-\beta(1-t)}$$

4. 종속변수는 Y, C, I, $\mathbf{r}$이고 나머지는 모두 상수항에 해당한다. 따라서 좌측에 종속변수, 우측에 독립변수 및 상수항으로 분리하여 다시 정리하면 다음과 같다.

$$\begin{gathered} Y - C - I + 0r = G_0 \\ bY - C + 0\,I + 0r = -C_0 \\ 0Y + 0C - I - er = I_0 \\ fY + 0C + 0\,I - gr = M_0 \end{gathered}$$

$$\begin{bmatrix} 1 & -1 & -1 & 0 \\ b(1-t) & -1 & 0 & 0 \\ 0 & 0 & 1 & e \\ f & 0 & 0 & -g \end{bmatrix} \begin{bmatrix} Y \\ c \\ I \\ r \end{bmatrix} = \begin{bmatrix} G_0 \\ -C_0 \\ I_0 \\ M_0 \end{bmatrix}$$

크레머 법칙을 적용하면 다음과 같다.

$$AX = B \ \rightarrow \ det(A) = ef + g[1 - b(1-t)]$$

Y를 구하기 위하여 3 번째 열을 기준으로 소행렬을 정리하면 다음과 같다.

$$|A(1)| = \begin{vmatrix} G_0 & -1 & -1 & 0 \\ -C_0 & -1 & 0 & 0 \\ I_0 & 0 & 1 & e \\ M_0 & 0 & 0 & -g \end{vmatrix} = (-1)(-1)^{1+3} \begin{vmatrix} -C_0 & -1 & 0 \\ I_0 & 0 & e \\ M_0 & 0 & -g \end{vmatrix} + (1)(-1)^{3+3} \begin{vmatrix} G_0 & -1 & 0 \\ -C_0 & -1 & 0 \\ M_0 & 0 & -g \end{vmatrix}$$

$$= (-1)(-1)(-1)^{1+2} \begin{vmatrix} I_0 & e \\ M_0 & -g \end{vmatrix} + (1)(-g)(-1)^{3+3} \begin{vmatrix} G_0 & -1 \\ -C_0 & -1 \end{vmatrix}$$

$$= -(-I_0 g - M_0 e) - g(-G_0 - C_0)$$

$$= M_0 e + \mathrm{g}(\mathrm{I}_0 + \mathrm{G}_0 + \mathrm{C}_0)$$

따라서 $Y = \frac{M_0 e + g(\mathrm{I}_0 + \mathrm{G}_0 + \mathrm{C}_0)}{ef + g[1 - b(1-t)]}$

▶ **가우스-조던 소거법**: 가우스-조던 소거법은 계수행렬과 상수항 벡터를 이용하여 확대된 새로운 행렬을 만든 후, 행렬의 기본연산을 통해 계수행렬 부분을 항등행렬로 만드는 연산과정을 거쳐서 주어진 방정식을 푸는 방법이다. 다음 예시를 통해 살펴보자.

$$x+y+z=4$$
$$x+3y+z=1$$
$$x+y+2z=3$$

위의 방정식을 확대된 새로운 행렬로 만들면 다음과 같다.

$$\begin{bmatrix} 1 & 1 & 1 & \vdots\, 4 \\ 1 & 3 & 1 & \vdots\, 1 \\ 1 & 1 & 2 & \vdots\, 3 \end{bmatrix}$$

여기서 '⋮'는 가독성을 위해 넣은 부호일 뿐 아무 역할을 하지 않는다.
이제 계수행렬 부분에 조작을 가해 항등행렬로 만들어 보자. 1번째 행에 (-1)을 곱한 것을 2번째 행에 더한다.

$$\begin{bmatrix} 1 & 1 & 1 & \vdots & 4 \\ 0 & 2 & 0 & \vdots & -3 \\ 1 & 1 & 2 & \vdots & 3 \end{bmatrix}$$

다시, 1번째 행에 (-1)을 곱한 것을 3번째 행에 더한다.

$$\begin{bmatrix} 1 & 1 & 1 & \vdots & 4 \\ 0 & 2 & 0 & \vdots & -3 \\ 0 & 0 & 1 & \vdots & -1 \end{bmatrix}$$

다시, 3번째 행에 (-1)을 곱한 후 1번째 행에 더한다.

$$\begin{bmatrix} 1 & 1 & 0 & \vdots & 5 \\ 0 & 2 & 0 & \vdots & -3 \\ 0 & 0 & 1 & \vdots & -1 \end{bmatrix}$$

다시, 2번째 행은 단순히 $\frac{1}{2}$을 곱한다.

$$\begin{bmatrix} 1 & 1 & 0 & \vdots & 5 \\ 0 & 1 & 0 & \vdots & -\frac{3}{2} \\ 0 & 0 & 1 & \vdots & -1 \end{bmatrix}$$

2번째 행에 (-1)을 곱한 후 1번째 행에 더한다.

$$\begin{bmatrix} 1 & 0 & 0 & \vdots & \frac{13}{2} \\ 0 & 1 & 0 & \vdots & -\frac{3}{2} \\ 0 & 0 & 1 & \vdots & -1 \end{bmatrix}$$

계수행렬 부분을 단위행렬로 만들었을 때 얻어진 상수항 행렬부분이 바로 연립방정식의 해이다.

$$x = \frac{13}{2}, \qquad y = -\frac{3}{2}, \qquad z = -1$$

3-6. 산업연관표

▶ **산업연관표:** 산업연관표란 투입과 산출의 관계를 행렬의 형태로 정리한 표이다. 즉, 한 산업의 총 생산(금액으로 표시됨)의 일부는 각각의 산업에 생산요소로 투입되고, 최종 소비자의 수요로 소비된다. 외부효과로 인하여 소비자의 수요가 증가하는 경우 산업연관표 상에 나타난 모든 산업에 미치는 효과를 산업연관표를 이용하여 분석할 수가 있다. 이를 이해하기 위하여 다음과 같은 가장 단순한 산업연관표의 예를 생각하자.

X_1과 X_2를 생산하는 2개의 산업으로 구성된 간단한 투입-산출 모형의 산업연관표를 생각해보자. 2개의 산업으로 구성된 산업연관표를 행렬대수로 표시하면 다음과 같다.

$$\begin{aligned} X_{11} + X_{12} + D_1 &= X_1 \qquad (1) \\ X_{21} + X_{22} + D_2 &= X_2 \end{aligned}$$

여기서 X_{12}는 첫 번째 산업의 총 생산 X_1이 두 번째 산업의 투입요소로 들어간 것을 나타내며, D_1은 첫 번째 산업의 총 생산에 대한 소비자의 최종 수요량을 나타낸다.

식 (1)에 나타난 산업별 투입을 총 생산으로 나누면 아래와 같은 행렬대수로 전환된다.

$$\begin{aligned} \frac{X_{11}}{X_1}X_1 + \frac{X_{12}}{X_1}X_1 + D_1 &= X_1 \\ \frac{X_{21}}{X_2}X_2 + \frac{X_{22}}{X_2}X_2 + D_2 &= X_2 \end{aligned}$$

이를 $a_{ij} = \frac{X_{ij}}{X_j}$라는 투입계수로 부호를 바꾸면 다음과 같이 정리된다.

$$a_{11}X_1 + a_{12}X_1 + D_1 = X_1 \qquad (2)$$
$$a_{21}X_2 + a_{22}X_2 + D_2 = X_2$$

식 (2)를 다시 행렬식으로 표시하면 다음과 같다.

$$\begin{bmatrix} a_{11} & a_{12} \\ a_{21} & a_{22} \end{bmatrix} \begin{bmatrix} X_1 \\ X_2 \end{bmatrix} + \begin{bmatrix} D_1 \\ D_2 \end{bmatrix} = \begin{bmatrix} X_1 \\ X_2 \end{bmatrix} \qquad (3)$$

식 (3)을 다시 행렬대수로 표시하면 다음과 같다.

$$AX + D = X \qquad (4)$$

여기서 $A = \begin{bmatrix} a_{11} & a_{12} \\ a_{21} & a_{22} \end{bmatrix}$, $X = \begin{bmatrix} X_1 \\ X_2 \end{bmatrix}$, $D = \begin{bmatrix} D_1 \\ D_2 \end{bmatrix}$이다. 특히 A는 투입계수인 a_{ij}로 구성된 행렬대수이며 A를 포함한 식 (4)를 투입계수행렬식이라고 한다.

▶ **생산유발계수:** 수요의 변화가 각 생산에 미치는 파급효과를 분석하기 위해서는 생산유발계수를 이해해야 한다. 생산유발계수를 이해하기 위하여 위 식 (1)-(5)처럼 2개의 산업으로 이루어진 일국경제를 고려해 보자. 2개의 산업으로 구성된 행렬대수식은 다음과 같다.

$$AX + D = X$$

여기서 X는 총 생산을 나타내는 행렬이고, A는 투입계수인 a_{ij}로 구성된 투입계수행렬이고, D는 최종수요 행렬이다. 이를 X에 대하여 정리하면 다음과 같다.

$$(I_2 - A)X = D$$

이제 역함수를 이용하여 수요에 해당하는 행렬을 독립변수로 정하고 총 생산을 종속변수로 고려하면 다음과 같은 함수를 도출할 수 있다.

$$X = (I_2 - A)^{-1}D$$

여기서 $(I_2 - A)^{-1}$를 생산유발계수라고 부른다.

예를 들어보자. 한류로 인하여 우리의 수출이 증가하여 최종수요가 ΔD만큼 늘어났다고 하자. 그러면 생산유발금액(X^1)은 다음과 같이 계산된다.

$$X^1 = (I_2 - A)^{-1}\Delta D$$

▶ **부가가치유발계수 및 취업유발계수**: 생산이 증가하면 부가가치와 노동수요가 증가하므로 다음과 같은 부가가치유발계수(A^v)와 취업유발계수(l)가 도출된다.

$$V = A^v X^1 = A^v(I_2 - A)^{-1}\Delta D$$

$$L = lX^1 = l(I_2 - A)^{-1}\Delta D$$

여기서 V는 부가가치유발효과이고 L은 취업유발인원이다. 일반적으로 부가가치유발계수와 취업유발계수의 값은 한국은행에서 발표하는 산업연관표에 나타나 있다. 따라서 일반적으로 변화된 ΔD만 구하면 한류로 인한 생산유발금액, 부가가치유발금액, 취업유발인원을 구할 수 있다.

문제

1. 다음과 같은 산업연관표를 이용하여 다음 물음에 답하시오.

(단위 : 1 억원)

산출 / 투입	농업	제조업	최종수요	총 생산액
농 업	40	90	70	200
제 조 업	80	150	70	300
부가가치	80	60		
총 투입액	200	300		500

(1) 투입계수행렬($\boldsymbol{A}$)을 구하시오.

(2) 투입계수행렬($\boldsymbol{A}$)과 총 생산액($\boldsymbol{X}$)을 이용하여 $\boldsymbol{X} - \boldsymbol{AX} = \boldsymbol{D}$가 성립함을 증명하시오.

(3) 생산유발계수인 $(\boldsymbol{I_2} - \boldsymbol{A})^{-1}$을 구하시오.

(4) 정부의 투자에 의하여 제조업 수요가 28억원 증가하였다. 각 산업분야의 생산액은 얼마나 증가하는지 계산하시오.

(5) 정부투자가 아니라 한류로 인하여 제조업 제품의 수출이 28억원 증가하였다고 가정하자. 이 경우 내수 증가는 얼마인가?

풀이

(1) 투입계수행렬(coefficient matrix)은 단위 생산당 투입-산출관계로 산업별 투입액을 총 생산액으로 나눈 행렬이다. 투입계수 행렬은 다음과 같다.

투입 \ 산출	농업	제조업
농 업	$\frac{40}{200} = 0.2$	$\frac{90}{300} = 0.3$
제 조 업	$\frac{80}{200} = 0.4$	$\frac{150}{300} = 0.5$

(2)

$$\boldsymbol{X - AX} = \begin{bmatrix} 200 \\ 300 \end{bmatrix} - \begin{bmatrix} 0.2 & 0.3 \\ 0.4 & 0.5 \end{bmatrix}\begin{bmatrix} 200 \\ 300 \end{bmatrix} = \begin{bmatrix} 200 \\ 300 \end{bmatrix} - \begin{bmatrix} 40+90 \\ 80+150 \end{bmatrix} = \begin{bmatrix} 70 \\ 70 \end{bmatrix} = \boldsymbol{D}$$

(3)

$$\boldsymbol{I_2 - A} = \begin{bmatrix} 1 & 0 \\ 0 & 1 \end{bmatrix} - \begin{bmatrix} 0.2 & 0.3 \\ 0.4 & 0.5 \end{bmatrix} = \begin{bmatrix} 0.8 & -0.3 \\ -0.4 & 0.5 \end{bmatrix}$$

$$(\boldsymbol{I_2 - A})^{-1} = \begin{bmatrix} 0.8 & -0.3 \\ -0.4 & 0.5 \end{bmatrix}^{-1} = \frac{1}{0.4 - 0.12}\begin{bmatrix} 0.5 & 0.3 \\ 0.4 & 0.8 \end{bmatrix} = \begin{bmatrix} \frac{50}{28} & \frac{30}{28} \\ \frac{40}{28} & \frac{80}{28} \end{bmatrix}$$

(4)

$$\boldsymbol{X^*} = (\boldsymbol{I_2 - A})^{-1}\boldsymbol{D} = \begin{bmatrix} \frac{50}{28} & \frac{30}{28} \\ \frac{40}{28} & \frac{80}{28} \end{bmatrix}\begin{bmatrix} 0 \\ 28 \end{bmatrix} = \begin{bmatrix} 30 \\ 80 \end{bmatrix}$$

따라서 농업에서 30억원, 제조업에서 80억 원 생산이 증가한다. 이를 생산유발금액 이라고 한다.

(5) 한류로 인한 수출 28억원이 발생함에 따라 국내 생산이 직간접적으로 110억원 늘어나는 효과가 있다. 그러나 110억원 가운데 한류로 인한 수출 28억원이 포함되어 있으므로 수출금액을 뺀 나머지 82억원만 내수 증가라고 할 수 있다. 그러나 이 내수 증가는

궁극적으로 수출품 생산과 직간접적으로 관련된 것이므로 국내 소비자가 최종적으로 소비하는 내수와는 차이가 있다.

제 4 장 미분

경제학에서 변화율을 구하거나 최적화하는 변수의 값을 도출하는 등의 문제는 미분과 관련 있다. 함수란 관계식에 의해서 한 집합의 원소를 다른 집합의 원소에 대응시키는 것을 말한다. 이와 마찬가지로 미분 함수도 한 집합의 원소를 미분에 의해서 도출된 도함수에 의해서 다른 집합의 원소에 대응시키는 관계식이다. 본 장에서는 이러한 함수의 미분을 알아본다.

4-1. 평균변화율과 기울기

▶ **평균변화율**(average rate of change): 독립변수 x에 대응하는 종속변수 y의 관계식을 $y = f(x)$로 표기하는 경우, 변수 x의 변화량을 $\Delta x = x_1 - x_0$로 표시하고, 변수 y의 변화량을 $\Delta y = f(x_0 + \Delta x) - f(x_0)$라 표기할 수 있다. 이 경우, y의 평균변화율은 다음과 같이 표기할 수 있다.

$$\frac{\Delta y}{\Delta x} = \frac{f(x_0 + \Delta x) - f(x_0)}{\Delta x}$$

이것은 일정구간에서 x의 1단위 변화량으로 표시한 y의 변화량이다. 평균변화율에서 평균이라는 단어를 사용하는 이유는 위의 식이 한 점에서의 순간변화율이 아닌 x의 변화량이 있는 일정구간으로 표시한, 즉, Δx로 표시한 y의 변화량이기 때문이다. 예를 들어 직선의 기울기를 가진 함수 $y = f(x) = a + bx$에서 y의 평균변화율을 표시하면 다음과 같이 항상 일정하다.

$$\frac{\Delta y}{\Delta x} = \frac{y_2 - y_1}{x_2 - x_1} = \frac{f(x_2) - f(x_1)}{x_2 - x_1} = \frac{(a + bx_2) - (a + bx_1)}{x_2 - x_1} = b$$

그러나 곡선인 $y = f(x) = ax^2$의 경우 평균변화율은 x구간의 범위인 x_1과 x_2에 따라 서로 다른 값을 가진다.

$$\frac{\Delta y}{\Delta x}=\frac{y_2-y_1}{x_2-x_1}=\frac{f(x_2)-f(x_1)}{x_2-x_1}=\frac{(ax_2^2)-(ax_1^2)}{x_2-x_1}=a(x_1+x_2)$$

생각 열기

경제학에서 많이 사용하는 다음 용어를 살펴보자.

(1) $\boldsymbol{x}$의 변화량은 다음과 같이 표기한다.

$$\boldsymbol{\Delta x = x_1 - x_0}$$

(2) $\boldsymbol{x}$의 변화량으로 표시한 $\boldsymbol{y}$의 변화량은 다음과 같이 표기한다.

$$\boldsymbol{\frac{\Delta y}{\Delta x}}$$

그 외에도 $\boldsymbol{\frac{\Delta y}{x}}$는 $\boldsymbol{x}$로 표시한 $\boldsymbol{\Delta y}$의 변화량이 된다.

(3) 변수 $\boldsymbol{x}$의 % 변화율 다음과 같이 표기한다.

$$\boldsymbol{\frac{\Delta x}{x}\times 100}$$

(4) $\boldsymbol{y=f(x)}$의 함수에서 탄력성(elasticity)은 다음과 같다.

$$\frac{\frac{\Delta y}{y}}{\frac{\Delta x}{x}}=\frac{y\text{의 \% 변화율}}{x\text{의 \% 변화율}}$$

변화량과 변화율의 단어를 생각해 보자. 변화량은 변화된 값을 구하는 것이고 변화율은 변화된 값이 어느 정도 변했는지를 분수를 이용하여 나타낸 것이다. 예를 들어 두 변수 간의 변화율은 두 변수가 변화하는 정도를 비율로 나타낸 것이다. 따라서 변화량과 변화율은 각각 양과 비율의 차이라고 말할 수 있다.

4-2. 도함수

▶ **평균변화율과 순간변화율**: 평균변화율을 도함수(derivative)와 연결하여 생각해 보자. 기본 단위가 자연수로 변하는 변수의 경우 Δx는 1단위 변화가 가장 작다고 할 수 있다. 그러나 연속적인 변수의 경우 Δx는 극히 작은 변화로 표시할 수 있다. 이렇게 연속적인 두 변수 x, y의 경우 Δx가 0에 접근할 때 $\frac{\Delta y}{\Delta x}$의 극한값을 도출하는 것이 가능하며, 이때 $\frac{\Delta y}{\Delta x}$의 값을 미분계수(differential coefficient)라 한다. 정의역 원소 x와 함수 $y = f(x)$의 미분 값을 대응시킨 함수를 도함수(derivative)라고 하며 다음과 같이 표기한다.

$$\frac{dy}{dx} \equiv f'(x) \equiv \lim_{\Delta x \to 0} \frac{\Delta y}{\Delta x}$$

여기서 $f'(x)$를 도함수라고 하며 $f(x)$를 원시함수라고 한다. 따라서 도함수는 독립변수로 구성된 집합의 원소인 x에서 종속변수인 미분계수(도함수) 값으로 구성된 집합의 원소로 연결하는 함수이다.

다음의 함수를 이용하여 $\frac{\Delta y}{\Delta x}$와 $\frac{dy}{dx}(= \lim_{\Delta x \to 0} \frac{\Delta y}{\Delta x})$을 생각해 보자.

$$y = f(x) = x^2$$

예를 들어 $x_1 = 2$, $x_2 = 4$ 인 경우, $\Delta x = x_2 - x_1 = 2$ 이고 $\Delta y = 12$ 가 된다. 따라서 평균변화율은 $\frac{\Delta y}{\Delta x} = 6$이 된다. 이제 x_1을 2에서 3으로 이동시키면 Δx는 1이 되고 $\Delta y = 7$이 되어 $\frac{\Delta y}{\Delta x} = 7$이 된다. 마찬가지로 x_1을 2에서 4의 근방으로 이동시키면 Δx는 0에 가까운 값이 될 것이고 $x_2 = 4$에서 순간변화율을 구하면 $f'(x)$의 값은 아래와 같이 7보다 가파른 8이 된다.

$$f'(x) \equiv \lim_{\Delta x \to 0} \frac{(x + \Delta x)^2 - x^2}{\Delta x} = \lim_{\Delta x \to 0} \frac{2x\Delta x + (\Delta x)^2}{\Delta x} = \lim_{\Delta x \to 0} 2x + \Delta x = 2x = 8$$

이것을 수식으로 표현하면 $f'(x) = \frac{dy}{dx} = \lim_{\Delta x \to 0} \frac{\Delta y}{\Delta x}$이라고 하고 이것을 순간변화율이라고 부른다.

생각 열기

$\boldsymbol{y = f(x)}$ 의 함수에서 두 점 A와 B사이의 평균변화율은 $\frac{\Delta y}{\Delta x}$라고 정의한다. 기하학으로 설명해 보자. $\boldsymbol{y = x^2}$ 에서 $\boldsymbol{x}$ 가 1에서 4로 증가한 경우 평균변화율은 정의에 의해서 $\frac{\Delta y}{\Delta x} = \frac{16-1}{4-1}$=5이다. 따라서 두 점을 지나는 직선의 기울기가 바로 평균변화율이다.

그럼 순간변화율은 어떤 모습인가? 바로 순간변화율의 다른 이름이 미분계수이다.

$\boldsymbol{y = x^2}$에서 $\boldsymbol{x}$가 4에서 순간적으로 매우 조금 변하는 경우($\boldsymbol{\Delta x \to 0}$)의 평균변화율이 바로 순간변화율이고 미분계수가 된다. 앞에서 본 것처럼 $\boldsymbol{x}$가 4인 경우 순간변화율은 8이 된다.

결국, $\boldsymbol{y = f(x)}$에서 $\boldsymbol{x}$로 이루어진 집합이 정의역이 되고, 미분계수 값으로 구성된 집합이 치역이 되고, 정의역과 치역을 연결하는 관계식이 도함수이다. 도함수를 그림으로 표시하면 다음과 같다.

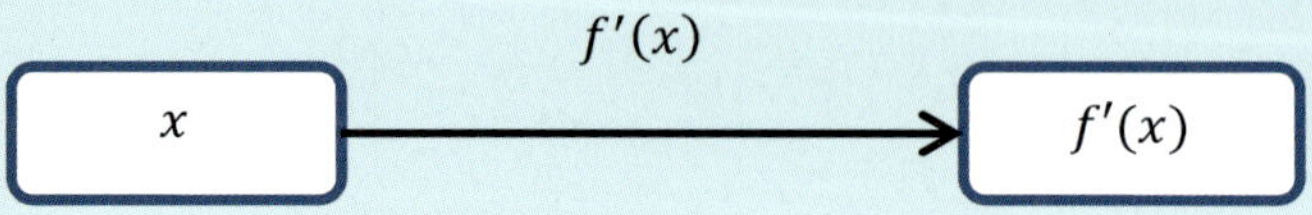

4-3. 미분계수

▶ **미분계수**: 수학적으로 정의하면 N보다 큰 값에서 접근할 때, 즉, $x \to N^+$일 때의 $f(x)$의 극한값을 우극한(right-side limit), N보다 작은 값에서 접근할 때, 즉, $x \to N^-$일 때의 $f(x)$의 극한값을 좌극한(left-side limit)이라고 한다. 우극한은 $\lim_{x \to N^+} f(x)$로, 좌극한은 $\lim_{x \to N^-} f(x)$로 표기한다. 좌극한 값과 우극한 값이 같다면, 즉 $\lim_{x \to N^-} f(x) = \lim_{x \to N^+} f(x)$가 되면 x가 N에 접근할 때 $f(x)$의 극한값이 존재한다고 말하며 $\lim_{x \to N} f(x)$로 표기한다.

$f(x)$가 $x = x_0$에서 미분계수 $f'(x_0)$가 성립하기 위해서는 $\Delta x \to 0$일 때의 $\frac{\Delta y}{\Delta x}$의 극한값이 존재해야 하며 $x = x_0$에서 연속이어야 한다. 이 때 미분계수 $f'(x_0)$를 다음과 같이 표기할 수 있다.

$$f'(x_0) = \frac{dy}{dx} = \lim_{\Delta x \to 0} \frac{\Delta y}{\Delta x} \equiv \lim_{\Delta x \to 0} \frac{f(x_0 + \Delta x) - f(x_0)}{\Delta x}$$

만약 도함수를 다시 한번 더 미분한다면 무슨 의미일까? $y = f(x)$에서 도함수는 함수의 기울기 이며, 다시 한번 더 미분하면 함수의 기울기가 어떻게 변하는가를 나타낸다. 즉, 함수의 기울기가 증가하는지 아니면 감소하는지를 나타낸다. 이를 표기하는 방법은 다음과 같이 여러 가지가 있다.

$$\frac{d^2y}{dx^2} = d\big(dy(x)\big)$$

혹은

$$\frac{d^2y}{dx^2} = d(f'(x)dx)$$

혹은

$$\frac{d^2y}{dx^2} = f''(x)$$

생각 열기

미분은 "微分"으로 작게 나눈다는 의미이며, 영문은 "Differential"로 차이라는 의미이다. 곡선을 가지고 있는 달걀을 微分 혹은 Differential 한다는 의미는 달걀을 얇게 썬 후의 변한 모습을 구하는 것이다.

미분과 반대의 개념이 적분이다. 적분은 각각 "積分"과 "integral"이다. 의미는 얇게 나누어진 부분을 쌓아서 합친다는 개념이다. 따라서 미분이 "변화"라면 적분은 "변화된 합계" 혹은 미분은 "기울기"고 적분은 "면적"이라고 생각할 수 있다.

문제

1. 다음의 미분계수 값을 구하시오.

(1) $\boldsymbol{y = \sqrt{x}}$일 때 $\boldsymbol{f'(6)}$

(2) $\boldsymbol{y = \sqrt{6x} + 8}$일 때 $\boldsymbol{f'(6)}$

풀이

1. (1)

$$f'(x) = \lim_{\Delta x \to 0} \frac{\Delta y}{\Delta x} = \lim_{\Delta x \to 0} \frac{\sqrt{x+\Delta x} - (\sqrt{x})}{\Delta x} = \lim_{\Delta x \to 0} \frac{\sqrt{x+\Delta x} - \sqrt{x}}{\Delta x}$$

$$\lim_{\Delta x \to 0} \frac{(\sqrt{x+\Delta x} - \sqrt{x})}{\Delta x} \frac{(\sqrt{x+\Delta x} + \sqrt{x})}{(\sqrt{x+\Delta x} + \sqrt{x})} = \lim_{\Delta x \to 0} \frac{(x+\Delta x) - x}{\Delta x(\sqrt{x+\Delta x} + \sqrt{x})}$$

$$\lim_{\Delta x \to 0} \frac{\Delta x}{\Delta x(\sqrt{x+\Delta x} + \sqrt{x})} = \lim_{\Delta x \to 0} \frac{1}{\sqrt{x+\Delta x} + \sqrt{x}} = \frac{1}{2\sqrt{x}}$$

따라서 $f'(6) = \frac{1}{2\sqrt{6}}$

(2)

$$f'(x) = \lim_{\Delta x \to 0} \frac{\Delta y}{\Delta x} = \lim_{\Delta x \to 0} \frac{\sqrt{6(x+\Delta x)} + 8 - \left(\sqrt{6x} + 8\right)}{\Delta x} = \lim_{\Delta x \to 0} \frac{\sqrt{6x + 6\Delta x} - \sqrt{6x}}{\Delta x}$$

$$\lim_{\Delta x \to 0} \frac{\left(\sqrt{6x + 6\Delta x} - \sqrt{6x}\right)}{\Delta x} \frac{\left(\sqrt{6x + 6\Delta x} + \sqrt{6x}\right)}{\left(\sqrt{6x + \Delta x} + \sqrt{6x}\right)} = \lim_{\Delta x \to 0} \frac{(6x + 6\Delta x) - 6x}{\Delta x\left(\sqrt{6x + \Delta x} + \sqrt{6x}\right)}$$

$$\lim_{\Delta x \to 0} \frac{6\Delta x}{\Delta x(\sqrt{6x + \Delta x} + \sqrt{6x})} = \lim_{\Delta x \to 0} \frac{1}{\sqrt{6x + \Delta x} + \sqrt{6x}} = \frac{6}{2\sqrt{6x}}$$

따라서 $f'(6) = \frac{3}{\sqrt{36}} = \frac{1}{2}$

4-4. 미분의 공식

▶ **미분 규칙:** 다음과 같은 법칙이 성립한다.

(1) 멱함수(power function)의 미분 : $f(x) = x^n$의 경우 $f'(x) = nx^{n-1}$

(2) 합 혹은 차로 이루어진 함수의 미분 : $\left(f(x) \pm g(x)\right)' = f'(x) \pm g'(x)$

(3) 상수와 함수의 곱으로 이루어진 함수의 미분 : $\left(cf(x)\right)' = cf'(x)$

(4) 곱으로 이루어진 함수의 미분 : $\left(f(x)g(x)\right)' = f'(x)g(x) + f(x)g'(x)$

(5) 분수로 이루어진 함수의 미분 : $\left(\frac{f(x)}{g(x)}\right)' = \frac{f'(x)g(x) - f(x)g'(x)}{g^2(x)}$

(6) 다항함수의 도함수 : $(a_1x^n + a_2x^{n-1} + \cdots + a_nx + a_0)' = na_1x^{n-1} + (n-1)a_2x^{n-2} + \cdots + a_n$

생각 열기

미분의 공식을 아래와 같이 간단히 증명해 보자.

1) $y = x^1$을 보면 모든 x에서의 기울기는 1이 된다. 즉, $\frac{\Delta y}{\Delta x} = 1$이 된다. 이를 미분의 의미로 보면 다음이 성립한다.

$$y' = 1x^{1-1} = 1x^0 = 1$$

같은 방법으로, $y = x^n$의 특정 x_0에서의 기울기는 $y' = nx_0^{n-1}$이 된다.

2) $\left(f(x) \pm g(x)\right)' = f'(x) \pm g'(x)$가 성립하므로 다음도 성립한다.

$$(a + bx)' = (a)' + (bx)' = 0 + b$$

$$(a + bx - cx^2)' = (a)' + (bx)' - (cx^2)' = 0 + b - 2cx = b - 2cx$$

3) $cf(x)$는 $f(x)$가 c개 있다는 것이다. 따라서 $f(x)$를 미분하면 $\left(f(x)\right)'$가 되고 $\left(f(x)\right)'$가 c개 있으면 다음과 같이 된다.

$$\left(cf(x)\right)' = \left(f(x) + \cdots + f(x)\right)' = f'(x) + \cdots + f'(x) = cf'(x)$$

4) 곱셈으로 이루어진 함수의 미분을 살펴 보면 다음과 같다.

$$\left(f(x)g(x)\right)' = \lim_{\Delta x \to 0} \frac{f(x + \Delta x)g(x + \Delta x) - f(x)g(x)}{\Delta x}$$

$$= \lim_{\Delta x \to 0} \frac{f(x + \Delta x)g(x + \Delta x) - f(x)g(x + \Delta x) + f(x)g(x + \Delta x) - f(x)g(x)}{\Delta x}$$

$$= \lim_{\Delta x \to 0} \left\{\frac{f(x + \Delta x)g(x + \Delta x) - f(x)g(x + \Delta x)}{\Delta x} + \frac{f(x)g(x + \Delta x) - f(x)g(x)}{\Delta x}\right\}$$

$$= \lim_{\Delta x \to 0} \left\{\frac{[f(x + \Delta x) - f(x)]}{\Delta x} g(x + \Delta x) + f(x) \frac{[g(x + \Delta x) - g(x)]}{\Delta x}\right\}$$

$$= f'(x)g(x) + f(x)g'(x)$$

문제

1. 다음 함수들의 도함수를 구하시오.

(1) $f(x) = 2x^3 + 4x^2 - 2x + 5$

(2) $f(x) = 0.5x^{10} - x^5 + 5x + 230$

(3) $f(x) = x^{-5} + 3x$

(4) $f(x) = x^3 - \sqrt{x}$

(5) $f(x) = (x+3)(2x^2)$

(6) $f(x) = \frac{x^3+2x}{x+1}$

(7) $f(x) = \frac{2x^2+x-1}{x+1}$

풀이

(1) $f'(x) = 6x^2 + 8x - 2$

(2) $f'(x) = 5x^9 - 5x^4 + 5$

(3) $f'(x) = -5x^{-6} + 3$

(4) $f'(x) = 3x^2 - \frac{1}{2}\frac{1}{\sqrt{x}}$

(5) $f'(x) = 2x^2 + (x+3)(4x) = 6x^2 + 12x$

(6) $f'(x) = \frac{(3x^2+2)(x+1)-(x^3+2x)}{(x+1)^2} = \frac{2x^3+3x^2+2}{(x+1)^2}$

(7) $f'(x) = \frac{(4x+1)(x+1)-(2x^2+x-1)}{(x+1)^2} = \frac{2x^2+4x+2}{(x+1)^2}$

4-5. 합성함수의 미분과 연쇄법칙

▶ **합성함수:** 미분 가능한 두 함수 $y = f(x)$와 $x = g(z)$를 결합시켜 하나의 함수로 만든 것을 합성 함수라고 한다. 일반적으로 합성함수는 $y = (f \circ g)(z)$ 로 표기하며, $f \circ g$ 에서 $\circ$는 합성함수를 의미하는 부호이다. 구체적으로 $(f \circ g)(z) = f[g(z)]$ 의 형식으로 정의하며, $x = g(z)$ 가 다시 함수 $f = f(x)$ 의 독립변수로 투입되는 것을 의미한다. 합성함수인 $(f \circ g)(z)$를 경제학적으로 설명하면, 원자재 z를 투입하여 중간재 x를 만들고 다시 중간재 x를 투입하여 최종재 y를 만드는 것을 하나의 함수로 표시한 것이 합성함수이다.

이러한 합성함수의 도함수는 다음과 같다.

$$\frac{df[g(z)]}{dz}=\frac{df[g(z)]}{dg(z)}\frac{dg(z)}{dz}=f'[g(z)]g'(z)$$

▶ **연쇄법칙(chain rule):** 미분 가능한 함수 $y=f(x)$가 주어지고 x가 다시 미분 가능한 함수 $x=g(z)$라면 y를 z에 대해서 미분하면 다음과 같다.

$$\frac{dy}{dz}=\frac{dy}{dx}\frac{dx}{dz}$$

이러한 관계로 미분이 되는 것을 연쇄법칙이라 한다. 마찬가지로 경제적인 의미를 보면, z는 원자재에 해당하며 x는 중간재에 해당하고 y는 최종재화에 해당한다. 따라서 $\frac{df}{dz}$는 원자재 가격이 변하면 최종재의 생산이 어떻게 변하는가를 나타낸다.

생각 열기

$\boldsymbol{y=g(f(z))=[f(z)]^r}$의 함수를 보자. $\boldsymbol{x=f(z)}$는 독립변수인 $\boldsymbol{z}$라는 원자재가 투입되어 중간재인 $\boldsymbol{x}$가 생산되는 관계이므로 이의 도함수를 보면 다음과 같다.

$$\boldsymbol{\frac{dx}{dz}=f'(z)}$$

다시 $\boldsymbol{y=[x]^r}$는 중간재인 $\boldsymbol{x}$**가** 투입되어 최종재인 $\boldsymbol{y}$가 생산되는 관계이므로 이의 도함수로 나타내면 다음과 같다.

$$\boldsymbol{\frac{dy}{dx}=r[x]^{r-1}}$$

최초 독립변수인 원자재 $\boldsymbol{z}$의 한 단위 변화 시 최종재화인 $\boldsymbol{y}$가 변화하는 것을 알아보면 연쇄법칙에 의해서 다음과 같다.

$$\boldsymbol{\frac{dy}{dz}=\frac{d}{dz}[f(z)]^r=\frac{d[f(z)]^r}{df(z)}\frac{df(z)}{dz}=\frac{dy}{dx}\frac{dx}{dz}}$$

$$\boldsymbol{=r[x]^{r-1}f'(z)}$$

문제

1. 주어진 함수들에 대해 $\frac{dz}{dx}$ 를 구하시오.

(1) $y = 2x^2 + 6,\ z = 3y - 2$

(2) $y = 4x^3 - 3,\ z = (y+2)^2$

(3) $y = \frac{x^2+2}{x+2},\ z = \frac{y+1}{y-1}$

2. 다음과 같은 두 개의 함수가 주어졌다.

$$g(x) = x^3$$
$$h(y) = 2y + 1$$

(1) 연쇄법칙에 의하여 합성함수 $h \circ g(x)$를 미분하시오.

(2) 연쇄법칙에 의하여 합성함수 $g \circ h(y)$를 미분하시오.

3. $y = (x^2+2)^5$를 연쇄법칙을 이용하여 미분하시오.

풀이

1. (1) $\frac{dz}{dx} = \frac{dz}{dy} \cdot \frac{dy}{dx} = 3 \cdot 4x = 12x$

(2) $\frac{dz}{dx} = \frac{dz}{dy} \cdot \frac{dy}{dx} = 2(y+2) \cdot 12x^2 = 2(4x^3 - 1) \cdot 12x^2 = 24x^2(4x^3 - 1)$

(3) $\frac{dz}{dx} = \frac{dz}{dy} \cdot \frac{dy}{dx} = \frac{(y-1)-(y+1)}{(y-1)^2} \cdot \frac{2x(x+2)-(x^2+2)}{(x+2)^2} = \frac{-2}{(y-1)^2} \cdot \frac{x^2+4x-2}{(x+2)^2}$

$$= -\frac{2}{\left(\frac{x^2-x}{x+2}\right)^2} \cdot \frac{x^2+4x-2}{(x+2)^2} = -\frac{2(x^2+4x-2)}{(x^2-x)^2}$$

2. (1) 연쇄법칙을 사용하면 아래와 같으며, 먼저 함수를 합성한 후 직접 미분을 해도 된다.

$$\frac{d(h \circ g(x))}{dx} = \frac{dh(y)}{dy}\frac{dg(x)}{dx} = \frac{d(2y+1)}{dy}\frac{d(x^3)}{dx} = 2(3x^2) = 6x^2$$

혹은 다음과 같이 계산된다.

$$h \circ g(x) = 2x^3 + 1$$

이 된다. 따라서 미분하면 다음과 같다.

$$\frac{d\big(h \circ g(x)\big)}{dx} = 2(3x^2) = 6x^2$$

(2)

$$\frac{d\big(g \circ h(y)\big)}{dy} = \frac{dg(x)}{dx}\frac{dh(y)}{dy} = 3x^2 \cdot 2 = 6x^2 = 6(2y+1)^2$$

혹은 다음과 같은 방법으로도 미분 가능하다.

$$g \circ h(x) = (2y+1)^3$$

따라서 미뷰하면 다음과 같다.

$$\frac{d(2y+1)^3}{d(2y+1)}\frac{d(2y+1)}{dy} = 3(2y+1)^2 2 = 6(2y+1)^2$$

3. $u = x^2 + 2$라고 놓으면 $y = u^5$으로 쓸 수 있다.
따라서 $\frac{dy}{du} = 5u^4$, $\frac{du}{dx} = 2x$가 되므로 다음과 같이 정리된다.

$$\frac{dy}{dx} = \frac{dy}{du}\frac{du}{dx} = 5(x^2+2)^4 \cdot 2x$$

$$= 10x(x^2+2)^4$$

4-6. 미분과 한계의 개념

▶ **한계(marginal)의 이념:** 경제이론에는 한계효용, 한계비용, 한계생산물 등 '한계'가 들어가는 용어가 많다. '한계'라는 개념은 분모에 위치한 독립변수가 한 단위 증가하는 경우 분자에 위치한 종속변수가 얼마나 변하였는가를 나타내는 것이다. 여기서 독립변수의 추가적인 한 단위가 점점 작아지면 극한의 개념이 들어가므로 도함수의 개념이 된다. 따라서 한계와 관련된 함수는 연속함수로서 미분이 가능해야 한다. 예를 들어 독립변수인 x와 종속변수인 y를 함수로 하는 $y = f(x)$의 경우 한계의 개념은 $f'(x) = \lim_{\Delta x \to 0} \frac{\Delta y}{\Delta x}$이 된다. 다음과 같이 한계 가 들어간 개념을 이해해보자.

(1) 한계효용($Marginal\ Utility$): 한계효용은 재화의 소비량이 한 단위 증가할 때 효용이 얼마나 변하 는가를 말한다. 효용함수를 $U = U(x)$ 라 하면, 다른 재화의 소비가 불변일 때 x 재 한 단위의 추가적 소비에 의한 효용의 증가분을 x재의 한계효용이라 하고, 이를 수식으로 표현하면 다음과 같다.

$$MU(x) = U'(x) = \frac{dU(x)}{dx}$$

(2) 한계효용 체감의 법칙(law of diminishing marginal utility): 재화의 소비량을 1단위씩 증가시킬 때 각 단위의 재화가 주는 한계효용의 크기는 점차 감소하는 경우가 일반적이다. 이를 한계효용 체감의 법칙이라고 하며, 수식으로는 다음과 같이 이계도함수를 사용하여 표시한다.

$$\frac{d(MU)}{dx} = \frac{d^2U}{dx^2} = U''(x) < 0$$

(3) 한계비용($Marginal\ Cost$): 한계효용은 재화 한 단위를 더 생산하기 위하여 추가적으로 변하는 비용을 말한다. 비용함수 $C = C(Q)$ 로 표기하고 생산물을 y 로 표시하면 한계비용은 다음과 같다.

$$MC(Q) = C'(Q) = \frac{dC(Q)}{dQ}$$

예를 들어 비용함수 $C = f(Q) = 3Q^3 + 2$를 고려해 보자. 이 경우 $f'(Q) = 9Q^2$가 한계비용 함수이다.

(4) 한계수입($Marginal\ Revenue$): 한계수입은 판매량이 한 단위 증가할 때 변화하는 수입이다. 기업의 총 수입($Total\ Revenue$)을 주어진 시장가격 P와 판매량 Q의 곱으로 표기하면 총 수입은 다음과 같다.

$$TR = P \cdot Q$$

시장가격이 판매량의 함수로 주어진다면 수입함수는 $TR = f(Q)$ 로 표기할 수 있다. 이때 한계수입의 도함수는 다음과 같다.

$$MR(Q) = TR'(Q) = \frac{dTR(Q)}{dQ}$$

문제

1. 독점시장에서 기업 A가 직면한 수요함수는 $Q = 1{,}000 - 2p$로 주어져 있다.

(1) 이 기업의 총수입함수를 도출하시오.
(2) 이 기업의 한계수입함수를 도출하시오.

풀이

1. 한계수입함수는 총수입함수가 생산량 Q로 표시되어야 한다. 따라서 다음과 같이 정리가 가능하다.

$$Q = 1,000 - 2p \Leftrightarrow P = 500 - \frac{1}{2}Q$$

(1) 총 수입함수 $TR(Q) = P \cdot Q = \left(500 - \frac{1}{2}Q\right)Q = 500Q - \frac{1}{2}Q^2$

(2) 한계수입함수 $MR(Q) = TR'(Q) = 500 - Q$

생각 열기

▷ 독립변수인 Q는 생산물이고 종속변수인 C는 비용이라고 하자. 이 경우 $C = C(Q)$의 비용함수에서 평균비용은 총 비용을 총 생산량으로 나눈 값으로 재화 1단위당 비용을 의미한다. 이를 식으로 나타내면, $AC(Q) = C(Q)/Q$이 된다. $AC(Q)$를 독립변수인 Q에 대해서 미분하면 식으로 $AC'(Q)$가 된다. $AC'(Q)$는 평균비용함수의 기울기를 나타내며, 다음과 같다.

$$AC'(Q) = \frac{C'(Q) \cdot Q - C(Q) \cdot 1}{x^2}$$

$$= \frac{C'(Q) - \left(\frac{C(Q)}{Q}\right)}{Q}$$

$$= \frac{MC(Q) - AC(Q)}{Q}$$

따라서 다음이 성립한다.

(1) MC와 AC의 값의 같으면 $AC'(Q) = 0$이 된다. 따라서 Q가 증가해도 $AC(Q)$는 항상 동일하다.
(2) MC의 값이 AC의 값보다 크면 $AC'(Q) > 0$ 이 된다. 따라서 Q가 증가 시 $AC(Q)$는 증가한다.
(3) MC가 AC보다 작으면 $AC'(Q) < 0$이 된다. 따라서 Q가 증가 시 $AC(Q)$는 감소한다.

▷ 다음 그림의 비용함수 $\boldsymbol{C(Q)}$는 증가함수이다. 따라서 평균비용함수 $\boldsymbol{AC(Q)}$와 한계비용함수 $\boldsymbol{MC(Q)}$는 감소하다가 증가하는 도함수가 된다. 아래 그림과 같이 $\boldsymbol{MC(Q)}$는 $\boldsymbol{AC(Q)}$의 가장 낮은 점을 통과한다. 이유는 비용함수 $\boldsymbol{AC(Q)}$의 곡선에서 $\boldsymbol{MC(Q) = AC(Q)}$가 되는 $\boldsymbol{Q}$의 값이 동일하기 때문이다.

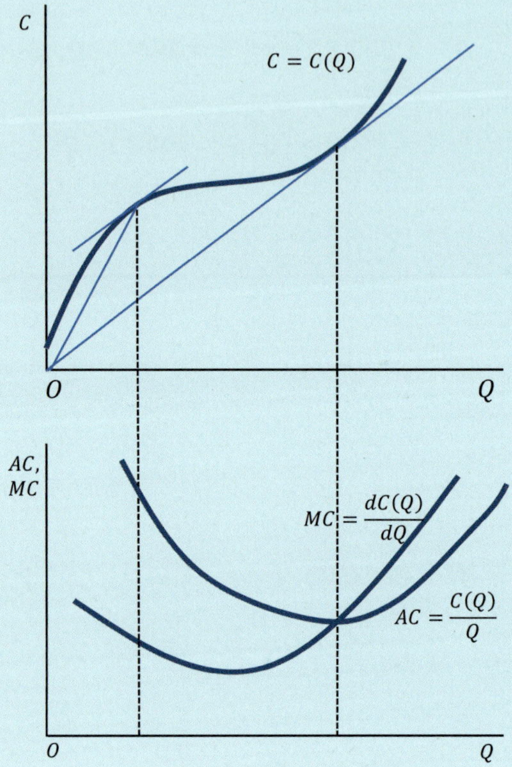

생각 열기

함수가 연속적인 경우와 불연속적인 경우의 변화량을 다음과 같은 비용함수를 이용하여 비교해 보자.

$$\boldsymbol{C = 50 + 10x^2}$$

▷ 총비용이 연속적인 경우 한계비용 $\boldsymbol{MC}$는 다음과 같다.

$$\boldsymbol{MC(x) = 20x}$$

따라서 생산량이 증가하면 한계비용도 증가한다. $\boldsymbol{x=1}$ 과 $\boldsymbol{x=2}$인 경우 한계비용은 다음과 같다.

$$\boldsymbol{MC(x=1)=20}$$
$$\boldsymbol{MC(x=2)=40}$$
$$\boldsymbol{MC(x=3)=60}$$

▷ 총비용이 불연속적인 경우를 고려하자. 생산량 $\boldsymbol{x}$가 0과 자연수로 이루어진 집합의 원소라고 가정하면, $\boldsymbol{x}$가 0, 1, 2인 경우 비용은 각각 다음과 같다.

$$\boldsymbol{x=0,\ C(\,x=0)=50}$$
$$\boldsymbol{x=1,\ C(\,x=1)=60}$$
$$\boldsymbol{x=2,\ C(\,x=2)=90}$$
$$\boldsymbol{x=3,\ C(\,x=3)=140}$$

따라서 한계비용은 다음과 같다.

$\boldsymbol{x}$가 0에서 1로 증가하는 경우 $\boldsymbol{MC(x=0)=10}$
$\boldsymbol{x}$가 1에서 2로 증가하는 경우 $\boldsymbol{MC(x=1)=30}$
$\boldsymbol{x}$가 2에서 3로 증가하는 경우 $\boldsymbol{MC(x=2)=50}$

따라서 $\boldsymbol{x}$가 불연속인 경우의 한계비용과 연속적인 경우의 한계비용은 차이가 있다.

▷ 불연속적인 경우 $\boldsymbol{x}$의 변화량 크기가 줄어들면, 연속과 불연속의 경우에 해당하는 한계 비용 차이는 줄어든다. 다음과 같은 경우를 비교해 보자.

$\boldsymbol{x}$의 변화량이 1에서 2로 변하는 경우 $\boldsymbol{MC(x=1)}=30$
$\boldsymbol{x}$의 변화량이 1에서 1.5로 변하는 경우 $\boldsymbol{MC(x=1)=25}$
연속인 경우 $\boldsymbol{x=1}$에서 $\boldsymbol{x=1+\Delta x}$로 변하는 경우 $\boldsymbol{MC(x=1)=20}$, 단 $\boldsymbol{\Delta x\to 0}$

즉, 생산량 $\boldsymbol{x}$의 변화량이 점점 작아지면 연속과 불연속인 경우의 한계비용 $\boldsymbol{MC}$의 차이는 점점 줄어든다.

문제

1. 비용함수 $C = f(x)$가 다음과 같이 주어졌다. C는 금액으로 표시한 비용이며, x는 생산량이다. 각각의 경우 평균비용함수와 한계비용함수를 구하고 그래프로 표현하시오.

(1) $C = x$

(2) $C = 1 + x$

(3) $C = 1 + x^2$

2. 어떤 기업의 비용함수가 다음과 같다. 다음 물음에 답하시오.

$$C(Q) = Q^2 + 10Q + 2,000$$

(1) 한계비용함수를 구하시오.

(2) $Q = 1,000$일 때의 한계비용을 구하시오.

(3) 실제 1,001 번째 생산에는 얼마가 소요되는가?

(4) 평균생산비용과 한계생산비용이 일치할 때의 생산량 Q를 구하시오.

3. 어떤 기업의 생산함수와 비용함수가 다음과 같다.

$$Q = \min\left\{\frac{L}{2}, K\right\}$$
$$C = 30K + 50L$$

Q, L, K, C는 각각 생산량, 노동량, 자본량, 비용을 나타내며, 노동의 단위당 임금이 50, 자본의 단위당 임대료가 30 이다. 이 경우 기업의 $Q = 10$인 경우 한계비용을 구하시오.

풀이

1. (1) $AC(x) = MC(x) = 1$

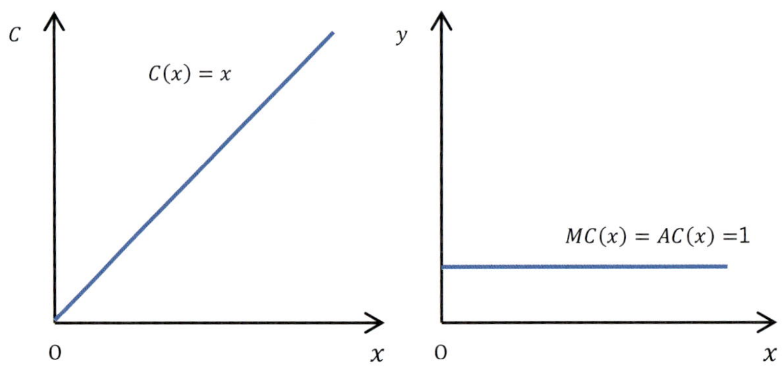

(2) $AC(x) = \frac{1}{x} + 1$, $MC(x) = 1$

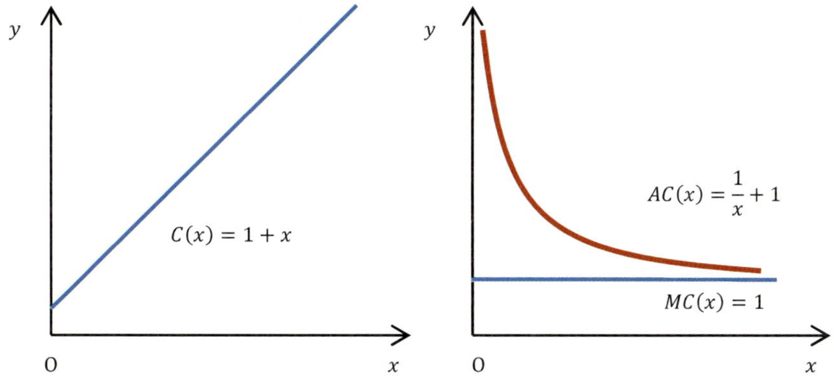

(3) $AC(x) = \frac{1}{x} + x$, $MC(x) = 2x$

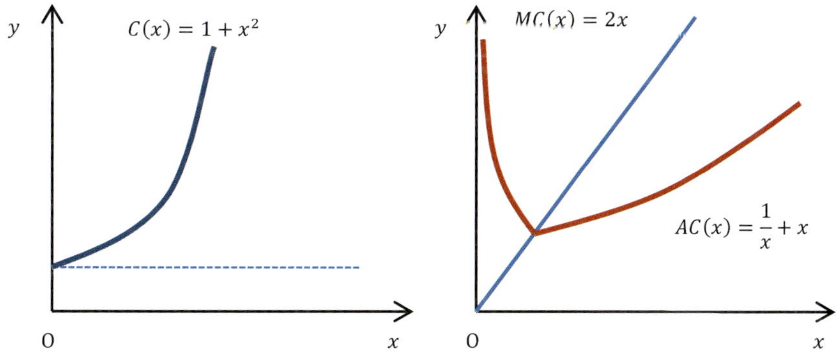

2. (1) $C'(Q) = 2Q + 10$

(2) $C'(1,000) = 2,010$

(3) $C(1,001) - C(1,000) = 1001^2 + 10(1001) + 2000 - [1000^2 + 10(1000) + 2000] = 2011)$

(4)

$$AC(Q) = MC(Q)$$

$$Q + 10 + \frac{2000}{Q} = 2Q + 10$$

$$Q^2 + 10Q + 2000 = 2Q^2 + 10Q \Rightarrow Q^2 = 2000$$

$$\therefore Q \approx 44.72$$

3. 질문은 $\boldsymbol{Q}$의 함수인 한계비용이 무엇인가를 묻고 있다. 따라서 비용함수를 생산량 $\boldsymbol{Q}$의 함수로 바꾸어야 한다. 이를 위해 먼저, 생산요소의 수요함수를 생산량 $\boldsymbol{Q}$의 함수로 나타내고 이를 비용함수에 대입하면 된다.

$\boldsymbol{Q = \min\{x, y\}}$ 형태의 레온티에프 생산함수의 경우 균형 생산량은 $\boldsymbol{\frac{L}{2} = K}$에서 생산량이 결정된다. 따라서 생산요소 수요함수는 $\boldsymbol{Q = \min\left\{\frac{L}{2}, K\right\}}$에 의해서 다음과 같다.

$$\boldsymbol{Q = \frac{L}{2} = K}$$

$\boldsymbol{Q = 10}$ 인 경우 $\boldsymbol{L = 2Q = 20}$, $\boldsymbol{K = Q = 10}$ 이다. 따라서 비용함수는 $\boldsymbol{C = 50L + 30K = 50(2Q) + 30(Q) = 130Q}$가 되어, 한계비용 $\boldsymbol{MC = 130}$이다.

4-7. 미분과 탄력성

▶ **탄력성**: 탄력성은 독립변수 A가 1% 변화할 때 종속변수 B가 몇 % 변화하는지를 나타낸 것이다. 이를 수식으로 표현하면 다음과 같다.

$$\text{탄력성} = \frac{\text{종속변수 } B\text{의 변화율}(\%)}{\text{독립변수 } A\text{의 변화율}(\%)}$$

이때의 탄력성을 "A에 대한 B의 탄력성"이라고 한다. 특히 B가 수요량에 해당하는 경우, 일반적으로 'A 탄력성'이라고 부른다. 예를 들면, A가 소득이고 B가 수요량인 경우 소득탄력성(income elasticity of demand)이라고 부른다.

▶ **수요의 가격탄력성**(price elasticity of demand): 수요함수가 주어져 있을 때, 가격 변화율에 대한 수요량 변화율의 비율을 수요의 가격탄력성이라 한다. 수요곡선은 일반적으로 우하향하므로 가격 변화율과 수요량 변화율은 항상 상반된 부호를 갖는다. 편의를 위해 탄력성 앞부분에 (–)를 붙임으로써 탄력성이 양의 값을 갖도록 만들어주는 경우도 있지만 정상재의 경우 일반적으로 수요의 가격탄력성은 음(-)의 값이므로 양(+)의 값으로 만들어줄 특별한 이유는 없다. 이는 다음 문제에서 다시 살펴보겠다.

재화의 가격이 p에서 $p+\Delta p$로 변화 시 수요량은 $D(p)$에서 $D(p+\Delta p)$로 변하게 되며, 이 때 탄력성은 가격 변화율(%)과 수요량 변화율(%)의 비율이므로 가격에 대한 수요의 탄력성은 다음과 같이 계산할 수 있다.

$$e_p = \frac{\text{수요량의 변화율}(\%)}{\text{가격의 변화율}(\%)} = \frac{\frac{D(p+\Delta p)-D(p)}{D(p)}}{\frac{(p+\Delta p)-p}{p}} = \frac{\frac{\Delta D}{D(p)}}{\frac{\Delta p}{p}} = \frac{\Delta D}{\Delta p}\frac{p}{D(p)}$$

여기서 $\Delta D = D(p+\Delta p) - D(p)$이다.

▶ **점 탄력성**(point elasticity): ΔD, Δp의 개념을 이용해 구하는 탄력성을 호탄력성(arc elasticity)이라 하는 반면 점탄력성(point elasticity)은 미분을 이용하여 구하는 한 점 상에서의 탄력성으로 다음과 같이 계산할 수 있다.

$$\varepsilon_p = \lim_{\Delta p \to 0}\left(\frac{\Delta D}{\Delta p}\frac{p}{D(p)}\right) = \frac{dD}{dp_x}\cdot\frac{p_x}{D} = D(p)'\frac{p}{D(p)}$$

호탄력성과 점탄력성은 함수의 기울기$\left(\frac{\Delta D}{\Delta p}\right)$뿐만 아니라 좌표값$\left(\frac{p}{D(p)}\right)$에 의해서도 그 값이 달라지는 성향이 있다. 가격 변화율보다 그에 대한 수요량 변화율이 작다면 수요의 탄력성은 비탄력적이며 $(-1 < \varepsilon_p < 0)$, 탄력성이 -1보다 작은 경우에는$(\varepsilon_p < -1)$ 수요가 탄력적(elastic)이라 한다. 수요의 탄력성이 정확히 -1로 가격의 변화율과 수요량의 변화율이 같은 경우$(\varepsilon_p = -1)$에는 단위탄력적(unit-elastic)이라 한다.

▶ **수요함수와 탄력성**: 수요함수 $x = D(P_X, P_Y, I)$ 를 가정하자. x는 수요량, P_X는 x재화의 가격, P_Y는 y재화의 가격, I는 소득이라고 하자. 이 때 탄력성은 다음과 같이 정의된다.

(1) 가격탄력성: 다른 변수가 일정할 때, 해당 재화의 가격변화율에 대한 x재화의 수요량 변화율을 나타낸다.

$$\varepsilon_p = \frac{\partial D}{\partial p_x}\cdot\frac{p_x}{D}$$

(2) 교차탄력성: 타 재화인 y 재화의 가격 변화율에 대한 x재 수요량 변화율을 나타낸다.

$$\varepsilon_{xy} = \frac{\partial D}{\partial p_y} \cdot \frac{p_y}{D}$$

(3) 소득탄력성: 소득인 I의 변화율에 대한 x재화의 수요량 변화율을 나타낸다.

$$\varepsilon_I = \frac{\partial D}{\partial I} \cdot \frac{I}{D}$$

문제

1. x재의 수요함수가 다음과 같다.

$$x = \frac{I}{\left(1 + \frac{b}{a}\right) P_x}$$

x, I, P_x는 각각 재화, 소득, 가격을 나타내고, a와 b는 상수이다. 이 경우 (1) 소득탄력성, (2) 가격탄력성, (3) 교차탄력성을 각각 구하시오. 이를 통해서 x재가 정상재, 독립재(y재에 대해 독립재), 사치재가 되는지 증명하시오.

2. 어떤 재화에 대한 수요함수가 $D(p) = 100 - 2p$로 추정되었다. (1) $p = 10$에서 점탄력성을 구하고, (2) 수요의 가격탄력성이 탄력적인 가격의 범위를 구하시오.

3. 다음 그림의 가격 탄력을 설명하시오.

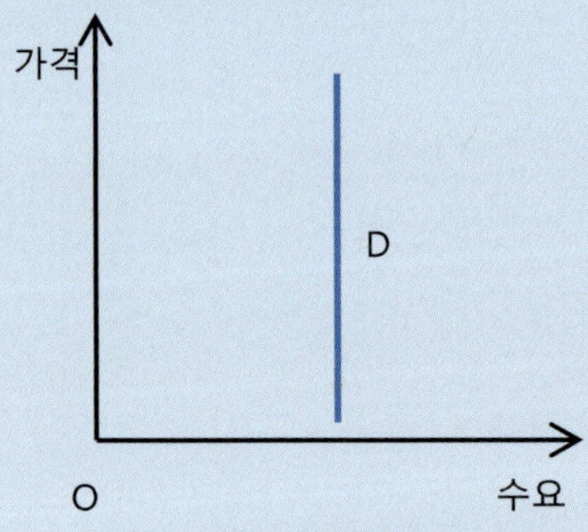

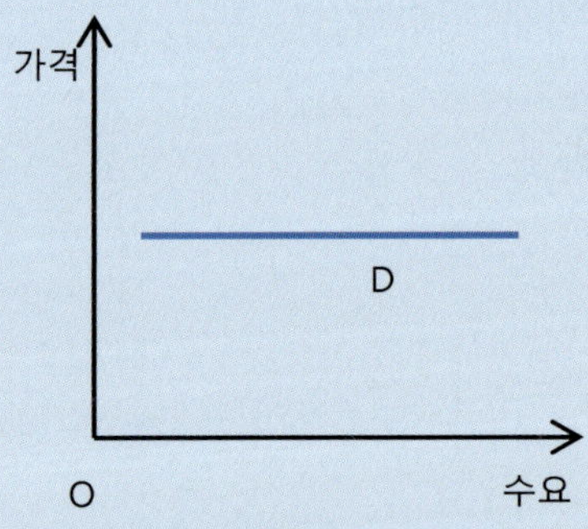

4. 다음의 선형 수요함수를 생각해 보자.

$$Q = a - bP$$

Q와 P는 재화, 가격을 나타내고, a와 b는 상수이다. 위 함수의 가격 탄력성이 단위탄력성이

되는 조건을 구하시오.

5. 다음은 우하향하는 수요곡선을 가지는 축구장 입장권 가격의 가격 변화에 따른 판매 수입의 변화를 나타낸 것이다."가격이 1만 원과 5천 원 사이에서 1%씩 하락하는 경우 판매 수입은 지속적으로 감소한다."이 경우 가격이 1만 원에서 5천 원 방향으로 변동해 갈 경우, 판매 수입 변화율이 수요 변화율보다 작은지 큰지 설명하시오. (단, 두 변화율의 크고 작음을 판단하는 경우 변화율의 절대값을 사용하여 비교한다.)

풀이

1. (1) **x재의 소득탄력성**은 다음과 같다.

$$\frac{dx}{dI}\cdot\frac{I}{x}=\frac{1}{\left(1+\frac{b}{a}\right)P_x}\cdot\frac{I}{\frac{I}{\left(1+\frac{b}{a}\right)P_x}}=1$$

따라서 소득 탄력성이 0 보다 크므로 정상재이다. (**정상재 > 0**)

(2) **x재의 가격탄력성**은 다음과 같다.

$$\frac{dx}{dP_x}\cdot\frac{P_x}{x}=-\frac{I}{\left(1+\frac{b}{a}\right)P_x^2}\cdot\frac{P_x}{\frac{I}{\left(1+\frac{b}{a}\right)P_x}}=-1$$

탄력성이 -1 이므로 **단위탄력**적이 된다.

(3) **y재 가격에 따른 x재의 수요 변화인 교차탄력성**은 다음과 같다.

$$\frac{dy}{dP_x}\cdot\frac{Px}{y}=0$$

따라서 **x재**는 **y재** 가격의 영향을 받지 않는 독립재이다.

2. (1) 점탄력성 $e_p=D(p)'\frac{p}{D(p)}$ 의 정의를 이용하면

$$e_p=(-2)\frac{p}{100-2p}=\frac{-2p}{100-2p}$$

따라서 $p=10$ 에서의 점탄력성은 다음과 같다.

$$e_p = \frac{-(2)(10)}{100-(2)(10)} = -0.25$$

(2) 수요가 탄력적이기 위해서는 $e_p < -1$ 이어야 하므로 이 조건을 만족시키는 p 값의 범위를 구해보면

$$\frac{-2p}{100-2p} < -1 \quad \Rightarrow 2p > 100-2p \quad \Rightarrow 4p > 100$$

따라서 $p > 25$일 때 수요가 탄력적이다.

3. 수요곡선이 수직선인 경우 가격이 변하여도 수요량의 변화율은 0%이다. 따라서 가격탄력성은 0이 된다. 반대로 수요곡선이 수평선인 경우 가격이 조금이라도 변한다면 수요량은 무한대로 변하게 된다. 따라서 수요의 가격탄력성은 무한대가 된다.

4. 수요의 가격탄력성을 ε 이라고 표기하면 가격 탄력성은 다음과 같다.

$$\varepsilon = \frac{dQ}{dP} \times \frac{P}{Q} = -b \times \frac{P}{a-bP}$$

주어진 탄력성은 기울기인 b, 상수인 a, 가격인 P에 의해서 결정된다. 이를 그림으로 나타내면 다음과 같다. 따라서 $-\frac{bP_0}{a-bP_0} = -1$이 되는 조건은 $P_0 = \frac{a}{2b}$이다.

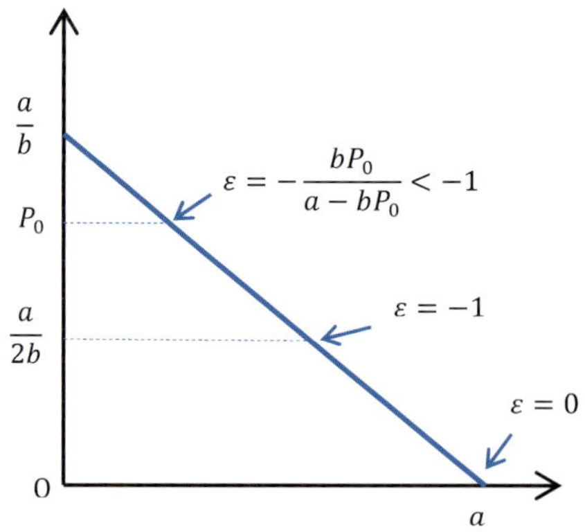

5. 가격이 1만 원에서 5천 원 방향으로 변동해 갈 경우, 판매 수입 변화율이 수요 변화율보다 작다. 이유는 "판매수입의 변화율 = 가격변화율 (+) + 수요변화율 (-)" 이므로 가격변화율과 수요량 변화율은 반대이기 때문이다.

제 5 장 지수함수와 로그함수

본 장에서는 지수함수와 로그함수의 미분을 살펴본 뒤 자연지수에 대해 학습한다. 자연지수를 이용한 지수함수는 연속적인 복리계산, 현가의 계산, 성장률의 계산 등 시간의 개념이 가미된 동태적 분석의 기본적인 도구로서 많이 사용된다.

5-1. 지수함수

▶ **지수함수의 개념**: a가 1이 아닌 양수일 때 지수함수(exponential function)는 다음과 같이 표시된다.

$$y = a^x$$

이때 함수 y는 종속변수, x는 독립변수로 지수라고 하며, a는 '밑'이 된다.

$a > 1$인 경우 $y = a^x$의 모든 점 x에 대해서 미분 가능한 단조 증가하는 함수이고, $0 < a < 1$인 경우 $y = a^x$는 단조 감소하는 함수이다. $a = 1$이면 x값에 상관없이 y는 항상 1이다.

지수함수 $y = a^x$는 밑의 크기에 따라 다양한 지수함수의 그래프가 그려진다. 지수함수의 그래프는 다음 4가지 원칙에 따라 그려진다.

(1) $a > 1$이면 $y = a^x$의 함수는 단조 증가하고, $0 < a < 1$이면 $y = a^x$의 함수는 단조 감소한다.
(2) a의 값이 커지면 $y = a^x$의 그래프는 y축에 가까워진다.
(3) 모든 a에 대해 $x = 0$이면 $y = a^0 = 1$이 된다.
(4) $g(x) = a^{-x}$인 경우 $g(-x) = a^x = f(x)$이고 $f(-x) = a^{-x} = g(x)$이다.

예를 들어 $y = 2^x$와 $y = 3^x$는 증가함수이고, $y = \left(\frac{1}{2}\right)^x$와 $y = \left(\frac{1}{3}\right)^x$는 감소함수이다. $y = 3^x$는 $y = 2^x$보다 밑의 크기가 크므로 y축에 더 가깝고, $y = \left(\frac{1}{2}\right)^x$가 $y = \left(\frac{1}{3}\right)^x$보다 밑의 크기가 크므로 y축에 더 가깝다. 다음 그림은 밑의 크기에 따른 지수함수 $y = a^x$의 그래프이다.

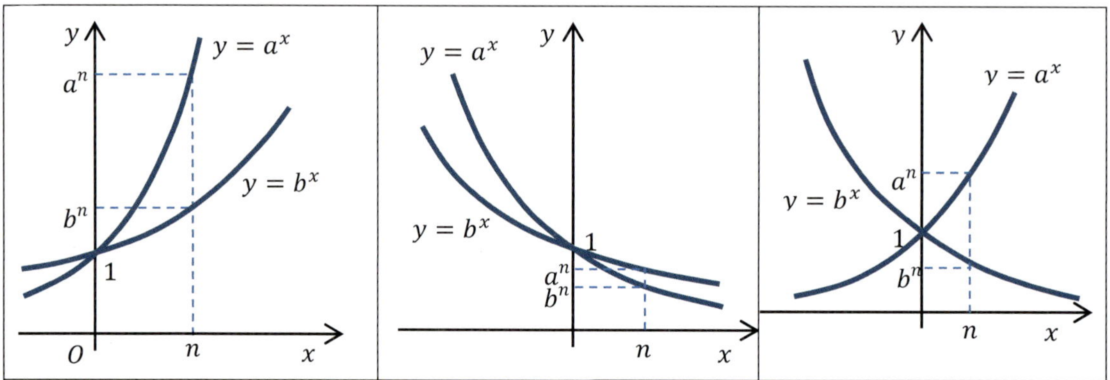

$1 < b < a$	$0 < b < a < 1$	$0 < b < 1 < a$

▶ **지수의 계산**: 지수의 계산은 다음과 같다.

(1) $b^0 = 1$ (2) $b^{-1} = \frac{1}{b}$ (3) $(b^m)^n = b^{mn}$

(4) $b^{m+n} = b^m \cdot b^n$ (5) $b^m \div b^n = b^{m-n}$ (6) $b^{\frac{1}{n}} = \sqrt[n]{b}$

생각 열기

$\boldsymbol{y = f(x)}$의 함수에서 기하급수적으로 증가하는 그래프는 어떤 모습을 가질까?

2009년도에 한강변 자전거 길이 기하급수적으로 늘어나고 더불어 자전거를 타는 사람도 기하급수적으로 증가하였다. 이 경우 $\boldsymbol{x}$는 시간이 되고 $\boldsymbol{y}$는 자전거 길 혹은 자전거 타는 사람수가 된다. 이를 함수로 표시하면 $\boldsymbol{y = a^x}$으로 표시할 수 있고 단 $\boldsymbol{a > 1}$이어야 한다. 만약 $\boldsymbol{a = 1}$이 되는 경우도 기하급수적으로 증가하는 함수가 될 수 있을까? $\boldsymbol{a = 1}$이면 $\boldsymbol{x}$값에 상관없이 $\boldsymbol{y}$는 항상 1이 되는 상수함수가 된다. 따라서 기하급수적인 증가를 하기 위해서는 $\boldsymbol{a > 1}$이어야 한다.

이번에는 감소하는 지수함수를 생각해보자. 방사성 동이원소의 양이 절반이 될 때까지 걸리는 시간이 반감기이다. 100이 반으로 줄어드는데 1시간이 걸리고 50이 다시 25로 줄어드는데 걸리는 시간이 1시간이면, 이를 반감기라고 한다. 고고학에서 시기를 추정할 때 일반적으로 사용하는 탄소연대 측정법인 **14C**가 있다. 생명체가 죽으면 탄소가 **14C**의 양이 감소하는데 그 반감기가 약 5730년이다. 따라서 유물에 남아있는 **14C**의 양을 측정하면 그 생명체의 연대기를 추정할 수 있다. 또 다른 예를 들어보자. 베스트 셀러인 책이라도 시간이 지나면 판매량이 감소한다. 감소하는 판매량도 반감기를 따르는 경우가 종종 있다. 이를 함수로 표시하면 $y = a^x$이고 단, $0 < a < 1$을 만족시켜야 한다. 혹은 $y = a^{-x}$이고 단, $a > 1$이다.

$y = a^x$에서 $a < 0$이 되는 경우는 지수함수가 될 수 있을까? $a = -2$이고 $x = \frac{1}{2}$이라면 $y = \sqrt{-2}$가 된다. 따라서 -2의 제곱근이 되므로 허수가 되어서 좌표평면에 나타나지 않으므로 지수함수가 되지 않는다.

문제

1. 다음 지수함수의 그래프를 그리시오. 단 $a > 1$이라고 가정하자.

(1) $y = a^x$

(2) $y = \left(\frac{1}{a}\right)^x$

풀이

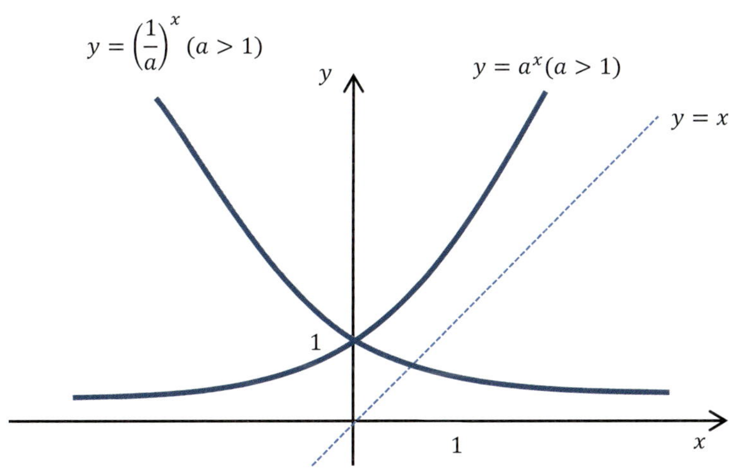

생각 열기 지수함수 그래프의 이동

지수함수를 그래프상에서 대칭 이동하거나, 평행 이동하는 경우를 생각해 보자.

1) 지수함수 $y = a^x$를 수평 혹은 수직으로 평행 이동시키는 대칭 이동을 생각해 보자. $y = a^x$를 x축에 대해 대칭 이동시키면 y값이 $-y$로 변환되므로 $-y = a^x$가 된다. 마찬가지로

$\boldsymbol{y = a^x}$를 $\boldsymbol{y}$축에 대해 대칭 이동시키면 $\boldsymbol{x}$값이 $-\boldsymbol{x}$로 변하여 $\boldsymbol{y = a^{-x}} = \left(\frac{1}{a}\right)^x$이 된다. 만약 $\boldsymbol{y = a^x}$를 원점에 대해서 대칭 이동시키면 어떻게 될까? 원점 대칭 이동 시 $\boldsymbol{y}$값이 $-\boldsymbol{y}$로 변환되고 동시에 $\boldsymbol{x}$값이 $-\boldsymbol{x}$로 변환되므로 $-\boldsymbol{y} = (\boldsymbol{a})^{-x}$가 된다.

2) 지수함수 $\boldsymbol{y = a^x}$를 $\boldsymbol{y = x}$ 직선에 대칭 이동시키면 $\boldsymbol{y}$ 대신에 $\boldsymbol{x}$를 대입하고 $\boldsymbol{x}$대신에 $\boldsymbol{y}$를 대입하면 되므로 $\boldsymbol{x = a^y}$가 된다. 5-5에서 배우게 될 로그(log)를 이용해 이를 y에 대하여 정리하면 $\boldsymbol{y = \log_a x}$가 된다. 따라서 $\boldsymbol{y = a^x}$를 $\boldsymbol{y = x}$ 직선에 대칭이동한 $\boldsymbol{y = \log_a x}$는 $\boldsymbol{y = a^x}$와 역함수 관계이다. 결국 역함수는 $\boldsymbol{x}$와 $\boldsymbol{y}$를 바꾸어준 것이다.

3) 평행 이동을 생각해 보자. $\boldsymbol{x}$축 방향으로 $\boldsymbol{m}$만큼 평행 이동하면 $\boldsymbol{y = a^{x-m}}$가 되고, $\boldsymbol{y}$축 방향으로 $\boldsymbol{n}$만큼 평행 이동하면 $\boldsymbol{y - n = a^x}$가 된다.

5-2. 자연지수

▶ **자연지수** e (natural exponential): 자연지수인 e의 개념을 예금이자를 이용 하여 살펴보자. 이자 계산식에서 지급될 이자를 원금에 포함시켜 추후 다시 이자를 계산 하여 주는 방식을 복리(compound interest)라고 하고, 복리와 달리, 최초 원금에만 이자를 계산하는 방식을 단리(simple interest)라고 한다. 예를 들어 1원을 저축하여 1년 후 100% 이자를 받는 경우 1년 만기 시점에 원리금 합계는 다음과 같다.

$$원금 + 이자 = 1 + 1 \text{ (1년간 1번 이자 지급)}$$

이자를 1년에 2번 복리로 지급하는 경우 1년 만기 시점의 원리금 합계는 다음과 같다.

$$원금 + 이자 = (1 + \tfrac{1}{2})^2 \text{ (1년간 2번 이자 지급)}$$

이자를 1년에 3번 복리로 지급하는 경우 1년 만기 시점의 원리금 합계는 다음과 같다.

$$원금 + 이자 = (1 + \tfrac{1}{3})^3 \text{ (1년간 2번 이자 지급)}$$

이자를 1년에 n번 복리로 지급하는 경우 1년 만기 시점의 원리금 합계는 다음과 같다.

$$원금 + 이자 = (1 + \tfrac{1}{\mathrm{n}})^n \text{ (1년간 } n\text{번 이자 지급)}$$

이자를 1년간 연속으로 지급하는 경우 1년 만기 시점의 원리금 합계는 다음과 같다.

$$\lim_{n\to\infty}\left(1+\frac{1}{n}\right)^n \equiv e$$

이처럼 이자를 무한 번 복리로 지급하는 경우, 1년 후의 원리금 합계는 자연지수 e가 된다.

▶ **연속 복리**: 원금 A를, 연 이자율 r로 n번 나누어 만기 시 지급한다고 가정하자. 1년간 예금한 경우 받게 되는 금액은 다음과 같다.

- 매 지급시기의 이자율은 $\frac{r}{n}$
- $n = 1$인 경우 원금은 원금 + 이자 $= A + A\left(\frac{r}{n}\right) = A(1+\frac{r}{n})$
- $n = 2$인 경우 원금은 $A\left(1+\frac{r}{n}\right) + A\left(1+\frac{r}{n}\right)\left(\frac{r}{n}\right) = A\left(1+\frac{r}{n}\right)^2$
- 연속복리 하에서 1년 후 받게 되는 금액은 다음과 같다.

$$\lim_{n\to\infty} A\left(1+\frac{r}{n}\right)^n$$

만약 $m \equiv \frac{n}{r}$이라고 가정하고, 다시 n에 대해 정리하면 다음과 같다.

$$n = mr$$

따라서 다음과 같이 정리된다.

$$\lim_{n\to\infty} A\left(1+\frac{r}{n}\right)^n = \lim_{m\to\infty} A\left(1+\frac{1}{m}\right)^{mr} = A\left(\lim_{m\to\infty}\left(1+\frac{1}{m}\right)^m\right)^r = Ae^r$$

여기서 $e = \lim_{m\to\infty}\left(1+\frac{1}{m}\right)^m$=2.7182818…이다. e는 1보다 큰 상수로, 수학 5대 상수 중 하나이다.

▶ **자연지수함수**(natural exponential function): 자연지수함수란 밑이 자연지수 e인 함수를 말하며 $f(x) = e^x$ 혹은 $f(x) = \exp(x)$로 표시한다. e가 1보다 큰 증가함수이므로 아래와 같은 그래프가 된다. 자연지수함수는 $x < z$이면 항상 $f(x) < f(z)$가 성립하므로 자연지수함수는 증가함수이다.

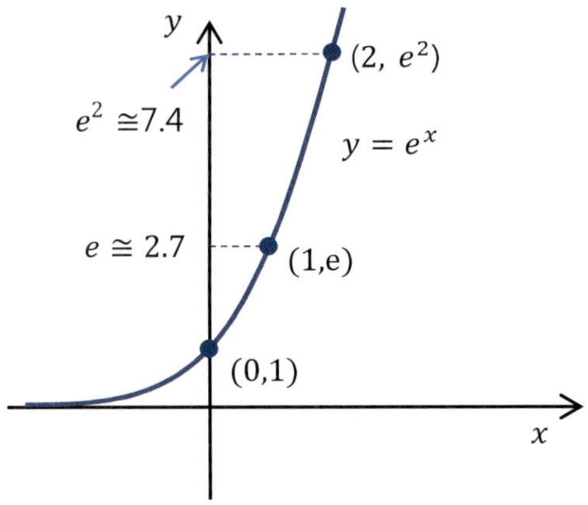

정리하면, 원금이 A이고, 연속 복리 이자율이 r이고, 1년 후에 받게 되는 금액은 $A\exp(r)$이다. 마찬가지로 원금이 A이고, 연속 복리 이자율이 r이고, t년 후에 받게 되는 금액은 $A\exp(rt)$이다.

문제

1. 투자금액 100만원에 대하여 연속복리로 연 3%의 이자율이 적용된다면, 16개월 후의 투자금액의 미래 가치는 얼마인가?

풀이

1. 16개월은 $\frac{4}{3}$ 년이므로 투자액의 가치는 다음과 같다.

$$\boldsymbol{Ae^{rt}} = (\mathbf{100}\text{만원})\boldsymbol{e}^{(\mathbf{0.03})(\frac{4}{3})} = (\mathbf{100}\text{만원})\boldsymbol{e}^{(\mathbf{0.04})} \approx \mathbf{104.08}\text{만원}$$

5-3. 현재가치

▶ **현재가치**(present value): 현재가치란 미래의 가치(비용 또는 수익 등)를 현 시점에서 재평가한 가치이다. 미래가치(future value)를 현재가치로 재평가하는 경우 할인율에 해당하는 이자율에 따라 현재가치의 크기는 변한다. 할인율(이자율)이 높을수록 미래 가치의 현재가치는 작아지고 이와 반대로 할인율(이자율)이 낮을수록 미래가치의 현재가치는 커진다.

$$\text{현재가치} = \frac{\text{미래가치}}{\text{할인율}}$$

▶ **현재가치 예**: 원금 A를 연속복리로 지급하는 연 이자율 r인 상품에 $t=0$인 시점에서 저축한다면 t년 후 원리금은 다음과 같다.

$$B = Ae^{rt}$$

따라서 B의 가치를 $t=0$인 현재시점에서 재평가하면 다음과 같다.

$$A = Be^{-rt}$$

r이 할인율이 되고 r이 높으면 A의 가치는 떨어지게 된다. $A=Be^{-rt}$는 미래가치 B가 종속변수가 되고 현재가치 A가 독립변수가 되는 함수의 다른 표현이 되는 것이다.

문제

1. A기업은 현재 $t=0$ 시기에 와인을 주조하여 판매하고 있다. 미래시점인 t기에 판매하는 A 기업의 와인 양 a는 매년 불변이고, t기 동안 숙성한 후 판매할 때의 와인 가격 $p(t)$는 단조증가하고 있다. 단, 시장 연 이자율은 r로 고정되어 있다.

(1) 미래시점인 $\tilde{t}$기에 와인을 a만큼 판다면, $t=0$ 시점에서의 와인의 현재가치는 얼마인가?

(2) 와인을 10년간 숙성시킨 후에 a만큼 판매하는 행위를 매년 반복적으로 지속한다. 즉, $t=0$ 시기에 주조하여 10년 뒤인 $t=10$ 시기에 $ap(10)$에 판매하고, 다시 $t=1$ 시기에 주조하여 10년 뒤인 $t=11$인 시기에 $ap(10)$에 판매하는 행위를 계속한다. 현재 시점인 $t=0$ 시점에서 이 와인 미래 판매가치의 현재가치는 총 얼마인가?

2. 철수는 출퇴근에 전철 또는 자가용을 이용하는데, 무엇을 이용해도 동일한 만족도를 가진다. 철수가 전철을 이용하는 경우 비용은 매년 100만원씩이다. 반면, 철수가 1,000만원짜리 중고 자동차를 구입하여 3년간 운행 후 다시 중고차 시장에서 이 차를 매도하면 500만원을 받는다. 철수가 중고 자동차를 구입하여 3년간 자가용으로 출퇴근하는 것이 합리적인지 비용의 현재가치만 가지고 판단하시오. (단, 할인율로 이용되는 연간 이자율이 10%이며 자가용을 이용할 경우 추가적인 비용은 발생하지 않는다.)

풀이

1. (1) $t=\tilde{t}$기에 와인의 판매수익은 $ap(\tilde{t})$가 된다. $t=0$ 시점에서 와인의 현재가치는 단순히 다음과 같이 정의된다. (본 문제에서 미래가치의 할인은 이자를 복리로 할인하는 것과 다른 단순한 개념의 문제이다.)

$$\frac{ap(\tilde{t})}{(1+r)^{\tilde{t}}}$$

(2) $t=0$ 시점에서 와인을 a만큼 주조하여 10년 뒤에 a만큼 판매한 경우의 현재가치는 $\frac{ap(10)}{(1+r)^{10}}$이 된다. $t=1$ 시점에서 주조하여 10년 뒤에 판 경우의 현재가치는 $\frac{ap(10)}{(1+r)^{11}}$이 된다. 마찬가지로 $t=2$ 시점에서 주조한 와인의 현재가치는 $\frac{ap(10)}{(1+r)^{12}}$이 된다. 결국 반복적으로 주조하여 10년 뒤에 판매하는 경우의 총 현재가치는 다음과 같다.

$$\frac{ap(10)}{(1+r)^{10}}+\frac{ap(10)}{(1+r)^{11}}+\frac{ap(10)}{(1+r)^{12}}+\cdots=\frac{\frac{ap(10)}{(1+r)^{10}}}{1-\frac{1}{(1+r)}}$$

2.

① 중고차 운용 비용의 현재가격=현재 자동차의 가격-3년 후 중고차시장의 가격

$$10,000,000-\frac{5,000,000}{(1+0.1)^3}>5,000,000\text{원}$$

② 대중교통 이용 비용의 현재가격=매년 들어가는 교통비용 현재가치의 합

$$\frac{1,000,000}{(1+0.1)^1}+\frac{1,000,000}{(1+0.1)^2}+\frac{1,000,000}{(1+0.1)^3}<3,000,000\text{원}$$

중고차 운용 시 발생하는 비용을 현재가치로 환산하면 500만원보다 크고, 대중교통 이용 시 발생하는 비용을 현재가치로 환산하면 300만원보다 작다. 따라서 철수는 차를 구매하지 않고 대중교통을 이용하는 것이 합리적이다.

문제

1. 기간 1과 기간 2의 두 기간에 걸친 정부의 예산제약식이 다음과 같이 주어졌다.

$$T_1+\frac{T_2}{(1+r)}=G_1+\frac{G_2}{(1+r)} \qquad (1)$$

기간 1과 기간 2에서 정부지출에는 변화가 없는 상태에서 정부가 기간 1의 조세만 ΔT_1만큼 삭감하였다고 가정하자.(단, T_1과 G_1은 기간 1에서의 정부의 조세와 지출, T_2와 G_2는 기간 2에서의 정부의 조세와 지출, r은 이자율을 나타낸다) 다음 물음에 답하시오.

(1) 정부가 예산제약을 지키는 경우 기간 2에서 조세 $\Delta \mathbf{T_2}$는 어떻게 변해야 하는가?

(2) 리카도의 동등성정리(Ricardian equivalence theorem)가 성립한다고 할 때, 소비자의 저축은 어떻게 변화하는가?

단, 리카르도의 동등성 정리란 정부지출수준이 일정할 때, 정부지출의 재원조달 방법의 변화는 민간의 경제활동에 아무 영향도 주지 못한다는 이론이다.

풀이

1. 16년 행정고시 문제이다. 차분을 미분으로 바꾸어서 정리하고 소비자의 예산제약식을 세우면 간단한 문제가 된다.

(1) 정부의 예산제약식을 조세와 지출에 대해 미분하면 다음과 같다.

$$dT_1 + \frac{dT_2}{(1+r)} = dG_1 + \frac{dG_2}{(1+r)} \qquad (2)$$

정부지출에 변화가 없으므로 $dG_1 = dG_2 = 0$ 이 성립한다. 따라서 (2)는 다음과 같이 정리된다.

$$dT_1 + \frac{dT_2}{(1+r)} = 0 \qquad (3)$$

따라서 조세 $\Delta \mathbf{T_2}$의 변화는 다음과 같다.

$$-dT_1(1+r) = dT_2 > 0 \qquad (4)$$

식 (4)를 해석하면 정부가 기간별 예산제약조건을 만족하기 위해서는 기간 2에서$(1+r)\Delta T_1$ 만큼 세금을 인상해야 한다는 것이다.

(2) 리카르도의 동등성 정리란 정부지출수준이 일정할 때, 정부지출의 재원조달 방법의 변화는 민간의 경제활동에 아무 영향도 주지 못한다는 이론이다.

소비자의 두 기간 예산제약조건은 다음과 같이 표기할 수 있다.

$$C_1 + \frac{C_2}{(1+r)} = (Y_1 - T_1) + \frac{(Y_2 - T_2)}{(1+r)} \qquad (5)$$

정부가 기간 1에서 조세를 dT_1 만큼 삭감하고 기간 2에서 $dT_1(1+r)$ 만큼 인상하면 소비자의 기간간 예산제약조건은 다음과 같이 수정된다.

$$\boldsymbol{C_1+\frac{C_2}{(1+r)}=\big(Y_1-(T_1-dT_1)\big)+\frac{(Y_2-(T_2+dT_1(1+r)))}{(1+r)}=(Y_1-T_1)+\frac{(Y_2-T_2)}{(1+r)}}$$

소비자의 기간간 예산제약조건에는 변화가 없으므로 각 기간의 소비에도 변화가 없다. 그러나 저축은 변화가 발생한다. 조세 삭감전의 저축은 $\boldsymbol{S=(Y_1-T_1)-C_1}$이 되나, 삭감 후는 저축은 $\boldsymbol{S^*=[Y_1-(T_1-\Delta T_1)-C_1}$이다. 따라서 저축은 $\boldsymbol{\Delta S=S^*-S=\Delta T_1}$만큼 증가한다. 결국 조세변화는 저축변화와 일치한다.

5-4. 로그함수

▶ **로그함수**: "밑수 b를 '몇 번(y번)이나' 제곱하면 x가 나오게 되는가?"라는 질문에 대한 답은 다음과 같다.

$$y=\log_b x$$

이것은 $b^y=x$를 로그로 표현한 것이다. $y=\log_b x$는 x 집합에서 y 집합으로 가는 함수이고, 이를 $x=y$ 에 대해서 대칭이동한 $y=b^x$ 는 로그함수의 역함수가 된다. 즉, 로그함수는 지수함수와 역함수 관계이다. 이를 간단히 증명해 보자. 로그함수 $y=log_b x$를 $y=x$에 대해서 대칭 이동하면 다음과 같다.

$$x=\log_b y$$

이를 다시 지수함수로 전환하면 다음과 같다.

$$y=b^x$$

따라서 로그함수 $y=\log_b x$ 와 지수함수 $y=b^x$ 는 역함수 관계이다. 역함수의 관계이기 때문에 지수함수의 절편이 (0, 1)이라면 로그함수의 절편은 (1, 0)이 된다.

▶ **지수함수와 로그함수의 그래프**: 아래의 그래프는 $y=a^x\ (a>0, a\neq 1)$ 와 $y=x$ 에 대해 대칭이동한 역함수 $y=\log_a x$이다. 두 그래프의 공통점은 $a>1$일 때, x의 값이 증가하면 y의 값도 증가하고; $0<a<1$일 때, x의 값이 증가하면 y의 값은 감소한다는 점이다.

▶ **상용로그함수**: $y = \log_{10} x$는 밑이 $b = 10$인 상용로그함수이다. 즉, '10을 몇 번 제곱하면 x가 나오는가'의 답이 y가 된다. 따라서 로그함수의 정의역은 $x > 0$이 되어야 한다. 왜냐하면, $x = -1$인 경우 10을 어떤 수로 제곱하더라도 음수가 되지 않기 때문이다.

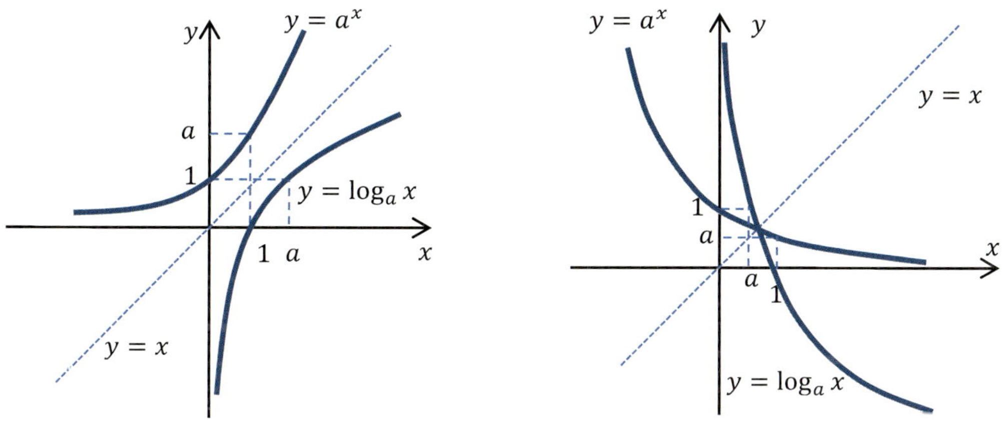

(1) $\boldsymbol{a > 1}$ (2) $\boldsymbol{0 < a < 1}$

$$\log_{10} 100 = \log 100 = 2$$

▶ **자연로그함수**: 자연로그함수의 밑이 e인 경우를 하며 다음과 같이 표기한다.

$$\log_e(x) = \ln(x)$$

자연로그함수는 많이 사용되는 함수이므로 별도의 기호인 ln을 사용하여 표시한다.

▶ **로그함수 이동**: 로그함수 $y = \log_a x$ $(a > 0,\ a \neq 0)$를 그래프상에서 평행이동 하거나, 대칭이동한 그래프의 식은 아래 표와 같다. 앞에서 설명한 지수함수와 같은 원리이다.

원함수	$y = \log_a x$
x축에 대한 대칭이동	$-y = \log_a x$
y축에 대한 대칭이동	$y = \log_a(-x)$
원점에 대해 대칭이동	$-y = \log_a(-x)$
$y = x$에 대한 대칭이동 (역함수)	$y = a^x$

x축 방향으로 m만큼 평행이동	$y = \log_a(x - m)$
y축 방향으로 n만큼 평행이동	$y - n = \log_a x$

$y = \log_3 x$의 그래프를 이용하여 다음 함수들의 그래프와 점근선을 살펴보면 다음과 같다.

(1) $y = \log_3(-x)$ $y = \log_3 x$ 그래프를 y축에 대하여 대칭이동한 것이다. 그래프는 오른쪽과 같고, 점근선의 방정식은 $x = 0$이다.	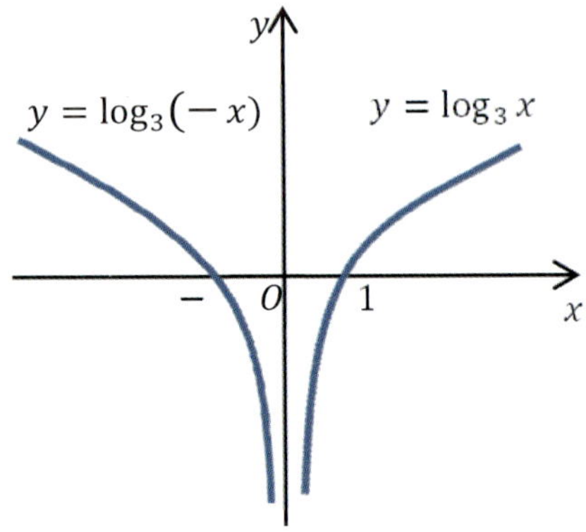
(2) $y = \log_3 \frac{1}{x}$ $y = \log_3 x$ 그래프를 x축에 대하여 대칭이동한 것이다. 그래프는 오른쪽과 같고 점근선의 방정식은 $x = 0$이다.	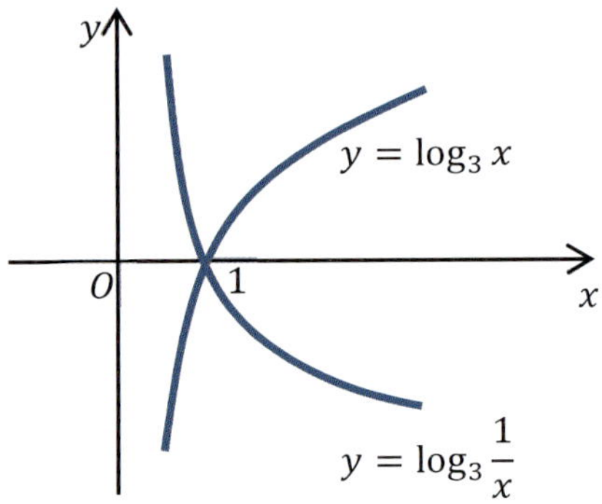
(3) $y = \log_3(x - 1)$ $y = \log_3 x$ 그래프를 x 축의 방향으로 1만큼 평행 이동한 것이다. 그래프는 오른쪽과 같고, 점근선의 방정식은 $x = 1$이다.	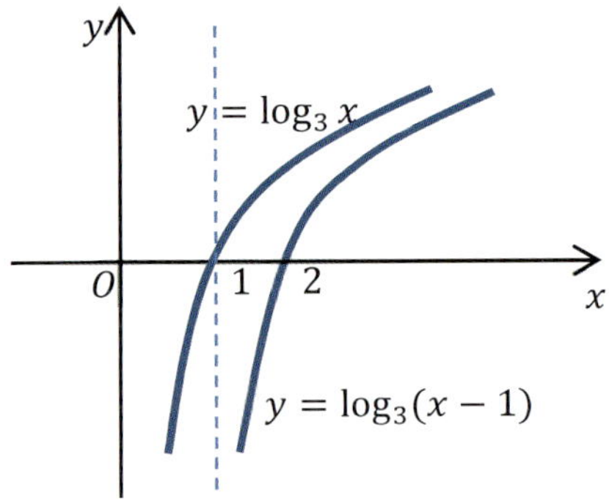

(4) $y = \log_3 3x$ $y = \log_3 3x = (\log_3 x) + 1$이므로 $y = \log_3 3x$ 그래프를 y 축의 방향으로 1만큼 평행 이동한 것이다. 그래프는 오른쪽과 같고, 점근선의 방정식은 $x = 0$이다.	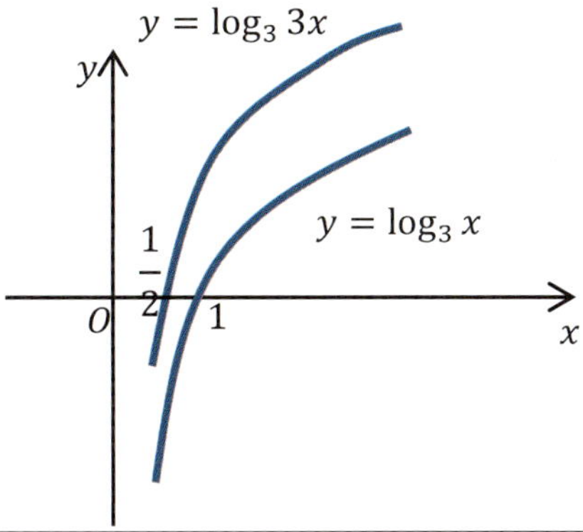

문제

1. 섬 국가인 ***A*** 국가의 현재 GDP는 10억원이며 ***A*** 국가의 경제는 매년 ***r***%씩 성장한다. ***A*** 국가의 10년 뒤 GDP가 16억원이라면 경제성장률 ***r***은 몇 %인가? (단, 경제성장률 **r**은 고정되어 있다. $\ln 1.6 \approx 0.47$)
(Hint. 경제성장률과 인구증가율은 복리의 이자와 같은 개념을 사용하고 있다.)

2. ***A*** 도시의 현재 인구는 **200**만명이고 **5**년 뒤의 인구는 **400**만명이었다. ***A*** 도시의 연간 인구증가율은 몇 **%**인지 계산하시오. (단, $\ln 2 \approx 0.7$)

풀이

1. ***r*** %씩 10 년간 증가하면 10 년 뒤의 경제성장률은 다음과 같다.

$$(10)e^{(r)(10)} = 16$$

$$r = \frac{\ln 1.6}{10} \approx 0.047$$

따라서 경제성장률은 4.7%이다.

2.

$$200e^{(r)(5)} = 400$$

$$e^{5r} = 2$$

$$r = \frac{\ln 2}{5} \approx 0.14$$

따라서 인구증가율은 14%이다.

5-5. 로그함수의 기본 성질

▶ **로그함수의 성질: 로그함수는 다음과 같은 성질을 갖는다.**

(단, $a > 0,\ a \neq 1,\ c \neq 1,\ p > 0,\ q > 0,\ b > 0,\ c > 0$)

(1) $\log_a pq = \log_a p + \log_a q$
(2) $\log_a \frac{1}{p} = -\log_a p$
(3) $\log_a \frac{p}{q} = \log_a p - \log_a q$
(4) $\log_a p^r = r\log_a p$
(5) $\log_a b = \frac{\log_c b}{\log_c a}$

'밑'인 $b > 1$인 경우, $\log_b 1 = 0$은 b를 0번 제곱하면 1이 된다는 의미이다. 마찬가지로 다음이 성립한다.

$$\log_b b = 1,\quad (b\text{를 1번 제곱하면 } b)$$

문제

1. 함수 $f(x) = 10(1 - a^{-0.5(x+2)})$ ($a > 1$ 인 양수)에서, 치역의 범위가 5 이상이 되는 경우 정의역의 범위를 구하시오. (단 $\log_a 2 = 2.5$로 계산한다.)

2. 함수 $f(x) = \begin{cases} 15 - \frac{1}{2}x & (x < 10) \\ 2 - \log_2(x+2) & (x \geq 10) \end{cases}$ 의 역함수를 $g(x)$ 라고 하자. $(g \cdot g)(x) = 2$ 를 만족시키는 x의 값을 구하시오.

3. 현재 연간 오염물질로 1만 톤을 배출하고 있는 A국은 오염물질 배출 규제 법안에 의해서 매년 오염물질 배출량을 줄일 계획을 세우고 있다.

(1) 만약 오염 배출량이 매년 20% 감소한다면, 법안 시행 후 연간 오염물질 총 배출량이 8천 톤 이하로 되는 것은 몇 년부터인지 구하시오.

(2) 만약 오염 배출량이 매년 10% 감소한다면, 법안 시행 후 연간 오염물질 총 배출량이 4천 톤 이하로 되는 것은 몇 년부터인지 구하시오. (**$\log 4 = 0.6,\ \log 9 = 0.95$로 계산한다.**)

4. **실질연봉은 명목연봉을 당해년도의 물가지수로 나눈 값이다. 예를 들어, 물가지수가 1.5이고 3,000만원의 연봉을 받는 경우 실질연봉은 $\frac{3000\text{만원}}{1.5} = 2000$만원이다. A의 연봉은 매년 6%씩 인상되고, 물가는 매년 3%씩 상승한다고 가정하자. A의 실질연봉이 처음으로 올해 실질연봉의 2배 이상이 되는 해는 몇 년 후인지 구하시오. (단, $\log 1.06 = 0.03$, $\log 1.03 = 0.01$, $\log 2 = 0.3$로 계산하며, 현재인 올해의 임금과 물가를 각각 1이라고 가정하자.)**

풀이

1. 주어진 식을 다시 쓰면 다음과 같다.

$$10\left(1 - a^{-0.5(x+2)}\right) \geq 5$$

이를 다시 정리하면

$$a^{-0.5(x+2)} \leq \frac{1}{2}$$

양변에 로그를 취하면

$$-0.5(x+2)\log_a a \leq \log_a \frac{1}{2}$$

주어진 $\log_a 2 = 2.5$을 이용하면 $\log_a 2^{-1} = -\log_a 2 = -2.5$이 되므로

$$-0.5(x+2) \leq -2.5$$

따라서 $\therefore x \geq 3$

2. $(g \cdot g)(x) = 2$ 이므로 양변에 g의 역함수인 g^{-1}를 부가하여 합성함수로 만들면 다음과 같다.

$$(g^{-1} \cdot g^{-1} \cdot g \cdot g)(x) = (g^{-1} \cdot g^{-1})(2)$$

따라서 역함수의 성질에 의하여 x는 다음과 같이 정리할 수 있다.

$$\therefore\ x = (g^{-1} \cdot g^{-1} \cdot)(2) = (f \cdot f)(2) = f\left(f(2)\right)$$

이를 계산하면, $f(2) = 15 - \frac{1}{2}(2) = 14$ 이고, 다시 $f(14) = 2 - \log_2\left((14+2)\right) = -2$ 가

된다. 따라서 이를 정리하면 $\boldsymbol{x}$는 다음과 같다.

$$x = f(f(2)) = f(14) = -2$$

3. 배출량이 현재 20% 감소하면 오염 배출량은 $10,000 \cdot 0.8$이 된다. 그 다음해에도 오염 배출량의 20% 감소하면 오염 배출량은 $10,000 \cdot 0.8 \cdot 0.8$이 된다. 따라서 미래 시점의 오염 배출량은 0.8의 지수함수 형식이 된다. 즉, "$\boldsymbol{n}$년 후 연간 오염물질 총 배출량 ≤ 8천톤" 형태의 식을 세우면 다음과 같다.

(1) $10000 \cdot 0.8^n \leq 8000 \;\; \rightarrow \;\; 0.8^n \leq 0.8 \rightarrow n = 1$년

(2) $10000 \cdot 0.9^n \leq 4000 \;\; \rightarrow \;\; 0.9^n \leq 0.4$

$$n \log 0.9 \leq \log 0.4$$

$$n(\log 9 + \log 10^{-1}) \leq \log 4 + \log 10^{-1}$$

$$n(0.95 - 1) \leq 0.6 - 1 \;\; \rightarrow \;\; -0.05n \leq -0.4 \;\; \rightarrow \;\; n \geq 8$$

∴ 8년 후

4. 부등식은 "$\boldsymbol{n}$년 후의 실질연봉 ≥ 올해 실질연봉의 두 배"이다. 따라서 실질연봉을 1이라 하고 첫해의 물가수준을 1이라고 한다면 다음과 같은 식이 성립한다.

$$\frac{1.06^n}{1.03^n} \geq \frac{2}{1} \Leftrightarrow n(\log 1.06 - \log 1.03) \geq \log 2$$

$$n(0.03 - 0.01) \geq 0.3$$

$$0.02n \geq 0.3 \;\; \Leftrightarrow \;\; n \geq 15$$

∴ 15년 후

5-6. 자연지수함수와 자연로그함수의 미분

▶ **자연지수함수**($y = e^x$)**의 도함수**:

$$\frac{dy}{dx} = \frac{de^x}{dx} = e^x$$

이를 증명하면 다음과 같다.

$$\Delta y = e^{x+\Delta x} - e^x = e^x(e^{\Delta x} - 1)$$

도함수의 정의에 의해서 다음이 성립한다.

$$\frac{dy}{dx} = \lim_{\Delta x \to 0} \frac{\Delta y}{\Delta x} = \lim_{\Delta x \to 0} \frac{e^x(e^{\Delta x} - 1)}{\Delta x} = e^x \left(\lim_{\Delta x \to 0} \frac{(e^{\Delta x} - 1)}{\Delta x} \right) = e^x$$

따라서 지수함수의 미분이 다음과 같이 성립한다.

$$\frac{dy}{dx} = \frac{de^x}{dx} = e^x$$

▶ **자연로그함수**($y = \ln x$)**의 도함수**: 자연지수함수와 자연로그함수가 역함수 관계라는 사실을 이용하면, 둘 중 하나의 도함수에서 다른 함수의 도함수를 쉽게 도출할 수 있다. 이미 지수함수의 미분을 알고 있으므로 $y = \ln x$의 도함수 도출은 다음과 같이 쉽게 도출된다. 변수가 두 개인 경우의 도함수는 $\frac{dy}{dx}$로 표시됨을 기억해야 한다.

$y = \ln x$를 지수함수로 전환하면 $x = e^y$가 된다. 이미 지수함수의 미분을 알고 있으므로 이를 미분하면 다음과 같다.

$$\frac{d}{dx}(x) = \frac{d}{dx}(e^y)$$

$$1 = \frac{de^y}{dy} \cdot \frac{dy}{dx}$$

$$1 = e^y \cdot \frac{dy}{dx}$$

$$\frac{dy}{dx} = \frac{1}{e^y} = \frac{1}{x}$$

따라서 자연지수함수 $y = \ln x$의 도함수는 $\frac{dy}{dx} = \frac{1}{x}$이 된다.

생각 열기 **시간으로 미분하기**

$\boldsymbol{x}$가 시간인 다음의 3 가지 함수를 생각해 보자.

▷ 시간($\boldsymbol{t}$)을 연도라고 한다면 자기 자신에서 자기 자신으로 가는 함수를 다음과 같이 표기할 수 있다.

$$\boldsymbol{f(t) = t} \qquad (1)$$

따라서 함수 $\boldsymbol{f(t) = t}$는 $\boldsymbol{x}$축이 $\boldsymbol{t}$이고 $\boldsymbol{y}$축이 $\boldsymbol{t}$인 **45°**의 우상향하는 직선의 함수이다.

▷ 식 (1)에 자연로그를 취하면 다음과 같은 함수가 된다.

$$\boldsymbol{\ln f(t) = \ln(t)} \qquad (2)$$

함수 $\boldsymbol{\ln(t)}$의 1 차 미분 값은 $\boldsymbol{\frac{1}{t} > 0}$가 되고 2 차 미분 값은 $\boldsymbol{-\frac{1}{t^2} < 0}$이기에 $\boldsymbol{\ln(t)}$는 기울기가 감소하는 증가함수이다.

▷ 로그함수를 차분한 로그차분함수를 생각해 보자. 로그차분함수는 식 (2)를 다음과 같이 차분한 함수이다.

$$\boldsymbol{\Delta\ln(t) = \ln(t) - \ln(t-1)} \qquad (3)$$

함수 $\boldsymbol{\Delta\ln(t)}$ 의 1차 미분 값은 $\boldsymbol{\frac{-1}{t(t-1)} < 0}$ 이 되므로 $\boldsymbol{\Delta\ln(t)}$ 는 음(-)의 기울기를 가지는 감소함수이다.

▷ 식 (3)을 응용하여 비용함수에 $\boldsymbol{\Delta\ln(t)}$가 추가된 경우를 생각해 보자.

$$\boldsymbol{C(l,t) = l + \Delta\ln(t)} \qquad (4)$$

여기서 l은 생산요소이고, t는 시간이고, $\Delta\ln(t)$는 생산의 효율성을 나타내는 변수가 된다. 비용함수를 l에 대해 미분하면 양(+)이 되고 t에 대해 미분하면 음(-)이 되므로, 비용함수는 x만 고려하면 비용이 증가하지만, 시간만 고려한다면 비용이 감소하는 함수가 된다. $\Delta\ln(t)$를 다시 설명하면, 시간 (t) 이 흘러가면 $\ln(t)$ 이 증가하고 $\Delta\ln(t)$ 는 감소한다. 이를 생산의 효율성이 증가했다고 말한다. 따라서 시간이 흘러 생산의 효율성이 증가하여 비용이 감소하는 함수가 된다.

문제

1. 다음 방정식의 x 값을 구하시오.

(1) $2e^{(x-1)} = 10$

(2) $4\ln x^2 = 8$

2. 현재 세계 인구가 A이고 인구증가율은 매년 r%라고 가정하자. (단, $\ln 2 \approx 0.7$이다.)

(1) 미래인구 B가 현재인구 A의 두 배가 되는 인구증가율 r과 시간 t의 관계식을 도출하시오.

(2) r이 10%인 경우 미래인구가 현재인구의 두 배가 되는 시기는 몇 년 후인지 계산하시오.

3. 총수입함수는 가격과 매출액의 곱으로 이루어진 합성함수이다. 매출이 2% 감소하고 가격이 3% 상승하면 기업의 총 수입은 몇 % 변하였는지 계산하시오.

4. A 기업의 x 재화 가격이 1만원에서 5천원으로 하락하여 이 기업의 x 재화 판매수입이 증가하였다. 이 경우, "판매 수입 변화율이 수요량 변화율보다 작다."를 증명하시오. (단, 판매수입은 가격과 판매량의 곱으로 표시되며 변화율은 (-)과 (+)의 값을 다 가질 수 있다.)

5. 2000년 A국의 1인당 GDP는 25,000달러이고 1인당 GDP는 2%씩 증가한다. A국의 GDP가 30,000달러에 도달하는 년도는 언제겠는가? (단, $\frac{30,000}{25000} = 1.2$, $\ln 1.2 \approx 0.2$, $\frac{0.2}{0.03} \approx 7$)

풀이

1. (1) $\ln 2e^{(x-1)} = \ln 10 \quad \Rightarrow \quad \ln 2 + (x-1) = \ln 10 \quad \Rightarrow \quad x = \ln 5 + 1$

(2) $4\ln x^2 = 8 \quad \Rightarrow \quad \ln x^2 = 2 \quad \Rightarrow \quad x = e$

2. (1) $B = Ae^{rt}$가 된다. 따라서 $e^{rt} = \frac{B}{A} = 2$가 된다. 따라서 양변에 자연로그를 취하면 다음과 같은 관계식이 도출된다.

$$\ln(e^{rt}) = \ln(2)$$
$$rt = \ln(2) \approx 0.7$$

(2) 인구증가율이 10%이므로 $rt = \ln 2 \approx 0.7$에 의해서 7년 후에 인구가 두 배가 된다.

3. 기업의 총수입 = 가격 × 판매량. 따라서 자연로그를 양변에 취하고 미분을 하면 다음과 같다.
   수입 변화율 = 가격 변화율 + 판매량 변화율
   따라서 가격이 3% 상승하여 매인 판매량이 2% 줄어들면, 총수입은 1% 상승한다.

4. "판매수입의 변화율 = 음(-)의 가격 변화율 + 양(+)의 수요량 변화율"이며 정상재인 경우 가격변화율과 수요량 변화율은 반대이다. 따라서 판매수입 변화율은 수요량 변화율보다 적다.

5. 함수식으로 표시하면 다음과 같다.

$$30,000 = 25,000e^{0.03t}$$
$$t = 7\text{년}$$

따라서 2007년에 30,000달러에 도달한다.

5-7. 지수함수와 로그함수 미분

▶ **지수함수 미분**: 지수함수인 $y = b^x$의 도함수는 다음과 같다.

$$\frac{dy}{dx} = y\ln b = b^x \ln b$$

<증명> 지수함수 $y = b^x$의 양변에 자연로그를 취해서 로그미분을 하면 쉽게 정리된다.

$$\ln y = x\ln b$$
$$\frac{d}{dx}(\ln y) = \frac{d}{dx}(x\ln b)$$

$$\frac{d\ln y}{dy}\cdot\frac{dy}{dx} = \ln b$$

$$\frac{1}{y}\cdot\frac{dy}{dx} = \ln b$$

$$\frac{dy}{dx} = y\ln b = b^x \ln b$$

▶ **로그함수 미분**: 로그함수인 $y = \log_b(x)$의 도함수를 구해보자. 상용로그를 자연로그함수로 전환 후에 미분을 하면 쉽게 구해진다. $y = \log_b(x)$를 지수함수로 전환하면 다음과 같다.

$$b^y = x$$

이를 다시 자연로그로 전환한 후 y에 대해 정리하면 다음과 같다.

$$y\ln b = \ln x$$

$$y = \frac{1}{\ln b}\ln x$$

따라서 도함수는 다음과 같다.

$$\frac{dy}{dx} = \frac{1}{\ln b}\frac{1}{x} = \frac{1}{x\ln b}$$

생각 열기 | 인구증가율과 경제성장률

국내 총생산 **GDP**를 $\boldsymbol{Y}$, 인구수를 $\boldsymbol{L}$이라고 하면, 1인당 **GDP**는 $\frac{Y}{L}$로 표현할 수 있다. $\boldsymbol{y} = \frac{Y}{L}$라고 하면 $\boldsymbol{y} = \frac{Y}{L}$의 양변에 자연로그를 취한 후에 시간에 대해 미분하면 다음과 같다.

$$\frac{d\ln y}{dt} = \frac{d\ln Y}{dt} - \frac{d\ln L}{dt}$$

$$\frac{d\ln y}{dy}\frac{dy}{dt} = \frac{d\ln Y}{dY}\frac{dY}{dt} - \frac{d\ln L}{dL}\frac{dL}{dt}$$

다시 표현하면,

$$\frac{1}{y}\frac{dy}{dt}=\frac{1}{Y}\frac{dY}{dt}-\frac{1}{L}\frac{dL}{dt}$$

$dt=1$이라고 가정하면

$$\frac{dy}{y}=\frac{dY}{Y}-\frac{dL}{L}$$

따라서 다음이 성립한다.

"1인당 **GDP** 증가율 = 경제성장률 - 인구성장률"

이 된다. 따라서 1인당 GDP증가율이 0이면 인구성장률은 경제성장률과 같게 된다. 만약 경제성장률과 인구증가율이 같다면 1인당 **GDP**는 변함이 없다.

문제

1. 다음 함수들을 미분하시오.

(1) $y=\left(\frac{x}{1+x}\right)$

(2) $y=\left(\frac{x}{\ln x}\right)$

(3) $y=\left(\frac{\ln x}{e^x}\right)$

2. 함수 $y=\ln x^2$의 역함수를 $g(x)$라 할 때 $g'(4)$를 구하시오.

풀이

1.

(1) $\left(\frac{x}{1+x}\right)'=\frac{(x)'(1+x)-x(1+x)'}{(1+x)^2}=\frac{1+x-x}{(1+x)^2}=\frac{1}{(1+x)^2}$

(2) $\left(\frac{x}{\ln x}\right)'=\frac{\ln x-x(1/x)}{(\ln x)^2}=\frac{\ln x-1}{(\ln x)^2}$

(3) $\left(\frac{\ln x}{e^x}\right)'=\frac{(\ln x)'e^x-\ln x(e^x)'}{(e^x)^2}=\frac{(1/x)\cdot e^x-\ln x\cdot e^x}{e^{2x}}=\frac{e^x(1-x\ln x)}{xe^{2x}}$

2. 역함수 구하기

[1 단계] $e^y = x^2$

[2 단계] x와 y를 바꿔주면 다음과 같다.

$e^x = y^2$ 이를 다시 y에 대해서 정리하면 다음과 같다.

$y = e^{\frac{1}{2}x}$

지수함수를 미분하여 도함수를 구하면 다음과 같다.

$\frac{dy}{dx} = g'(x) = \frac{1}{2}e^{\frac{1}{2}x}$

$g'(4) = \frac{1}{2}e^{\frac{1}{2}(4)} = \frac{1}{2}e^2$

▶ **지수함수의 자연지수함로의 전환**: 지수함수를 미분하는 경우, 지수함수를 자연지수함수로 전환하여 미분하는 것이 쉬운 방법이다. 다음의 지수함수를 생각해보자.

a가 양의 값을 가질 때, 다음과 같은 지수함수를 고려하자.

$$y = a^x \quad (1)$$

지수함수 $y = a^x$는 다음과 같은 자연지수함수로 전환된다.

$$y = e^{x \ln a} \quad (2)$$

(증명) 식 (1)과 (2)에서 다음이 성립한다고 가정하자.

$$a^x = e^{x \ln a} \quad (3)$$

$e^{x \ln a}$는 $e^{\ln a^x}$로 전환되므로 식 (3)의 우변은 다음과 같이 정리된다.

$$a^x = e^{x \ln a} = e^{\ln a^x} \quad (4)$$

식 (4)의 양변에 자연지수를 취하면, 다음과 같이 정리된다.

$$\ln a^x = \ln e^{\ln a^x} \quad (5)$$

식 (5)의 우변을 정리하면 다음과 같다.

$$\ln e^{\ln a^x} = \ln a^x \qquad (6)$$

따라서 $a^x = e^{x \ln a}$가 성립한다.

▶ **지수함수의 미분**: 지수함수 $y = a^x$를 자연지수함수 $y = e^{x \ln a}$로 전환하여 도함수를 구하면 다음과 같다.

$$\frac{d(a^x)}{dx} = \frac{d(e^{x \ln a})}{d(x \ln a)} \frac{d(x \ln a)}{dx}$$

$$= e^{x \ln a} \cdot \ln a = a^x \cdot \ln a$$

이를 $a^{f(x)}$에 대해서 일반화시키면 다음과 같다.

$$\frac{d\left[a^{f(x)}\right]}{dx} = a^{f(x)} \ln a \, f'(x)$$

문제

1. 다음 지수함수의 도함수를 구하시오.

(1) 4^x (2) 3^{x^2} (3) 5^{x+7}

2. 다음 함수의 도함수를 구하시오.

(1) $h(x) = \ln(4x - 1)$ (2) $f(x) = x^2 \ln(2 - x)$

3. 다음 수요함수의 가격탄력성이 항상 일정함을 증명하시오.

$$\ln Q(P) = a - b \ln P$$

4. 다음은 화폐수량설의 항등식으로 각 변수는 시간의 흐름에 따라 변화한다고 가정하자.

$$M(t)V(t) = P(t)Y(t)$$

변수 M, P, Y, V는 경제 내의 화폐의 양(통화량), 물가 수준, 총 생산(GDP), 화폐의 유통 속도를 각각 나타낸다. 이 경우 인플레이션을 통화량과 GDP의 증가율을 시간에 대해서

미분하여 표시하시오. (단 화폐의 유통속도는 항상 일정한 상수라고 가정하자.)

풀이

1. (1) $4^x = e^{x\ln 4} \Rightarrow \frac{dy}{dx} = 4^x \ln 4$

(2) x^2을 하나로 생각하면 $3^{x^2} = e^{x^2 \ln 3}$ 이 되므로 $\frac{dy}{dx} = 3^{x^2} 2x \ln 3$

(3) $x+7$을 x라 간주하면 $5^{x+7} = e^{(x+7)\ln 5} \Rightarrow \frac{dy}{dx} = 5^{x+7} \ln 5$ 가 된다.

2. (1) $h'(x) = \frac{\frac{d}{dx}(4x-1)}{4x-1} = \frac{4}{4x-1}$

(2) $f'(x) = x^2 \cdot \frac{d}{dx}[\ln(2-x)] + \ln(2-x)\frac{d}{dx}(x^2)$

$$= x^2\left(\frac{-1}{2-x}\right) + (2x)\ln(2-x) = \frac{-x^2}{2-x} + 2x\ln(2-x)$$

3. 양변을 P로 미분하면

$$\frac{1}{Q} \times \frac{dQ}{dP} = -b\frac{1}{P}$$

따라서 다음이 성립한다.

$$\frac{dQ}{dP}\frac{P}{Q} = -b$$

따라서 가격탄력성은 항상 $-b$ 이다.

4.

$M(t)V(t) = P(t)Y(t)$에 대해 지연지수를 양변에 취하면 다음과 같다.

$$\ln M(t) + \ln V(t) = \ln P(t) + \ln Y(t)$$

위 식을 시간(t)에 대해 미분하면

$$\frac{dlnM}{dM}\frac{dM}{dt} + \frac{dlnV}{dV}\frac{dV}{dt} = \frac{dlnP}{dP}\frac{dP}{dt} + \frac{dlnY}{dY}\frac{dY}{dt}$$

자연로그함수에 대한 미분을 정리하면 다음과 같다.

$$\frac{1}{M}\frac{dM}{dt}+\frac{1}{V}\frac{dV}{dt}=\frac{1}{P}\frac{dP}{dt}+\frac{1}{Y}\frac{dY}{dt}$$

$\frac{dM}{dt}=M'$으로 정리하면,

$$\frac{M'}{M}+\frac{V'}{V}=\frac{P'}{P}+\frac{Y'}{Y}$$

화폐의 유통속도가 상수라고 주어졌으므로,

$$\frac{M'}{M}=\frac{P'}{P}+\frac{Y'}{Y}$$

따라서 $\frac{P'}{P}$는 물가수준의 변화율인 인플레이션이므로 종속변수로 간주하면 다음과 같은 식이 도출된다.

$$\frac{P'}{P}=\frac{M'}{M}-\frac{Y'}{Y}$$

생각 열기

인플레이션(inflation)과 인플레이션율(inflation rate), 경제성장과 경제성장률, 혹은 이자와 이자율은 어떤 의미의 차이가 있을까?

먼저, 인플레이션은 지속적으로 물가가 상승하는 현상을 말한다. 따라서 인플레이션은 부분적이고 일시적인 특정 상품의 가격 상승과는 다른 의미이다. 그런 측면에서 일반적인 상품의 가격이 상승한다는 의미의 물가상승은 인플레이션과 같은 의미이다. 인플레이션율은 인플레이션을 구체적으로 수치화하여 표시한 것이다. 예를 들면 '올해 인플레이션은 5% 이다'라고 하면 5%가 인플레이션율이 된다.

마찬가지로, 경제성장 혹은 이자는 모두 추상적인 개념이라고 할 수 있다. 이를 구체적으로 표시한 것이 경제성장률이고 이자율이다.

제 6 장 일변수 함수의 극대·극소

본 장에서는 독립변수의 수가 하나이며 제약조건이 존재하지 않는 목적함수의 극대·극소 문제를 살펴본다. 일변수 함수의 극대화 문제는 1차 미분과 2차 미분을 활용하고 있다. 극대화 문제에서 1차 미분은 기울기를 의미하고, 2차 미분은 도함수의 기울기(기울기의 기울기라고도 표현할 수 있음)를 의미한다.

6-1. 최적화 및 극값의 정의

▶ 최적화 문제

목적함수의 값을 최대화 혹은 최소화하는 문제(예를 들면, 이윤을 최대화하거나 비용을 최소화 하는 문제)는 모두 최적화 문제(optimization problem)이다. 제약조건이 없는 최적화 문제에서 목적함수의 값은 목적함수의 독립변수 값에 따라 변한다. 따라서 최적화 문제는 독립변수를 선택하는 문제와 같은 것이다.

최댓값을 가져오는 독립변수 x^*의 함수 값이 다른 어떤 독립변수 x의 함수 값보다 크다면 x^*를 최대점이라고 하고 $f(x^*)$를 최댓값(global maximum)이라고 한다. 마찬가지로 최소점과 최솟값(global minimum)도 같은 방법에 의해서 정의된다. 이를 수식으로 표시하면 다음과 같다.

모든 x에 대하여 $f(x) \geq f(x^*)$를 만족시키는 경우 x^*는 최소점이 되고 $f(x^*)$는 최솟값이 된다. 모든 x에 대하여 $f(x) \leq f(x^*)$를 만족시키는 경우 x^*는 최대점이 되고 $f(x^*)$는 최댓값이 된다.

▶ 극대화 문제

주어진 제한된 범위에서 극댓값 및 극솟값을 구하는 것을 '극대화'라고 한다. 극댓값과 극솟값을 총괄하여 극값(extremum value)이라 부른다. 극대화를 정의하면 다음과 같다.

함수 f의 극솟값(relative minimum)이란 $x^* - \delta \le x \le x^* + \delta$ 구간의 모든 x값에 대해 $f(x) \ge f(x^*)$ 가 성립하는 양수 δ가 존재할 때의 $f(x^*)$ 값을 의미한다.

함수 f 의 극댓값(relative maximum)이란 $x^* - \delta \le x \le x^* + \delta$ 구간의 모든 x 값에 대해 $f(x) \le f(x^*)$ 가 성립하는 양수 δ가 존재할 때의 $f(x^*)$ 값을 의미한다.

이를 달리 표현하면, 극대점은 근처의 x에 비해서 함수 값이 작지 않은 점이고, 극소점은 근처의 x에 비해서 함수 값이 크지 않은 점이다.

▶ 그래프로 보는 극값

아래 그림을 보면 극값은 기울기가 0 인 점에서의 함수 값이다. 따라서 x_1, x_2, x^*, x_3 에 해당하는 함수 값이 극댓값 및 극솟값에 해당한다. 그러나 최솟값은 기울기가 0이 아닌, x 범위의 왼쪽 끝 점 x_0에 해당하는 함수 값이다.

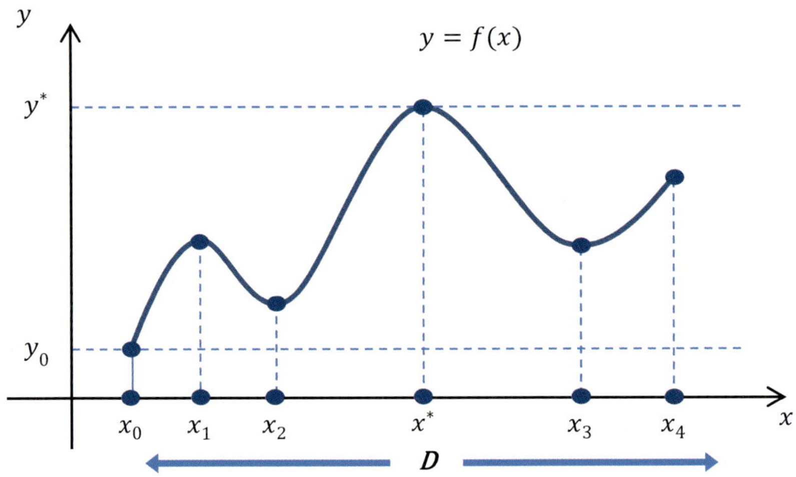

6-2. 도함수를 이용한 극값 판정

▶ **도함수 표시 방법**: 1차 도함수는 $f'(x)$ 또는 $\frac{dy}{dx}$로 표기되며, 2차 도함수는 $f''(x)$ 또는 $\frac{d^2y}{dx^2}$로 표기된다. 여기서 $\frac{d^2y}{dx^2}$ 은 $\frac{d}{dx}\left(\frac{dy}{dx}\right)$를 간략히 줄인 것이다. 마찬가지로 n차 도함수는 $f^{(n)}(x)$로 표시하거나 $\frac{d^ny}{dx^n}$로 표시한다.

▶ 극대화 1차 조건

극대화 1차 조건은 극대화 점인 x^*에서 함수 $f(x)$의 1차 도함수인 $f'(x^*)$의 값이 0 이라는 것이다. 따라서 극대화 1 차 조건의 의미는 '함수 $f(x)$의 기울기인 $f'(x)$의 값이 0 이 되는 x^*를 도출'한다는 것이다.

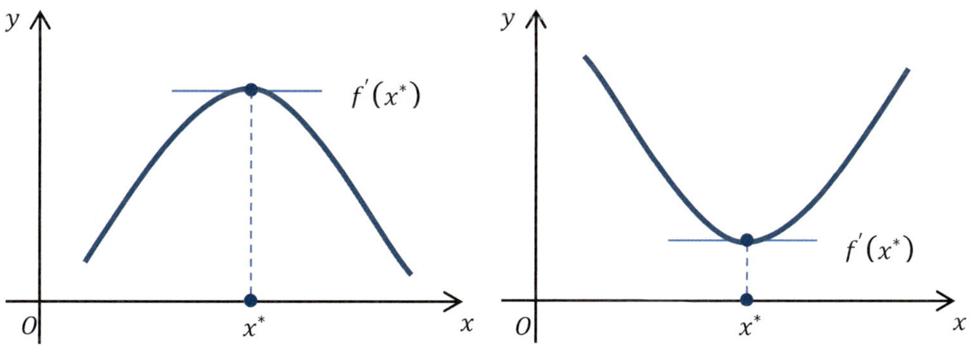

아래 그림에서 보는 것처럼, 극대화 1차 조건은 함수 $f(x)$의 기울기가 0 이라는 것이다.

함수로는 $f'(x^*) = 0$인 도함수로 표시하며, 이 조건은 극대 및 극소화를 위한 필요조건이며 혹은 1차 조건(first-order condition, 일계조건)이라고도 한다. 그림에서 보듯이, 두 함수는 모두 일계조건을 만족하지만, 일계조건만으로는 이 함수가 극댓값을 가지는지 혹은 극솟값을 가지는지 알 수 없다. 일계조건은 단지 극값이 될 가능성이 있는 점을 구하는데 도움이 된다. 그런 의미에서 일계조건은 극값을 가지기 위한 필요조건이 된다.

▶ 극대화 2차 조건

함수 f의 도함수 $f'(x)$가 $x = x^*$ 에서 $f'(x^*) = 0$ 을 만족시킬 때, 극대화 2차 조건은 다음과 같다.

(1) $f''(x^*) < 0$ 이면 $f(x^*)$ 는 극댓값
(2) $f''(x^*) > 0$ 이면 $f(x^*)$ 는 극솟값

$f'(x)$는 함수 $f(x)$의 기울기이고, $f''(x)$는 1차 도함수인 $f'(x)$의 기울기이다. 따라서 극대화 2차 조건은 $f'(x)$의 기울기에 대한 조건이다.

$f''(x) < 0$의 의미는 1차 도함수인 $f'(x)$의 기울기가 음(-)이라는 것이며, 이는 '원함수 $f(x)$의 도함수인 $f'(x)$ 의 기울기가 음(-)'이라는 의미이다. 달리 말하면, $f''(x) < 0$ 는 함수 $f(x)$ 의 기울기의 기울기가 음(-)의 값을 가진다는 의미이다. 위의 좌측 그림에서 보면, x 값이 증가하면 1차 미분 값인 도함수의 기울기가 (+)에서 (0)을 거쳐서 (-)로 점점 감소하고 있다. 따라서 극대화 2차 조건인 $f''(x^*) < 0$ 의 의미는 함수 $f(x^*)$의 2차 미분 값이 음(-)의 값을 가진다는 것이다. 이 경우 극댓값을 가진다.

마찬가지로 $f''(x^*) > 0$ 는 다음과 같이 해석될 수 있다. 위의 우측 그림을 보면, x 값이 증가하면 $f(x)$ 의 기울기가 (-)에서 (0)을 거쳐서 (+)로 변하므로 점점 증가하고 있다. 따라서 $f''(x^*) > 0$ 는 $f'(x^*)$ 의 기울기가 (+)의 값을 가진다는 의미이다. 따라서 극소화 2차 조건인 $f''(x^*) > 0$ 의 의미는 함수 $f(x^*)$ 의 2차 미분 값이 (+)의 값을 가진다는 것이다. 이 경우 극솟값을 가진다.

$f'(x^*) = 0$ 은 x^* 가 극값이기 위한 필요조건(necessary condition)이 되며 만약 $f''(x^*) < 0$ 혹은 $f''(x^*) > 0$ 이라는 조건은 $f(x^*)$ 가 극댓값 혹은 극솟값이 되기 위한 충분조건(sufficient condition)이 되다.

문제

1. 정의역의 범위가 모든 실수이거나 혹은 $-3 < x \le 1$ 인 경우, 목적함수 $y = x^2$ 의 극값을 구하시오.

2. 주어진 구간에서 함수의 최댓값, 최솟값을 구하시오.

(1) $f(x) = 2x^2 + 4x - 1 \quad [-2, 1]$

(2) $f(x) = -x^2 - 2x + 6 \quad [-3, 0]$

풀이

1. 정의역의 범위가 모든 실수인 경우 $x = 0$에서 함수의 1차 미분 값은 0이고 2차 미분 값은 (+)이므로 $x = 0$에 해당하는 $y = 0$이 최솟값이다. 정의역이 $-3 < x \le 1$인 경우 최소점은 여전히 $x = 0$, $y = 0$)이고 최대점은 존재하지 않는다.

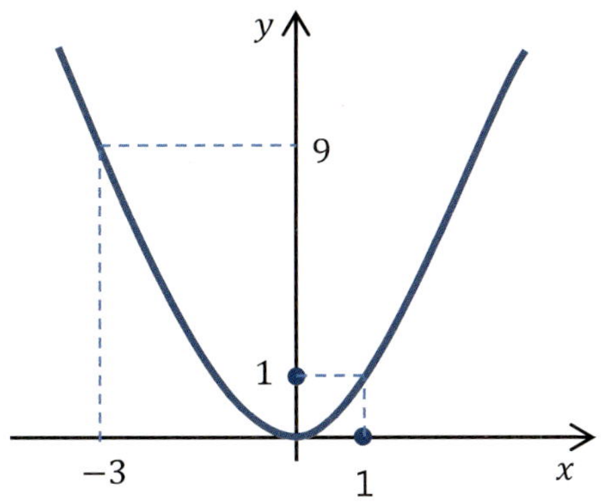

2. (1) 극값을 구하기 위해 1차 미분하면

$$f'(x) = 4x + 4 = 0 \;\Rightarrow\; x = -1.$$

따라서 $f(-1) = -3$의 극값을 갖는다. 극값이 극댓값인지 극솟값인지 판단하기 위하여 2차 미분 값을 구하면

$$f''(x) = 4 > 0$$

따라서 $f(-1) = -3$은 최솟값이자 극솟값임을 알 수 있다. $f(1) = 5$는 최댓값이 된다.

(2) 극값을 구하기 위해 1차 미분하면

$$f'(x) = -2x - 2 \;\Rightarrow\; x = -1$$

따라서 $f(-1) = 7$의 극값을 갖는다. 극값이 극댓값인지 극솟값인지 판단하기 위하여 2차 미분 값을 구하면

$$f''(x) = -2 < 0$$

따라서 $f(-1) = 7$은 최댓값이자 극댓값임을 알 수 있다. $f(-3) = 3$, $f(0) = 6$이므로 $f(-3) = 3$이 극솟값이 된다.

▶ 2차 미분 값이 0인 함수의 극값 판정

$y = f(x) = x^3$과 같이 변곡점을 가지는 함수의 최적화 문제를 그림과 함께 살펴 보자.

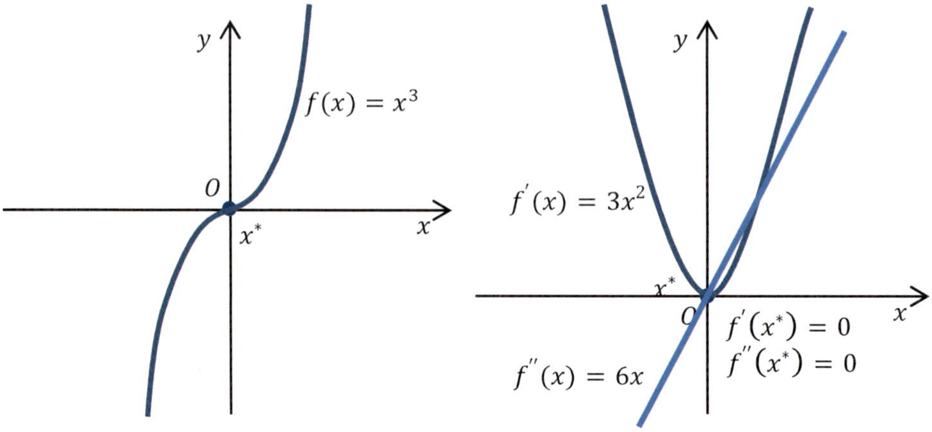

$y = x^3$는 극대/극소가 아니어도 1차 미분 값인 $f'(x)$는 $x^* = 0$에서 0이 된다. 즉, $x^* = 0$에서 $f(x)$의 기울기가 0이 되므로 일계조건을 만족시킨다. 그러나 2차 미분 값은 $f''(x) = 6x$이므로 $x^* = 0$에서 2차 미분 값도 0이 된다. 따라서 극값을 판단할 수 없다. 3차 미분 값은 $f'''(x^*) = 6 \neq 0$이 되는데, 이때의 $f(x^*)$는 변곡점임을 확인할 수 있다. 즉, $f(x) = x^3$은 극값을 가지지 못하며 $(x^*, f(x^*))$ 는 극대 · 극소점이 아닌 변곡점이다.

이를 정리하면 다음과 같다.
1차 미분 값인 $f'(x) = 0$을 만족시키는 $x^* = 0$이 일계조건을 만족시킨다.
2차 미분 값이 $f''(x) = 3x$이므로 $f''(x^* = 0) = 0$이 되어 극값의 판단이 이루어지지 않는다.
3차 미분 값이 $f'''(x) = 6 \neq 0$이므로 $x^* = 0$은 변곡점에 해당한다.

▶ **일반 조건**: n번 미분이 가능한 $f(x)$의 1차 미분함수 $f'(x) = 0$을 만족시키는 x^*값을 2차 미분 함수에 대입 시 $f''(x^*) = 0$이 된다면, 극값은 다음 조건에 따라 결정된다.

(a) $f^{(n)}(x^*) < 0$이고 n이 짝수이면 $f(x^*)$ 는 극댓값
(b) $f^{(n)}(x^*) > 0$이고 n이 짝수이면 $f(x^*)$ 는 극솟값

문제

1. 다음 함수들의 극값을 판단하시오.

(1) $f(x) = \frac{1}{3}x^3$

(2) $f(x) = 2x^3$

(3) $f(x) = 3x^4$

(4) $f(x) = x^4 - 2x^3$

(5) $f(x) = -\frac{1}{x^2}$

2. 다음 함수들의 극값을 구하시오.

(1) $f(x) = 2e^x - 2x$

(2) $f(x) = e^{x^2-4x+1}$

(3) $f(x) = x\ln x - 3x$

(4) $f(x) = \frac{\ln x}{x}$

풀이

1. (1) 1차 미분 값인 $f'(x) = x^2 = 0$을 만족시키는 $x = 0$이 1차 조건을 만족시킨다.

2차 미분 값이 $f''(x) = 2x$ 이므로 $f''(x = 0) = 0$ 이 되어 극값의 판단이 이루어지지 않는다.

3차 미분 값이 $f'''(x) = 2$ 이므로 $f'''(x = 0) = 2$ 가 되지만 $n = 3$ 이 홀수이므로 $f(x) = \frac{1}{3}x^3$는 극값을 가지지 않는다.

(2) 1차 미분 값인 $f'(x) = 6x^2 = 0$을 만족시키는 $x = 0$이 1차 조건을 만족시킨다.

2차 미분 값이 $f''(x) = 12x$ 이므로 $f''(x = 0) = 0$ 이 되어 극값의 판단이 이루어지지 않는다.

3차 미분 값이 $f'''(x) = 12$이므로 $f'''(x = 0) = 12$이 되어 극값을 가지지 않는다.

(3) 1차 미분 값인 $f'(x) = 12x^3 = 0$을 만족시키는 $x = 0$이 1차 조건을 만족시킨다.

2차 미분 값이 $f''(x) = 36x^2$이므로 $f''(x = 0) = 0$ 이 되어 극값의 판단이 이루어지지 않는다.

3차 미분 값이 $f'''(x) = 72x$이므로 $f'''(x = 0) = 0$이 되어 극값의 판단이 이루어지지 않는다.

4차 미분 값이 $f'''(x) = 72$이므로 $f''''(x = 0) = 72$가 되어 $f(x) = 3x^4$는 $x = 0$에서 극솟값 $f(0) = 0$을 가진다.

(4) 1차 미분 값인 $f'(x) = 4x^3 - 6x^2 = 0$을 만족시키는 $x=0$과 $x = 3/2$이 1차 조건을 만족 시킨다.

2차 미분 값이 $f''(x) = 12x^2 - 12x$ 이므로 $f''(0) = 0$, $f''(3/2) = 36$임을 알 수 있다. 따라서 $f(3/2) = 0$ 은 극솟값임을 알 수 있으나 $f(0)$ 이 극값이 되는지 판단하기 위해서는 $f'''(0)$을 구해야 한다.

3차 미분 값이 $f'''(0) = (24)(x) - 12 = -12 < 0$ 인데 앞에서 설명한 정리에 의하면 $f^{(n)}(x^*) \neq 0$ 일 때의 n 이 홀수이면 $f(x^*)$ 가 극값이 될 수 없으므로 $f(0)$ 은 극값이 되지 않는다.

(5) 1차 미분 값인 $f'(x) = -2x^{-3}$ 에서 $f'(x) = 0$ 을 만족하는 x 값은 0이다. (1차 조건)

2차 미분 값이 $f''(x) = 6x^{-4}$ 로 $f''(0)$은 분모의 정의에 어긋난다.

3차 미분 값이 $f'''(0) = -24x^{-5}$ 로 $f'''(0)$도 분모의 정의에 어긋난다. 따라서 극값은 존재하지 않는다.

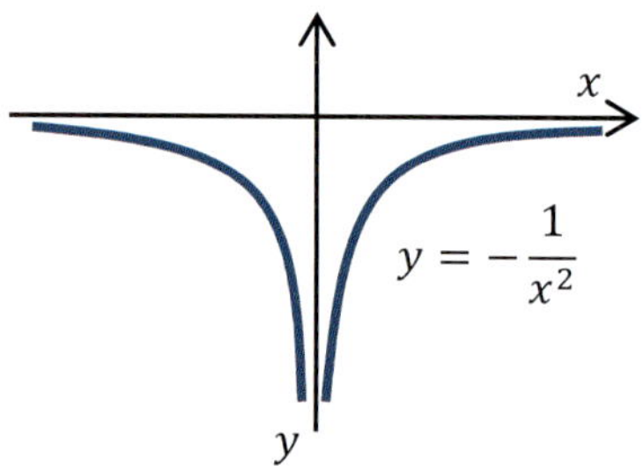

$f(x) = -\frac{1}{x^2}$의 그래프를 생각해보자. $f(x)$는 항상 (-)의 값이고, $x > 0$의 범위에서 x 값이 커지면 $f(x)$의 값은 0에 가까워지고, $x < 0$의 범위에서 x 값이 작아지면 $f(x)$의 값도 0에 가까워지고 진다. 따라서 그래프는 3과 4사분면에 그려지므로 극값은 존재하지 않는다.

2.

(1) $f'(x) = 2e^x - 2 = 0$을 만족시키는 $x^* = 0$이 1차 조건을 만족시킨다.
$f''(x) = 2e^x > 0$이므로 $f(0) = 2e^x - 2x = 2$는 극솟값이다.

(2) $f'(x) = (2x - 4)e^{x^2-4x+1} = 0$을 만족시키는 $x^* = 2$가 1차 조건을 만족시킨다.
$f''(x) = 2e^{x^2-4x+1} + (2x - 4)^2 e^{x^2-4x+1} > 0$이므로 $f(2) = e^{x^2-4x+1} = e$는 극솟값이다.

(3) $f'(x) = \ln x - 2 = 0$을 만족시키는 $x^* = e^2$가 1차 조건을 만족시킨다.
$f''(x) = \frac{1}{x}$ (단 $x > 0$) > 0이므로 $f(e^2) = x\ln x - 3x = -e^2$은 극솟값이다.

(4) $f'(x) = \frac{1-\ln x}{x^2} = 0$을 만족시키는 $x^* = e$가 1차 조건을 만족시킨다.
$f''(x) = \frac{2\ln x - 3}{x^3}$ (단 $x > 0$) < 0이므로 $f(e) = \frac{1}{x}$은 극댓값이다.

6-3. 폐구간의 극값 판정

▶ **폐구간의 극값**: 함수 f가 폐구간 $[a,b]$에서 정의되며, 이 구간에서 연속함수일 때 f는 최댓값과 최솟값을 가진다. 또한 f의 최댓값과 최솟값은 폐구간의 양쪽 끝점인 a와 b에서의 f값과 $f'(x^*)=0$ 일 때의 $f(x^*)$ 값을 비교하여 구할 수 있다.

문제

1. 다음 주어진 구간에 대하여 함수의 최댓값, 최솟값을 구하시오.
   (1) $\boldsymbol{f(x)=2x-2x^2,\ [0,1]}$
   (2) $\boldsymbol{f(x)=x^3-3x^2+1,\ [-1,2]}$
   (3) $\boldsymbol{f(x)=2x^4-x,\ [-1,1]}$
   (4) $\boldsymbol{f(x)=x^3+2x^2-7x+1,\ [-1,1]}$

풀이

1. (1) $\boldsymbol{f'(x)=2-4x=0 \Rightarrow x=\frac{1}{2}}$이므로 정의역에 포함되는 점은 $\boldsymbol{x=\frac{1}{2}}$ 일 때 뿐이다.
$\boldsymbol{f\left(\frac{1}{2}\right)=\frac{1}{2},\ f(0)=f(1)=0}$ 이므로 최댓값은 $\boldsymbol{\frac{1}{2}}$, 최솟값은 $\boldsymbol{0}$이다.

(2) $\boldsymbol{f'(x)=3x^2-6x=0}$, $\boldsymbol{3x(x-2)=0 \Rightarrow x=0\ or\ x=2}$, $\boldsymbol{f(-1)=-3,\ f(0)=1,}$ $\boldsymbol{f(2)=-3}$이므로, 최댓값은 1, 최솟값은 -3이다.

(3) $\boldsymbol{f'(x)=8x^3-1=0 \Rightarrow x=\frac{1}{2},\ f(-1)=3,\ f\left(\frac{1}{2}\right)=-\frac{3}{8},\ f(1)=1}$ 이므로 최댓값은 3, 최솟값은 $\boldsymbol{-\frac{3}{8}}$이다.

(4) $\boldsymbol{f'(x)=3x^2+4x-7=(3x+7)(x-1)=0}$ 에서 정의역 구간 안에 포함되는 점은 $\boldsymbol{x=1}$ 일 때이다. $\boldsymbol{f(1)=-3,\ f(-1)=9}$ 이므로, 최댓값은 $\boldsymbol{9}$, 최솟값은 $\boldsymbol{-3}$이다.

6-4. 볼록함수와 오목함수

▶ **볼록함수와 오목함수의 판별**: 함수 $y=f(x)$가 볼록함수 혹은 오목함수인지를 판단하는 방법은 두 가지이다. 첫째, 선형 결합 방법이다. 이는 독립변수인 x의 선형 결합과 종속변수인 $\boldsymbol{y}$의 선형 결합을 이용하여 판단하는 방법이다. 둘째, 2계 도함수를 이용하는 방법이다. 이는 함수 $y=f(x)$의 미분 값을 구하여 판단하는 방법이다. 두 가지 방법을 이용하여 볼록함수와 오목함수를 구별하여 보자.

▶ **선형 결합**: $y = f(x)$를 이용한 선형 결합은 x와 y의 선형 결합을 이용하여 판단한다. 두 개의 점 x_1과 x_2가 주어져 있을 때 이 두 점을 λ(단, $0 \leq \lambda \leq 1$)를 이용하여 선형 결합한 직선(line segment)은 다음과 같다.

$$\lambda x_1 + (1 - \lambda)x_2$$

이러한 선형 결합을 집합으로 표시하면 $\{x | x = \lambda x_1 + (1 - \lambda)x_2,\ 0 \leq \lambda \leq 1\}$이 된다. 한편, $y_1 = f(x_1)$와 $y_2 = f(x_2)$의 선형 결합은 다음과 같다.

$$\lambda y_1 + (1 - \lambda)y_2$$

▶ **볼록함수**: 함수 $y = f(x)$가 볼록함수가 되기 위해서는 다음과 같은 선형 결합의 조건을 만족시켜야 한다.

$$f[x_3 = \lambda x_1 + (1 - \lambda)x_2] \leq \lambda y_1 + (1 - \lambda)y_2$$

이 식은 정의역인 x 집합의 두 점 x_1과 x_2의 선형 결합인 $x_3 = \lambda x_1 + (1 - \lambda)x_2$의 함수 값인 $f(x_3) = f[\lambda x_1 + (1 - \lambda)x_2]$가 $y_1 = f(x_1)$와 $y_2 = f(x_2)$를 선형 결합한 값 $\lambda y_1 + (1 - \lambda)y_2$보다 작거나 같다는 의미이다. 이런 경우 함수 $y = f(x)$는 x축에 대해 볼록한 볼록함수가 된다.

그리고

$$f[\lambda x_1 + (1 - \lambda)x_2] < \lambda y_1 + (1 - \lambda)y_2$$

가 성립하면 $y = f(x)$를 엄격한 볼록함수(strictly convex function)라 한다. 한편, x축에 볼록한 볼록함수를 그림으로 표기하면 다음과 같다.

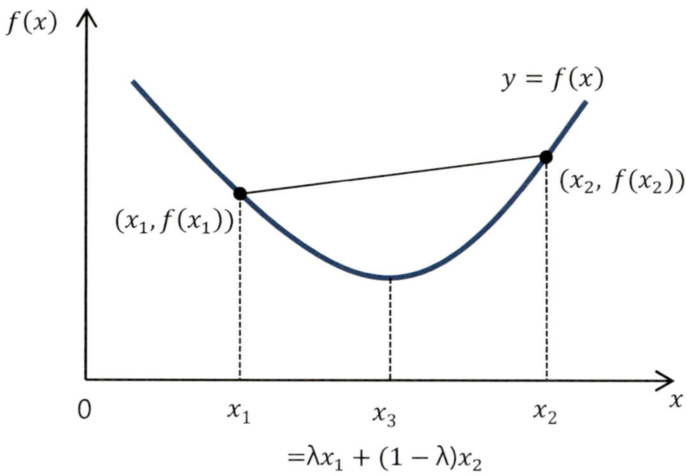

▶ **오목함수**: 함수 $f(x)$가 오목함수라면 다음을 만족시켜야 한다.

$$f[x_3 = \lambda x_1 + (1-\lambda)x_2] \geq \lambda y_1 + (1-\lambda)y_2$$

즉, $y = f(x)$의 정의역인 임의의 두 점 x_1과 x_2를 $\lambda\,(0 \leq \lambda \leq 1)$로 선형 결합한 새로운 점의 함수 값 $f(x_3)$이 x_1과 x_2의 함수 값을 선형 결합한 $\lambda y_1 + (1-\lambda)y_2$보다 작지 않다면 함수 $f(x)$는 오목함수가 된다. 그리고 다음이 성립하면 $f(x)$는 엄격한 오목함수(strictly concave function)가 된다.

$$f[\lambda x_1 + (1-\lambda)x_2] > \lambda y_1 + (1-\lambda)y_2$$

오목함수를 그림으로 표기하면 다음과 같다.

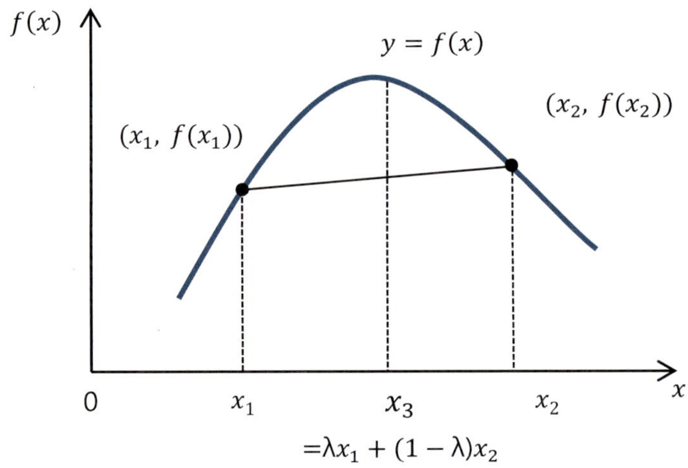

문제

1. 다음에 주어진 각각의 함수가 볼록함수인지 오목함수인지 선형결합을 이용하여 판정하시오.

(1) $f(x) = 2x^2 - 3x$

(2) $f(x) = -3x^2$

풀이

(1) $\lambda = \frac{1}{2}$ 일 때의 $f[\lambda x_1 + (1-\lambda)x_2] - [\lambda f(x_1) + (1-\lambda) f(x_2)]$ 를 계산해 보면

$$f\left(\frac{1}{2}x_1 + \frac{1}{2}x_2\right) - \left[\frac{1}{2}f(x_1) + \frac{1}{2}f(x_2)\right]$$

$$= \frac{1}{2}\left(x_1^2 + 2x_1x_2 + x_2^2\right) - \frac{3}{2}(x_1 + x_2) - \left(x_1^2 - \frac{3}{2}x_1 + x_2^2 - \frac{3}{2}x_2\right)$$

$$= -\frac{1}{2}\left(x_1^2 - 2x_1x_2 + x_2^2\right) = -\frac{1}{2}(x_1 - x_2)^2 \le 0$$

따라서 (1)는 볼록함수임을 알 수 있다.

(2) $f(x) = -3x^2$

$$f\left(\frac{1}{2}x_1 + \frac{1}{2}x_2\right) - \left[\frac{1}{2}f(x_1) + \frac{1}{2}f(x_2)\right]$$

$$= -\frac{3}{4}(x_1^2 + 2x_1x_2 + x_2^2) - \left(-\frac{3}{2}x_1^2 - \frac{3}{2}x_2^2\right)$$

$$= \frac{3}{4}(x_1^2 - 2x_1x_2 + x_2^2) = \frac{3}{4}(x_1 - x_2)^2 \geq 0$$

따라서 (2)는 오목함수이다.

▶ 2계 도함수를 이용하여 볼록함수와 오목함수를 구분하는 방법

2차 미분이 가능한 함수 $f(x)$가 존재할 때, $f''(x) \geq 0$이면 극댓값이 존재하므로 $f(x)$는 x에 대해 오목한 그래프를 가지게 된다. 반대로 $f''(x) \leq 0$이면 극솟값이 존재하므로 $f(x)$는 x에 대해 볼록한 그래프를 가지게 된다. 또한 $f''(x) > 0$이 성립하면 $f(x)$는 엄격한 볼록함수이며 $f''(x) < 0$이 성립하면 $f(x)$는 엄격한 오목함수이다.

따라서 2계 도함수를 이용한 함수의 구분은 다음과 같다.

(1) 볼록함수가 극솟값과 동시에 최솟값을 가지면, 오목함수는 극댓값과 최댓값을 가진다.
(2) 엄격한 볼록함수의 극솟값은 그 함수의 최솟값일 뿐만 아니라 최솟값을 갖게 하는 x^* 값이 단 하나뿐이라는 것이며, 엄격한 오목함수의 극댓값은 그 함수의 최댓값일 뿐만 아니라 최댓값을 갖게 하는 x^* 값이 단 하나뿐이라는 것이다.

문제

1. 다음에 주어진 각각의 함수가 볼록함수인지 오목함수인지 2차 미분을 이용하여 판정 하시오.
   (1) $f(x) = x^2 - 2x + 4$
   (2) $f(x) = -2x^2 + 4x + 5$
   (3) $f(x) = 3x + \frac{5}{x}$
   (4) $f(x) = x^3 + 2x^2 + 3$

풀이

1. (1) $f'(x) = 2x - 2$, $f''(x) = 2 > 0$이므로 $f(x)$는 볼록함수이다.

   (2) $f'(x) = -4x + 4$, $f''(x) = -4 < 0$에서 $f(x)$는 오목함수이다.

   (3) $f'^{(x)} = 3 - 5x^{-2}$, $f''(x) = \frac{10}{x^3}$ 으로 x값에 따라 0보다 클 수도 있고 작을 수도 있다. 따라서 $f(x)$ 는 볼록함수도 오목함수도 아니다.

---

(4) $f'(x) = 3x^2 + 4x$, $f''(x) = 6x + 4$ 이므로 $f''(x)$는 x값에 따라 0보다 클 수도 있고 작을 수도 있다. 따라서 $f(x)$는 볼록함수도 오목함수도 아니다.

문제

1. 다음 중 강볼록함수를 고르시오.

(1) $f(x) = 2x^2 + x - 10$

(2) $g(x) = -x^2 + 10x + 3$

(3) $h(x) = x^2 - 3x + 5$

(4) $j(x) = -2x^2 - 10x - 2$

풀이

1. 주어진 함수들은 $y = ax^2 + bx + c\ (a \neq 0)$와 같은 2차 함수이다. 따라서 2차 미분 값은 $\frac{d^2y}{dx^2} = 2$이다. 2차 함수의 이계도함수가 양(+)이면 강볼록함수이므로 (1)는 2차 미분 값이 4, (3)는 2차 미분 값이 2가 된다. 따라서 강볼록함수는 (1)와 (2)이다.

6-5. 위험 성향에 따른 기대효용

▶ 공정한 게임

150을 지불하고, 동전을 던져서 앞면이 나오면 100를 받고 뒷면이 나오면 200을 받는 게임을 가정하자. 앞면과 뒷면이 나올 확률이 같으므로, 이 게임의 기대이득($Expected\ Value\ of\ payoff$)은 확률분포에 따른 평균값이다. 따라서 기대이득은 다음과 같다.

$$EV = \frac{1}{2} \times 100 + \frac{1}{2} \times 200 = 150$$

따라서 지불한 금액과 기대이득이 150으로 같으므로 이 게임은 '공정한 게임'이라고 볼 수 있다. 그러나 공정한 게임이라고 해도 사람에 따라 게임을 하기도 하고 혹은 게임 자체를 싫어하기도 한다. 게임이 확률적으로 공정하더라도 게임에 참가할 것인가는 게임에 대한 개인의 성향에 따라 다르다. 이러한 개인의 성향은 개인의 효용함수에 의해서 결정된다.

▶ 위험에 대한 성향

개인의 위험에 대한 선호도는 개인의 특성으로 사람마다 다르다. 위험을 싫어하는(risk-averse) 사람은 공정한 게임이라도 이 게임에 참가하지 않을 것이고, 위험을 선호하는(risk-preferring) 사람은 지불금액이 기대이득을 초과하는 게임(불공정게임)이라도 참가할 가능성이 있다. 사람들의 효용함수가 볼록함수 혹은 오목함수인가에 따라 위험에 대한 개인의 성향이 달라진다. 금액인 x만 보면 공정한 게임이 되는 경우일지라도, 개인의 효용함수인 $U(x)$에 따라 개인들의 게임 선택 여부는 확연히 달라진다.

안전한 자산에 대한 선호도가 높은 사람은 위험을 싫어하는 사람이다. 이러한 개인의 효용함수는 오목함수의 형태를 가진다. 앞에서 언급한 동전 던지기 예를 들어 오목함수를 살펴보자. 게임에 참가하지 않는 사람은 참가비에 해당하는 150을 안전하게 보유하고 있으므로 150에 대한 효용 $U(150)$을 얻는다. 그러나 만약 게임에 참가한다면 y축의 두 함수 값(홀수면 100, 짝수면 200인 경우 얻는 효용)을 선형 결합한 것이므로 효용은 $\frac{1}{2}U(100)+\frac{1}{2}U(200)$이 된다. 오목함수의 경우 $U(150)>\frac{1}{2}U(100)+\frac{1}{2}U(200)$이 성립한다. 따라서 오목함수의 효용을 가지고 있는 개인들은 공정한 게임일지라도 주사위 게임에 참가하지 않는다. 반대로 위험을 선호하는 사람들의 효용함수는 볼록함수이고, 이러한 성향을 가진 개인들은 위험에 대한 선호도가 높아 $U(150)<\frac{1}{2}U(100)+\frac{1}{2}U(200)$이 성립하므로 게임에 참가할 가능성이 높게 된다.

문제

1. 효용함수가 $U=U(x)$인 A가 게임의 결과에 따라 x를 주는 게임에 참가할지를 고민하고 있다. 150을 주고 게임에 참가하는 경우 50% 확률로 100을 받고 $U(100)$의 효용을 얻거나 50%의 확률로 200을 받아서 $U(200)$을 얻는다. 이 경우 다음 물음에 답하시오.

(1) 공정한 게임이 되는지 판단하시오. 이 경우 기대이득을 구하시오.

(2) $MU(x)>0, MU'(x)>0$인 사람의 의사결정을 설명하시오.

(3) $MU(x)>0, MU'(x)<0$인 사람의 의사결정을 설명하시오.

2. 다음 표는 갑의 효용함수에 따라 제시된 소득과 효용의 관계를 보여준다. 갑의 현재 소득은 1,000원이다. 갑은 50%의 확률로 200원을 받거나 50%의 확률로 100원을 잃는 게임을 제안 받았다. 그러나 이 게임에 참여하는 비용은 들지 않는다. 다음 물음에 답하시오.

소득(원)	900	950	1,000	1,050	1,100	1,150	1,200
효용	200	220	238	253	264	268	270

(1) 갑이 이 게임에 참여할 것인지 또는 참여하지 않을 것인지에 대하여 설명하시오.

(2) 갑과 동일한 현재 소득과 효용함수를 갖고 있는 개인 을이 있다고 가정하자. 갑과 을이 한 팀으로 이 게임에 참여하여 게임의 이익과 손해를 똑같이 나눈다고 가정한다면, 이들이

게임에 참여할 것인지 또는 참여하지 않을 것인지에 대하여 설명하시오.

(3) 또 다른 개인 병의 효용함수를 다음과 같이 가정하자. 병의 효용함수를 소득으로 미분한 한계효용은 양(+)이고 다시 소득으로 2차 미분한 함수는 증가하므로 병의 효용함수는 체증하는 모습이다. 한계효용은 양(+)이다. 병이 위에 제시된 게임에 참여할지 여부를 그래프를 이용하여 설명하시오.

풀이

1. (1) 게임에 참가하지 않는다면 배팅비용 150에 해당하는 아래그림 (a), (b) 곡선 위의 점 O에 해당하는 효용 수준 $\boldsymbol{U(150)}$을 확률 100%로 얻는다. 그러나 게임에 참가 시 50%의 확률로 100을 받고 50%의 확률로 200을 받으므로 기대이득은 다음과 같다.

$$\boldsymbol{EV = \frac{1}{2} \times 100 + \frac{1}{2} \times 200 = 150}$$

기대이득과 배팅비용이 모두 150으로 같으므로 공정한 게임이 된다.

(2) $\boldsymbol{MU(x) > 0,\ MU'(x) > 0}$은 효용함수가 강볼록함수임을 의미한다. 즉, 위험을 선호하는 사람의 효용함수이다.

[게임에 참가하지 않는 경우]

이 사람이 게임에 참가하지 않는 경우의 효용은 $\boldsymbol{U(150)}$이 된다.

[게임에 참가하는 경우]

이 사람이 게임에 참가하는 경우의 기대효용($\boldsymbol{Expected\ Utility}$)은 다음과 같다.

$$\boldsymbol{EU = 50\% \times U(100) + 50\% \times U(200).}$$

아래의 그림 (a)처럼 게임에 참가하지 않은 경우의 **150**에 해당하는 효용인 $\boldsymbol{U(150)}$이 게임에 참가한 경우의 효용 $\boldsymbol{50\% \times U(100) + 50\% \times U(200)}$ 보다 항상 낮기 때문에 이 잠재적 참가자는 게임에 참여할 것이다. 따라서 강볼록 효용함수는 위험선호적이라고 할 수 있다.

(3) $\boldsymbol{MU(x) > 0, MU'(x) < 0}$는 효용함수가 강오목함수임을 의미한다. 즉, 위험을 기피하는 사람의 효용함수이다.

[게임에 참가하지 않는 경우]

이 사람이 게임에 참가하지 않는 경우의 효용은 $\boldsymbol{U(150)}$이 된다.

[게임에 참가하는 경우]

참가자의 효용함수가 강오목함수이므로 위험기피자이며, 게임 기피자가 게임에 참가하는 경우의 기대효용은 (2)와 마찬가지로 $\boldsymbol{EU = 50\% \times U(100) + 50\% \times U(200)}$이 된다.

[게임에 참가 여부]

위험기피자는 강오목 효용함수를 가지므로 위험 선호자와 반대의 행동을 하게 된다. 아래 그림 (b)처럼 게임에 참가하지 않을 때의 기대효용은 점 O'에 해당하는 $\boldsymbol{U(150)}$ 이다. 그러나 게임에 참가하는 경우, $\boldsymbol{U(x)}$의 선형결합인 선분 $U'V'$의 중간점에 해당하는 점 P'에 대응하는 기대효용을 얻게 된다. 강오목함수의 경우 선분 $U'V'$는 호 $U'V'$의 아래에 위치하므로 점 P'은 점 O'보다 더 낮게 위치한다. 따라서 게임에 참가하지 않은 경우의 **150**에 해당하는 효용인 $\boldsymbol{U(150)}$가 게임에 참가한 경우의 효용이 $\boldsymbol{50\% \times U(100) + 50\% \times U(200)}$보다 항상 높기 때문에 이 잠재적 참가자는 게임에 참여하지 않는다.

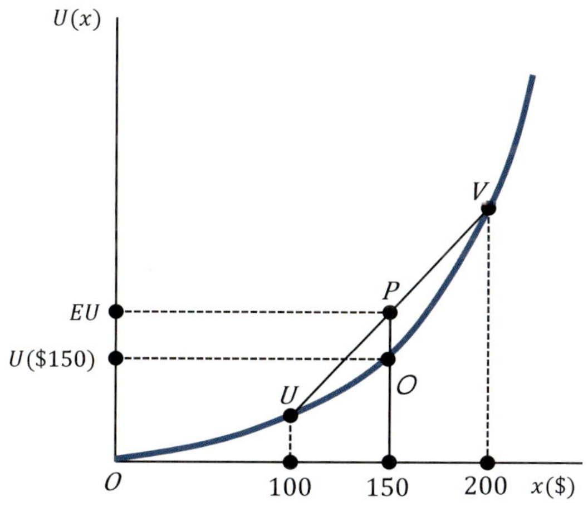

(a) 위험선호

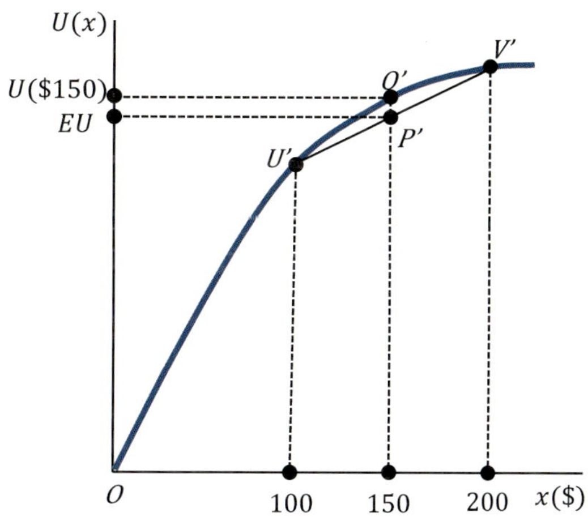

(b) 위험기피

2. 2016년 행정고시 문제로 위험 기피, 위험 분산, 위험 선호 세가지를 묻는 질문이다.

(1) 갑이 게임에 참여하지 않을 경우, 효용은 $\boldsymbol{U(1000) = 238}$ 이고, 게임에 참여할 경우의 기대 효용은 다음과 같다.

$$\boldsymbol{EU = \frac{1}{2} \times U(900) + \frac{1}{2} \times U(1200) = \frac{1}{2} \times 200 + \frac{1}{2} \times 270 = 235}$$

따라서 갑은 게임에 참여하지 않을 것이다.

(2) 하나의 게임에 두 사람이 같이 투자하여 참여하는 경우이다. 게임에 참여하지 않을 효용은 $\boldsymbol{U(1000) = 238}$ 이고, 두 사람이 함께 참여하여 이익과 손해를 똑같이 나누는 경우 각 참가자는 50%의 확률로 50원을 50%의 확률로 100원을 받게 된다. 이때의 기대효용은

다음과 같다.

$$\boldsymbol{EU = \frac{1}{2} \times U(950) + \frac{1}{2} \times U(1100) = \frac{1}{2} \times 220 + \frac{1}{2} \times 264 = 242}$$

따라서 이들은 게임에 참여할 것이다. 위험을 두 사람이 분산하게 됨에 따라 기대효용이 높은 경우이다.

(3) 이 문제는 소득이 재화가 된다는 점에 주의해야 한다. 병의 경우 효용은 소득의 함수이다. 따라서 효용을 소득으로 미분한 한계효용이 양(+)이고, 한계효용을 다시 소득으로 2차 미분한 것이 음(-)인 경우이다. 따라서 병이 위험선호자임을 알 수 있다. 위험선호자의 효용함수 그래프는 원점으로부터 우상향하면서 기울기가 볼록한 형태를 갖는다.

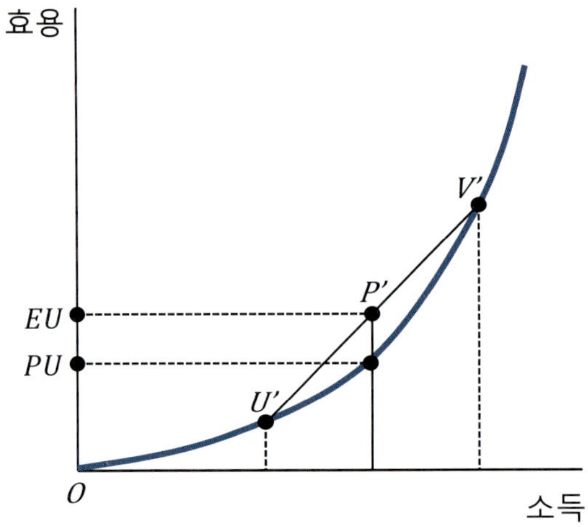

병의 효용함수

병이 위험선호자라면 위와 같은 게임의 경우, 게임에 참여했을 때 기대효용($\boldsymbol{EU}$)이 게임에 참여하지 않았을 때 효용(***Present Utility***)보다 높다. 따라서 병은 게임에 참여할 것이다.

6-6. 최적화 조건과 기업의 이윤극대화

▶ 기업의 이윤 극대화

이윤함수: 기업은 한계비용과 한계수입이 같아지도록 생산량을 선택한다. 이 조건을 수학적으로 도출해 보자. 수입과 비용을 각각 재화의 판매량 Q의 함수라고 하면 이윤함수는 다음과 같다.

$$\Pi(Q) = R(Q) - C(Q)$$

$\Pi(Q)$는 이윤함수이고, $R(Q)$는 수익함수이고, $C(Q)$는 비용함수이다.

일계조건: 판매량 Q^*가 이윤을 극대화하는 생산량이라면 이윤 극대화의 일계조건은 $\frac{d\pi}{dQ} = 0$이어야 한다. 따라서 이윤함수의 도함수 값이 0이 되는 판매량 Q^*는 다음 일계조건을 만족시켜야 한다.

$$\Pi'(Q^*) = R'(Q^*) - C'(Q^*) = 0$$

$$\Leftrightarrow \quad R'(Q^*) = C'(Q^*)$$

$$\Leftrightarrow MR = MC$$

여기서, $R'(Q^*) = MR$은 한계수입이고 $C'(Q^*) = MC$는 한계비용이다. 따라서 이윤을 극대화하는 판매량 Q^*는 방정식 $R'(Q^*) = C'(Q^*)$, 즉, 한계수입=한계비용을 만족시킨다. 이것이 이윤극대화의 일계조건이다.

이계조건(2차 조건): 일계조건은 최대 이윤이 아니라 최소 이윤일 수도 있다. 따라서 이계조건을 만족시켜야 한다. 이계조건은 이윤함수의 도함수를 한번 더 Q에 대해 미분하면 된다. 다음의 식은 Q^*가 최적판매량이 되기 위한 이계조건이다.

$$\frac{d^2\pi}{dQ^2} \equiv \pi''(Q) = R''(Q^*) - C''(Q^*) \leq 0$$

$$\Leftrightarrow \quad R''(Q^*) \leq C''(Q^*)$$

이 식의 경제학적 의미를 보면, MR이 MC보다 작은 경우 공급자가 한 개 더 생산하면 손해가 발생하며, MR이 MC보다 큰 경우 한 개 더 생산하면 이익이 발생한다. 따라서 $MR = MC$가 되는 산출량 Q^*이 이윤을 극대화하는 생산량이 된다.

그림을 이용하여 이윤극대화를 설명해 보자. 아래 그림 (a)는 총수입곡선과 총비용곡선을 그린 그림이고, (b)는 총수입곡선과 총비용곡선의 차이인 이윤을 그린 그림이고, (c)는 한계수입인 MR과 한계비용인 MC를 그린 그림이다. 그림 (a)와 (b)에서 일계조건에 따라 $\frac{d\pi}{dQ} = 0$을 만족시키는 판매량은 이윤함수의 기울기가 0이 되는 Q_1과 Q_3에서이다. 그러나 Q_1에서는 이윤이 (-)이므로 이런 극값을 제외시키기 위해 이계조건이 필요하다. 이계조건은 $\pi''(Q^*) \leq 0$, 즉, $R''(Q^*) \leq C''(Q^*)$인데, 이는 (c)에서 확인할 수 있다. 산출량 Q_3에서 MR의 기울기는 (-)이고 MC의 기울기는 (+)이므로 이계조건이 만족된다. 따라서 산출량 Q_3가 이윤을 극대화시키는 판매량이 된다.

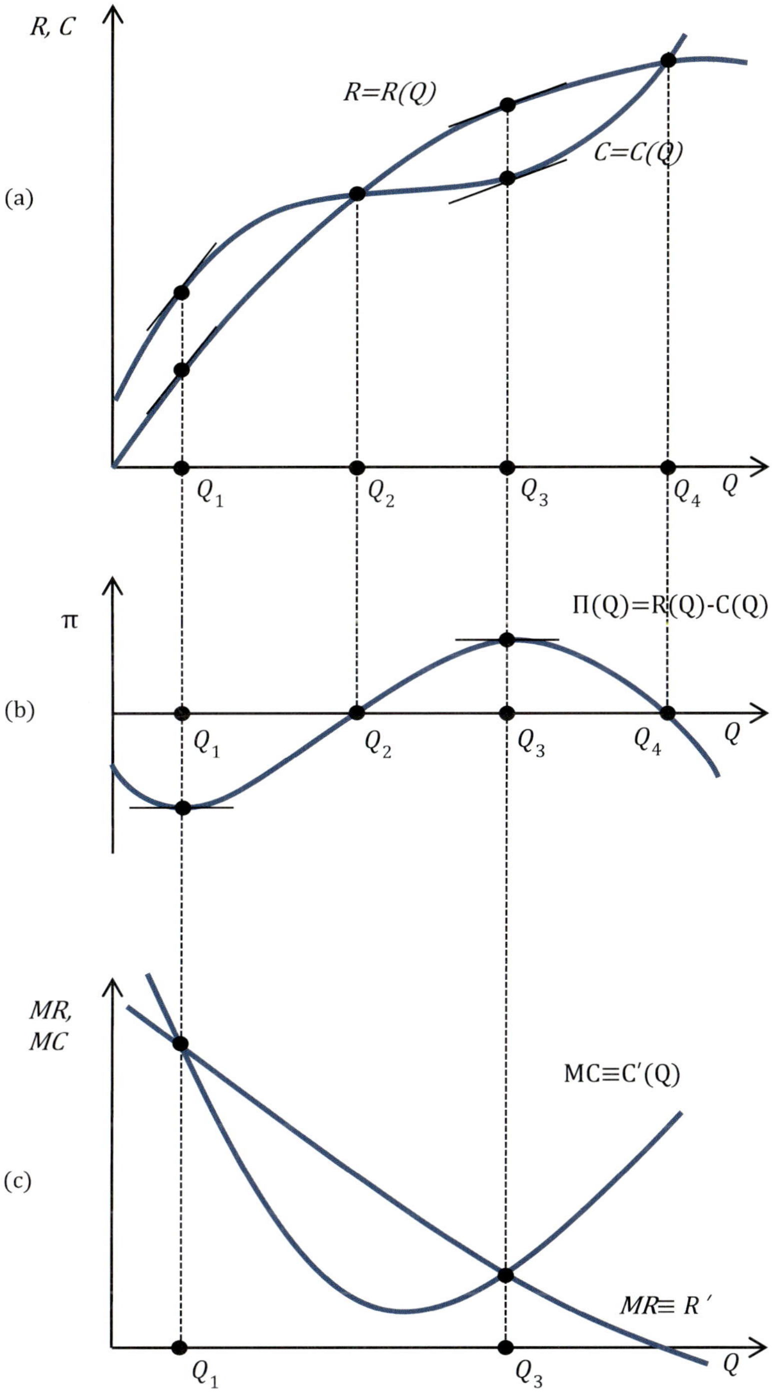
R, C
R=R(Q)
C=C(Q)
(a)
Q1
Q2
Q3
Q4
Q
π
Π(Q)=R(Q)-C(Q)
(b)
Q1
Q2
Q3
Q4
Q
MR,
MC
MC≡C′(Q)
(c)
MR≡ R′
Q1
Q3
Q

문제

1. A 기업의 총비용함수가 다음과 같이 주어져 있다. 한계비용이 가장 낮은 생산량을 구하시오.

$$TC = a + bQ - cQ^2 + dQ^3 \ (\text{단}, a, b, c, d > 0, c^2 < 3bd)$$

2. 하나의 상품만을 생산하는 어떤 기업의 총수입, 총비용 함수가 각각 $R(Q) = 1500Q - 4Q^2$, $C(Q) = \frac{1}{3}Q^3 - 32Q^2 + 1800Q + 6000$ 이라고 할 때 이윤을 극대화하는 산출량 및 이윤을 구하시오.

3. S기업은 중국의 B시에 진출하여 G제품을 생산하기 위해 중국의 B시에게 총 이윤의 20%를 지불하기로 계약하였다. 중국에서의 G제품의 수요는 G= 100 − 4p 로 추정하고 있다. 한편 S기업의 생산비용은 $C = 20 + G + 2G^2$ 이다. S기업과 B시가 각각 자기의 이익을 최대화하는 생산량을 구하시오.

4. 총비용함수가 $C(Q) = \frac{1}{30}Q^2 + 20Q + 480$ 일때 평균비용을 최소화 할 수 있는 생산량수준 Q^*를 구하시오.

5. 완전경쟁 시장에 이윤극대화를 추구하는 기업 A의 총비용함수와 수요함수는 다음과 같다.

$$TC = \frac{1}{3}Q^3 - 4Q^2 + 28Q + 30,$$

$$Q = 100 - P$$

이때 이윤을 극대화하는 산출량 Q^*와 극대화된 이윤을 구하시오.

풀이

1. 한계비용함수는 총비용함수를 1차 미분한 도함수이다. 따라서 1차 미분한 도함수인 한계비용 (MC)이 목적함수가 되고 목적함수인 (MC)의 1차 및 2차 미분 값을 확인하면 된다.

[목적함수] $MC = \frac{d(TC)}{dQ} = b - 2cQ + 3dQ^2$
[일계조건] $\frac{d(MC)}{dQ} = -2c + 6dQ = 0 \Rightarrow Q^* = \frac{c}{3d}$
[이계조건] $\frac{d^2(MC)}{dQ^2} = 6d > 0$
따라서 $Q^* = \frac{c}{3d}$에서 극솟값을 갖는다.

2. [목적함수] $\pi(Q) = R(Q) - C(Q) = -\frac{1}{3}Q^3 + 28Q^2 - 300Q - 6000$

[일계조건] $\pi' = -Q^2 + 56Q - 300 = 0$

따라서 주어진 이윤함수는 2개의 임계값 $Q^* = 6$, $Q^* = 50$ 을 가짐.

[이계조건] 이계도함수가 $\pi'' = -2Q + 56$ $\begin{cases} \pi''(6) = 44 > 0 \\ \pi''(50) = -44 < 0 \end{cases}$이므로,

이윤극대화 산출량 $Q^* = 50$이고 극대이윤 $\pi(50) = 7333.33$이다.

3. [목적함수] B시의 수입(R)은 다음과 같다.

$p = 25 - 0.25G$

$R(G) = (0.2)p \cdot G = (0.2)(25 - 0.25G)(G) = 5G - 0.05G^2$

[일계조건] $R(G)$을 G 대해 미분하면 $R'(G) = 5 - 0.1G = 0 \Rightarrow G_A^* = 50$이 된다.

[이계조건] $\frac{\partial^2 R}{\partial G \partial G} = -0.1G$ 이므로 $G = 50$을 대입하면 $\frac{\partial^2 R}{\partial G \partial G} < 0$이므로 극댓값이 된다.

그렇지만 S기업의 입장에서 이윤함수를 구해보면

[목적함수] $\pi(G) = pG - (20 + G + 2G^2) - (5G - 0.05G^2)$

$= (25 - 0.25G)(G) - (20 + G + 2G^2) - (5G - 0.05G^2)$

$= -2.2G^2 + 19G - 20$

[일계조건] $\pi'(G) = 0 \Rightarrow 19 - 4.4G = 0 \Rightarrow G_B^* = \frac{19}{4.4} = 4.31 = 4$

[이계조건] $\frac{\partial^2 \pi}{\partial G \partial G} = -4.4 < 0$이므로 극댓값이 된다.

4. [목적함수] 평균비용함수는 $C(Q) / Q = AC(Q) = \frac{1}{30}Q + 20 + \frac{480}{Q}$이다.

[일계조건] $AC'(Q) = \frac{1}{30} - 480Q^{-2} = 0 \Rightarrow Q^* = 120$

[이계조건] $AC''(Q) = 960Q^{-3}$

이 되어 $AC''(Q)$는 Q값에 관계 없이 언제나 0보다 크거나 같다($\because Q > 0$). 따라서 $AC(Q)$가 볼록함수이며, 이에 따라 $Q^* = 120$이 평균생산비용을 최소화하는 생산량수준이라는 결론을 내릴 수 있다.

5. 주어진 수요함수를 P에 대해 정리하면 다음과 같은 총수입함수가 도출된다.

$$Q = 100 - P \Rightarrow P = 100 - Q, \qquad TR = PQ = 100Q - Q^2$$

[목적함수] $\pi = TR - TC = -\frac{1}{3}Q^3 + 3Q^2 + 72Q - 30$

[일계조건] $\frac{d\pi}{dQ} = -Q^2 + 6Q + 72 = 0 \Rightarrow (Q - 12)(Q + 6) = 0$

Q는 양수이므로 $Q^* = 12$, 이를 목적함수에 대입하면 극대화된 이윤은 690이다.

[이계조건] $\frac{d^2(\pi)}{dQ^2} = -2Q + 6 \;\therefore \pi''(12) < 0 \Rightarrow f(12)$는 극댓값

6-7. 함수의 전개와 매클로린 급수

▶ **함수 전개(expansion)**: 함수를 전개하는 이유는 무엇일까? 일반적으로 지수, 로그, 분수, 삼각함수 등은 다항식 함수와 달리 실제로 계산이 불가능한 경우가 많다. 이 경우 계산이 가능하도록 만들기 위해서는 계산이 가능한 다항식 함수로 바꾸는 것이 필요하다. 대표적인 방법이 매클로린(Maclaurin) 급수와 테일러(Taylor) 전개이다. 다항식 함수로 전환 시 3차 혹은 4차까지만의 다항식으로 전개해도 본래 함수의 함수값과 오차가 거의 없다고 볼 수 있다. 다음의 예를 살펴보자.

▶ **e^x의 매클로린 급수**: 계산이 어려운 e^x의 다항식을 매클로린 급수를 이용하여 구해보자.

e^x를 다음과 같은 다항식이라고 가정하자.

$$e^x = a_0 + a_1x + a_2x^2 + a_3x^3 + a_4x^4 + \cdots \qquad (1)$$

위 다항식을 1차, 2차, 3차, 4차까지 미분하면 다음과 같은 다항식이 된다.

1차 미분 함수: $e^x = a_1 + 2a_2x + 3a_3x^2 + 4a_4x^3 + 5a_5x^4 + \cdots$

2차 미분 함수: $e^x = 2a_2 + 3 \cdot 2a_3x + 4 \cdot 3a_4x^2 + 5 \cdot 4a_5x^3 + \cdots$

3차 미분 함수: $e^x = 3 \cdot 2a_3 + 4 \cdot 3 \cdot 2a_4x + 5 \cdot 4 \cdot 3a_5x^2 + \cdots$

4차 미분 함수: $e^x = 4 \cdot 3 \cdot 2a_4 + 5 \cdot 4 \cdot 3 \cdot 2a_5x + \cdots$

미분한 각각의 도함수에 $x = 0$을 대입하면 각각 다음과 같다.

$$e^0 = 1 = a_1$$

$$e^0 = 1 = 2a_2$$

$$e^0 = 1 = 3 \cdot 2a_3$$

$$e^0 = 1 = 4 \cdot 3 \cdot 2a_4$$

따라서 a값은 $a_1 = 1,\ a_2 = \frac{1}{2!},\ a_3 = \frac{1}{3!},\ a_4 = \frac{1}{4!}$이다. 그러므로 다음이 성립한다.

$$a_n = \frac{1}{n!} \qquad (2)$$

따라서 식 (1)과 식(2)를 이용하여 e^x를 맥클로린 급수로 전개하면 다음과 같다.

$$e^x = 1 + \frac{1}{1!}x + \frac{1}{2!}x^2 + \frac{1}{3!}x^3 + \frac{1}{4!}x^4 + \cdots = \sum_{n=0}^{\infty} \frac{x^n}{n!}$$

▶ **다항식의 매클로린 급수:** 매클로린 급수를 이용하면 다항함수를 미분으로 표시할 수도 있다. 이때 다항함수를 $x = 0$ 주위에서 계수값을 구하는 방법을 매클로린 급수라고 한다. 예를 들어 $y = f(x) = 3x + 4x^2 + 2x^3$ 이라고 하자. 이 함수를 $x = 0$ 주위에서 전개하여 보자. e^x의 매클로린 급수에서 본 것과 같은 절자를 따르면 다음과 같디.

① [n계 도함수 값에 $x = 0$을 대입]

원함수: $y = f(x) = 3x + 4x^2 + 2x^3$

1차 미분 함수: $f^{(1)}(x = 0) = 3 + 4 \cdot 2x + 2 \cdot 3x^2 = 3$

2차 미분함수: $f^{(2)}(x = 0) = 4 \cdot 2 + 2 \cdot 3 \cdot 2x = 4 \cdot 2$

3차 미분함수: $f^{(3)}(x = 0) = 2 \cdot 3 \cdot 2 = 2 \cdot 3 \cdot 2$

② [n!(factorial)로 표시]

$$3 = f^{(1)}(x = 0)$$

$$4 = \frac{1}{2!}f^{(2)}(x = 0)$$

$$2 = \frac{1}{3!}f^{(3)}(x = 0)$$

따라서 매클로린 급수는 다음과 같다.

$$y = f(x) = f(0) + f'(0)x + \frac{f''(0)}{2!}x^2 + \frac{f'''(0)}{3!}x^3 = 3x + 4x^2 + 2x^3$$

이러한 전개로 $x = 0$ 주위에서 계수값을 구하는 방법을 매클로린 급수라고 한다.

▶ **매클로린 급수 일반화:** 일반화 시키기 위해 다음과 같이 다항함수를 가정하자.

$$y = f(x) = a_0 + a_1 x + a_2 x^2 + a_3 x^3 + \cdots + a_n x^n$$

여기서 $f(x)$는 지수, 로그, 분수와 같은 계산이 어려운 함수이거나 다항함수이다. 이 때 상수항 및 계수의 값은 다음과 같다.

$$a_1 = f^{(1)}(x = 0)$$

$$a_2 = \frac{1}{2!}f^{(2)}(x = 0)$$

$$a_3 = \frac{1}{3!}f^{(3)}(x = 0)$$

$$a_n = \frac{1}{n!}f^{(n)}(x = 0)$$

따라서 함수 $y = f(x)$는 다음과 같이 표시된다.

$$f(x) = \frac{1}{0!}f(0) + \frac{1}{1!}f^{(1)}(0)x + \frac{1}{2!}f^{(2)}(0)x^2 + + \frac{1}{3!}f^{(3)}(0)x^3 + \cdots + \frac{1}{n}f^{(n)}(0)x^n$$

이 식을 매클로린 공식이라고도 부른다. 즉, 매클로린 급수는 n차 다항함수를 $x = 0$의 주위에서 함수를 전개해서 구한 무한급수를 말한다.

문제

1. 다음 함수를 다항함수의 형태로 매클로린 급수를 이용하여 구하시오.

(1) $\boldsymbol{f(x) = 3 + 2x + 5x^2 + 2x^3}$

(2) $f(x) = -2x^2 + 4x + 5$

(3) $f(x) = \log(x+1)$

풀이

(1) 함수의 도함수는 다음과 같다.

$$f'(x) = 2 + 10x + 6x^2 \Rightarrow f'(0) = 2$$
$$f''(x) = 10 + 12x \Rightarrow f''(0) = 10$$
$$f'''(x) = 12 \Rightarrow f'''(0) = 12$$

따라서 매클로린 급수는

$$f(x) = f(0) + f'(0)x + \frac{f''(0)}{2!}x^2 + \frac{f'''(0)}{3!}x^3 = 3 + 2x + 5x^2 + 2x^3$$

(2)

$$f(x) = f(0) + f'(0)x + \frac{f''(0)}{2!}x^2 = -2x^2 + 4x + 5$$

(3) $y = \log(x)$를 테일러 급수로 바꿀 수는 없다. x가 0을 초과해야 하기 때문이다. 그래서 1만큼 평행이동한 함수인 $f(x) = \log(x+1)$를 전개하면 다음과 같다.

$$f(x) = \ln(x+1);$$
$$f'(x) = \frac{1}{x+1};$$
$$f''(x) = -\frac{1}{(x+1)^2};$$
$$f'''(x) = (-1)^2\frac{2!}{(x+1)^3};$$
$$f^{(4)}(x) = (-1)^3\frac{3!}{(x+1)^4};$$
$$f^{(n)}(x) = (-1)^{n-1}\frac{(n-1)!}{(x+1)^n};$$

따라서 다음과 같이 정리된다.

$$f(x) = f(0) + f'(0)x + \frac{f''(0)}{2!}x^2 + \frac{f'''(0)}{3!}x^3 = x - \frac{1}{2}x^2 + \frac{1}{3}x^3 - \frac{1}{4}x^4 + \cdots$$

6-8. 테일러의 정리

▶ **테일러 정리(Taylor's theorem)**: $f(x) = 3x + 4x^2 + 2x^3$과 같은 함수 값은 단순하게 구할수 있다. 그러나 e^{2x}나 $\ln(x)$의 경우 $x = 0$ 혹은 $x = 1$과 같은 특수한 경우만 함수 값을 쉽게 구할 수 있고 임의의 다른 x 값에서는 함수 값을 구하기가 어렵다. 그 경우 테일러 정리를 이용하면 쉽게 함수 값을 구할 수 있다.

테일러 정리는 매클로린의 급수와 달리 $x = 0$이 아닌 다른 값의 주위에서도 $f(x)$의 전개가 가능하다. 다음의 예를 생각해 보자.

$$f(x) = a_0 + a_1x + a_2x^2 \tag{1}$$

여기서 $x = x_0 + y$라고 하자. x_0는 상수이고 y를 변수라고 하면 다음과 같이 $f(x) = g(y)$가 성립한다.

$$f(x) = g(y) = a_0 + a_1(x_0 + y) + a_2(x_0 + y)^2 \tag{2}$$

이제 $y = x - x_0 = 0$의 주위에서 메클로린 전개를 하면 다음과 같다.

$$g(y) = \frac{g(0)}{0!} + \frac{g^{(1)}(0)}{1!}y + \frac{g^{(2)}(0)}{2!}y^2 \tag{3}$$

y는 변수이므로 $y =(x - x_0) = 0$를 이용하여 $f(x) = g(y)$의 관계식을 다시 정리하면 다음과 같다.

$$f(x_0) = g(0) = a_0 + a_1(x_0) + a_2(x_0)^2 \tag{4}$$

$$f^{(1)}(x_0) = g^{(1)}(0) = a_1 + 2a_2(x_0) \tag{5}$$

$$f^{(2)}(x_0) = g^{(2)}(0) = 2a_2 \tag{6}$$

식 (3)과 식(4)-(6)을 이용하여, $g(y)$를 $f(x)$로 대체하면 다음과 같다.

$$f(x) = g(y) = \frac{f(x_0)}{0!} + \frac{f^{(1)}(x_0)}{1!}(x - x_0) + \frac{f^{(2)}(x_0)}{2!}(x - x_0)^2$$

이것이 테일러 정리이다. 테일러 정리는 함수 $f(x)$를 독립변수인 x의 n차의 다항식으로 표시한 것이다.

생각 열기

▷ 미분하면 계수값이 음(-)이 되는 $\boldsymbol{f(x) = \ln x}$에 대해 $\boldsymbol{x = 1}$에서 테일러 정리를 구해보자.

$$f(x) = \ln x\,; \quad f(1) = 0$$
$$f'(x) = \frac{1}{x};\ f'(1) = 1$$
$$f''(x) = -\frac{1}{x^2};\ f''(1) = -1$$
$$f'''(x) = (-1)^2\frac{2!}{x^3};\ f'''(1) = (-1)^2 2!$$

이를 지속적으로 미분하면 다음과 같은 결과를 얻을 수 있다.

$$f^{(n)}(x) = (-1)^{n-1}\frac{(n-1)!}{x^n}; \quad f^n(1) = (-1)^{n-1}(n-1)!$$

따라서 $\boldsymbol{\ln x}$를 제 $\boldsymbol{n}$항까지 테일러 전개하면

$$f(x) = \ln x = \sum_{i=1}^{n}\frac{(-1)^{i-1}}{i}(x-1)^i$$

제 7 장 다변수 함수의 미분

독립변수의 수가 둘 이상인 경우에는 도함수 대신 편도함수를 이용하여 함수의 변화율을 나타낸다. 독립변수 상호간에 서로 영향을 미친다고 생각되는 경우에는 전도함수라는 또 다른 도함수의 개념을 이용한다. 7장에서는 이처럼 다변수 함수의 분석에 필수도구로 사용되는 편도함수, 전미분, 전도함수의 개념을 알아본다.

7-1. 편도함수

▶ 편도함수의 정의

여러 개의 독립변수 중 단 하나의 변수만을 변화시키고 나머지 변수들을 모두 상수처럼 고정시켰을 때 종속변수인 함수 값이 어떻게 변하는가를 보는 것이 편도함수이며 이러한 편도함수를 도출하는 과정이 편미분이다. 편도함수는 도함수의 미분기호 d와 구분하여 ∂로 표기한다. 'x_i에 대한 y의 편도함수'는 다음과 같이 표기한다.

$$\frac{\partial y}{\partial x_i}$$

도함수 기호 f'에 대응하는 편도함수 기호는 f_u, f_v, f_w 등을 사용한다. 하첨자는 특정 독립변수만 변하고 나머지 변수의 값은 상수로 고정되어 있다는 것을 의미한다. 독립변수가 x와 z인 경우 독립변수 x에 대한 종속변수 y의 편미분 값은 다음과 같이 표시한다.

$$\frac{\partial f}{\partial x}(x,z) = f_x = \lim_{\Delta x \to 0} \frac{f(x+\Delta x,\ z) - f(x,z)}{\Delta x}$$

문제

1. 다음 x와 y에 대한 함수 f의 1차 편도함수를 구하시오.

(1) $f(x,y) = x^2 + 3xy$

(2) $f(x,y) = 5x^2 + 2\ln y$

(3) $f(x,y) = (x+1)^2(y+2)^2$

(4) $f(x,y) = \frac{3}{x+2y}$

(5) $f(x,y) = \sqrt{x^2 - y^2}$

(6) $f(x,y) = (x-2y)e^y$

(7) $f(x,y) = e^y \ln x$

풀이

1\. (1) $\frac{\partial f}{\partial x} = 2x + 3y,\ \frac{\partial f}{\partial y} = 3x$

(2) $\frac{\partial f}{\partial x} = 10x,\ \frac{\partial f}{\partial y} = \frac{2}{y}$

(3) $\frac{\partial f}{\partial x} = \frac{\partial f}{\partial(x+1)}\frac{\partial(x+1)}{\partial x} = 2(x+1)(y+2)^2$

$\frac{\partial f}{\partial y} = \frac{\partial f}{\partial(y+2)}\frac{\partial(y+2)}{\partial y} = 2(x+1)^2(y+2)$

(4) $\frac{\partial f}{\partial x} = \frac{-3}{(x+2y)^2},\ \frac{\partial f}{\partial y} = \frac{-6}{(x+2y)^2}$

(5) $\frac{\partial f}{\partial x} = \frac{\partial f}{\partial(x^2-y^2)}\frac{\partial(x^2-y^2)}{\partial x} = \frac{x}{(x^2-y^2)^{\frac{1}{2}}}$

$\frac{\partial f}{\partial y} = \frac{\partial f}{\partial(x^2-y^2)}\frac{\partial(x^2-y^2)}{\partial y} = -\frac{y}{(x^2-y^2)^{\frac{1}{2}}}$

(6) $\frac{\partial f}{\partial x} = e^y,\ \frac{\partial f}{\partial y} = -2e^y + (x-2y)e^y = (x-2y-2)e^y$

(7) $\frac{\partial f}{\partial x} = \frac{e^y}{x},\ \frac{\partial f}{\partial y} = e^y \ln x$

7-2. 편도함수와 한계의 개념

▶ **다변수 효용함수의 한계효용**(*Marginal Utility*): 효용함수가 다변수 함수일 경우 특정 재화의 한계효용은 다른 재화들의 소비 변화 없이 특정 재화의 소비만을 증가시켰을 때 나타나는 효용의 증가분을 말한다. 효용함수가 $U(x,y)$ 로 주어져있을 때 소비를 증가시키는 재화가 x 재라면 편도함수인 x재의 한계효용은 다음과 같다.

$$MU_x = \frac{\partial U}{\partial x}$$

▶ **다변수 생산함수의 한계생산**(*Marginal Protuct*): 생산함수가 다변수 함수일 경우 특정 요소의 한계생산은 다른 요소들의 투입 변화 없이 특정 요소의 소비만을 늘렸을 때 나타나는 생산량의 증가분을 말한다. 생산함수가 $f(L,K)$로 주어져있을 때 투입을 증가시키는 요소가 자본(K)이라면 편도함수인 자본(K)의 한계생산은 다음과 같다.

$$MP_K = \frac{\partial f}{\partial K}$$

문제

1. 다음과 같이 자본(K)과 노동(L)을 투입요소로 사용하는 콥-더글러스(Cobb-Douglas) 생산함수를 고려하자.

$$\boldsymbol{Q = f(K,L) = K^{\beta}L^{1-\beta} \ (0 < \beta < 1)}$$

(1) 자본은 고정되고, 노동만 변화하는 경우 산출량 $\boldsymbol{Q}$가 어떻게 변화하는가?
(2) 노동 투입량이 증가할 때 노동의 한계생산물은 어떻게 변화하는가?

2. 어떤 소비자의 효용함수가 $\boldsymbol{U = (xy)^{1/2}}$라고 한다. 이 소비자의 두 재화에 대한 한계 효용을 구하시오.

풀이

1. (1) 노동의 한계생산물을 $\boldsymbol{MP_L}$이라고 하면, $\boldsymbol{MP_L}$은 다음과 같다.

$$\boldsymbol{MP_L = \frac{\partial f}{\partial L} = (1-\beta)K^{\beta}L^{-\beta}}$$

여기서 $\boldsymbol{0 < \beta < 1}$ 이므로 $\boldsymbol{MP_L > 0}$ 이다. 즉, 노동이 증가하면 산출량도 증가한다.

(2) 노동의 증가에 따른 노동의 한계생산물인 $\boldsymbol{MP_L}$의 변화는 다음과 같다.

$$\frac{\partial(MP_L)}{\partial L} = -\beta(1-\beta)K^{\beta}L^{-\beta-1}$$

마찬가지로 $\mathbf{0} < \boldsymbol{\beta} < \mathbf{1}$ 이므로 $\frac{\partial(MP_L)}{\partial L} < \mathbf{0}$, 즉, 노동의 투입이 증가하면 노동의 한계생산물은 감소한다. 이를 노동의 한계생산물체감의 법칙이라고 한다.

2. (1) $MU_x = \frac{\partial U}{\partial x} = \frac{1}{2}x^{-\frac{1}{2}}y^{\frac{1}{2}},\ \ MU_y = \frac{1}{2}x^{\frac{1}{2}}y^{-\frac{1}{2}}$

7-3. 이계 편도함수

▶ 이계 편도함수

함수 $z = f(x,y)$에서 2개의 편도함수 $f_x = \frac{\partial z}{\partial x}$, $f_y = \frac{\partial z}{\partial y}$ 를 구할 수 있다. 여기서 더 나아가 y가 일정할 때 x에 관한 f_x 의 변화율을 이계 편도함수라고 한다. 이는 다음과 같이 표기된다.

$$f_{xx} = \frac{\partial}{\partial x}(f_x) = \frac{\partial}{\partial x}\left(\frac{\partial z}{\partial x}\right) = \frac{\partial^2 z}{\partial x^2}$$

여기서 기호 f_{xx} 의 하첨자 xx 는 원함수 f 를 x 에 관해서 두 번 편미분된 것을 의미한다. 편도함수임을 나타내기 위해 d^2z/dx^2가 아닌 $\partial^2 z/\partial x^2$를 사용한다. 같은 방법으로 x가 일정할 때 y 에 관한 f_y의 도함수는 다음과 같다.

$$f_{yy} = \frac{\partial}{\partial y}(f_y) = \frac{\partial}{\partial y}\left(\frac{\partial z}{\partial y}\right) = \frac{\partial^2 z}{\partial y^2}$$

함수 $z = f(x,y)$에서 편도함수 $f_x(x,y)$는 y의 함수도 되고 x의 함수도 되기 때문에, 추가로 다음과 같은 2개의 이계 편도함수를 생각해 볼 수 있다.

$$f_{xy} = \frac{\partial^2 f}{\partial x\,\partial y} \quad \text{및} \quad f_{yx} = \frac{\partial^2 f}{\partial y\,\partial x}$$

이런 f_{xy}나 f_{yx}를 x와 y의 '교차' 편도함수(cross partial derivatives)라고 한다. f_{xy}와 f_{yx}를 따로 정의하였지만 이 두 가지 교차 편도함수는 모두 연속이기만 하면 영의 정리(Young's theorem)에 의하여 $f_{xy}=f_{yx}$가 된다.

문제

1. 다음 함수들의 이계 편도함수를 구하시오.

(1) $f(x,y)=x^2+3xy$

(2) $f(x,y)=5x^2+2\ln y$

(3) $f(x,y)=(x+1)^2(y+2)^2$

(4) $f(x,y)=\frac{3}{x+2y}$

(5) $f(x,y)=\sqrt{x^2-y^2}$

(6) $f(x,y)=(x-2y)e^y$

(7) $f(x,y)=e^y\ln x$

풀이

1. (1) $\frac{\partial^2 f}{\partial x^2}=2$, $\frac{\partial^2 f}{\partial x\partial y}=3$, $\frac{\partial^2 f}{\partial y^2}=0$

(2) $\frac{\partial^2 f}{\partial x^2}=10$, $\frac{\partial^2 f}{\partial x\partial y}=0$, $\frac{\partial^2 f}{\partial y^2}=-\frac{2}{y^2}$

(3) $\frac{\partial^2 f}{\partial x^2}=2(y+2)^2$, $\frac{\partial^2 f}{\partial x\partial y}=4(x+1)(y+2)$, $\frac{\partial^2 f}{\partial y^2}=2(x+1)^2$

(4) $\frac{\partial^2 f}{\partial x^2}=\frac{6}{(x+2y)^3}$, $\frac{\partial^2 f}{\partial x\partial y}=\frac{12}{(x+2y)^3}$, $\frac{\partial^2 f}{\partial y^2}=\frac{24}{(x+2y)^3}$

(5) $\frac{\partial^2 f}{\partial x^2}=\frac{1}{(x^2-y^2)^{\frac{1}{2}}}-\frac{x^2}{(x^2-y^2)^{\frac{3}{2}}}$, $\frac{\partial^2 f}{\partial x\partial y}=\frac{xy}{(x^2-y^2)^{\frac{3}{2}}}$, $\frac{\partial^2 f}{\partial y^2}=-\frac{1}{(x^2-y^2)^{\frac{1}{2}}}-\frac{y^2}{(x^2-y^2)^{\frac{3}{2}}}$

(6) $\frac{\partial^2 f}{\partial x^2}=0$, $\frac{\partial^2 f}{\partial x\partial y}=e^y$, $\frac{\partial^2 f}{\partial y^2}=(x-2y-4)e^y$

(7) $\frac{\partial^2 f}{\partial x^2}=-\frac{e^y}{x^2}$, $\frac{\partial^2 f}{\partial x\partial y}=\frac{e^y}{x}$, $\frac{\partial^2 f}{\partial y^2}=e^y\ln x$

7-4. 전미분

▶ 전미분의 정의

전미분(differentials)은 둘 이상의 독립변수로 구성된 함수의 미분을 통하여 종속변수의 변화를 설명하는 것이다. 두 재화로 구성된 효용함수를 이용하여 설명해보자. 재화 x_1과 x_2를 소비함으로써 얻을 수 있는 소비자의 총효용을 $U = U(x_1, x_2)$ 로 표시하자. 이 때 x_1이 dx_1만큼 변하고, x_2가 dx_2만큼 변하면 총효용의 증가분 dU는 다음과 같이 나타낼 수 있다.

$$dU = \frac{\partial U}{\partial x_1}\, dx_1 + \frac{\partial U}{\partial x_2}\, dx_2 = U_1\, dx_1 + U_2\, dx_2$$

U_i는 x_i의 변화에 대한 효용함수 U의 변화이고, dx_i는 변수 x_i의 변화량이다. x_1이 dx_1만큼 변하면 효용은 한 단위당 $\frac{\partial U}{\partial x_1}$만큼 변하므로, x_1의 변화로 인하여 발생하는 U의 변화분은 $\frac{\partial U}{\partial x_1}\, dx_1$이다. 마찬가지로 x_2가 dx_2만큼 변하면 효용은 한 단위당 $\frac{\partial U}{\partial x_2}$만큼 변하므로 x_2의 변화로 인하여 발생하는 U의 변화분은 $\frac{\partial U}{\partial x_2}\, dx_2$이다. 따라서 x_1과 x_2의 소비량이 동시에 변함으로써 발생하는 U의 총 변화분은 $\frac{\partial U}{\partial x_1}\, dx_1 + \frac{\partial U}{\partial x_2}\, dx_2$이 된다.

경제학적으로 말하면, $U_1\, dx_1$은 재화 x_1에 대한 한계효용(U_1)에 재화 x_1의 소비 증가분(dx_1)을 곱한 것을 의미하며, 두 번째 항 역시 마찬가지로 해석 가능하다. 따라서 이들의 합인 dU는 모든 재화의 수요량 변화에서 발생하는 총 효용의 변화를 의미한다.

전미분을 다시 살펴보면, $y = f(x_1, x_2, \cdots, x_n)$ 의 함수가 주어져 있을 때 전미분 dy는 f의 편도함수인 $f_1, f_2, \cdots, f_n$ 을 이용하여 다음처럼 구할 수 있다.

$$dy = f_1\, dx_1 + f_2\, dx_2 + \cdots + f_n\, dx_n$$

▶ 전미분 연산법칙: u, v, w가 각각 함수이고 c, k가 상수일 때 일 때 다음의 전미분 연산법칙이 정의된다.

(1) $dk = 0$ (k 는 상수임)
(2) $d(cu^n) = cnu^{n-1}\, du$ (c 는 상수임)
(3) $d(u \pm v) = du \pm dv,\ d(u \pm v \pm w) = du \pm dv \pm dw$
(4) $d(uv) = v\, du + u\, dv,\ d(uvw) = vw\, du + uw\, dv + uv\, dw$
(5) $d\left(\frac{u}{v}\right) = \frac{1}{v^2}(v\, du - u\, dv)$ (단, $u \neq 0$)

문제

1. 다음 함수의 전미분 dy를 구하시오.

(1) $y = 2x_1^2 - 3x_1x_2^2$

(2) $y = \frac{x_1 - x_2}{2x_2^2}$

(3) $y = x_1^2 + \ln x_2$

(4) $y = \ln(x_1^3 + x_2^2 + x_3^3)$

(5) $y = 2x^3 + 3x^2z - z^3$

(6) $y = 4e^{xzh}$

(7) $y = x^2 + h^2 + z^2$

2. $f(x, y, z) = x + 2y + 3z$ 이고 독립변수는 다시 θ의 함수로 다음과 같이 정의된다.

$$x(\theta) = \theta^2, y(\theta) = \theta, z(\theta) = 0.5\theta$$

이 경우 $f(x, y, z)$를 θ에 대해서 미분하시오.

3. 효용함수가 $U = x^{\frac{1}{2}}y^{\frac{1}{2}}$ 이고 $x = 400$, $y = 100$일 때 x, y의 한계효용을 구하시오. 그리고 x가 400에서 401로, y가 100에서 101로 변화할 때 총효용의 변화를 구하시오.

풀이

1. (1) $dy = 4x_1\,dx_1 - (3x_2^2\,dx_1 + 6x_1x_2dx_2) = (4x_1 - 3x_2^2)dx_1 + (6x_1x_2)dx_2$

(2) $dy = \frac{1}{4x_2^4}[2x_2^2\,d(x_1 - x_2) - (x_1 - x_2)\,d(2x_2^2)]$

$$= \frac{1}{4x_2^4}[2x_2^2(dx_1 - dx_2) - (x_1 - x_2)(4x_2)\,dx_2]$$

$$= \frac{1}{4x_2^4}[2x_2^2\,dx_1 - (2x_2^2 + 4x_1x_2 - 4x_2^2)\,dx_2]$$

$$= \frac{1}{2x_2^4}[x_2^2\,dx_1 - (2x_1x_2 - x_2^2)\,dx_2]$$

$$= \frac{1}{2x_2^2}dx_1 - \frac{2x_1 - x_2}{2x_2^3}dx_2$$

(3) $dy = 2x_1\,dx_1 + \frac{1}{x_2}dx_2$

(4) $dy = \frac{3x_1^2\,dx_1 + 2x_2\,dx_2 + 3x_3^2\,dx_3}{x_1^3 + x_2^2 + x_3^3}$

(5) $dy = (6x^2 + 6xz)dx + (3x^2 - 3z^2)dz$

(6) $dy = 4e^{xzh}(zhdx + xhdz + xzdh)$

(7) $dy = 2xdx + 2hdh + 2zdz$

2. $\frac{df}{d\theta} = \frac{\partial f}{\partial x}x'(\theta) + \frac{\partial f}{\partial y}y'(\theta) + \frac{\partial f}{\partial z}z'(\theta) = 2\theta + 3.5$

※ $f\big(x(\theta)\big), y(\theta), z(\theta) = (\theta^2) + 2(\theta) + 3(0.5\theta) = \theta^2 + 3.5\theta$ 를 직접 미분해도 같은 결과

3. 한계효용은 다음과 같다. $MU_x = \frac{\partial U}{\partial x} = \frac{1}{2}x^{-\frac{1}{2}}y^{\frac{1}{2}}$, $MU_y = \frac{\partial U}{\partial y} = \frac{1}{2}x^{\frac{1}{2}}y^{-\frac{1}{2}}$이다.

따라서 $MU_x = \frac{1}{2}(400)^{-\frac{1}{2}}(100)^{\frac{1}{2}} = \frac{1}{2}\cdot(0.05)\cdot 10 = 0.25$이고,

$MU_y = \frac{1}{2}(400)^{\frac{1}{2}}(100)^{-\frac{1}{2}} = \frac{1}{2}\cdot 20\cdot 0.1 = 1$이다.

총 효용변화 $dU = \frac{\partial U}{\partial x}dx + \frac{\partial U}{\partial y}dy$이므로 $\Delta x = 1, \Delta y = 1$를 총효용 변화식에 대입하면

$\Delta U = 0.25\cdot 1 + 1\cdot 1 = 1.25$가 된다.

생각 열기

▷ **한계생산이론에 입각한 소득분배이론**

한 나라의 생산함수가 규모에 대해 수익 불변이라면, 총 생산은 생산요소들에게 한계생산물의 가치(**Value of Marginal Product** $= P\cdot MP$)만큼씩 분배한 것과 일치한다. 이를 수식으로 살펴보자.

국가의 총생산함수 $Q = f(K, L)$가 1차 동차함수로 규모에 대한 수익불변인 경우 다음이 성립한다.

$$tQ = f(tL, tK) \qquad (1)$$

식 (1)을 t에 대해 미분하면 다음과 같다.

$$\frac{\partial tQ}{\partial t} = \frac{\partial f}{\partial tL}\frac{\partial tL}{\partial t} + \frac{\partial f}{\partial tK}\frac{\partial tK}{\partial t}$$

이를 다시 정리하면 다음과 같다.

$$Q = \frac{\partial f}{\partial tL}L + \frac{\partial f}{\partial tK}K \qquad (2)$$

식 (2)를 $t = 1$로 놓고 한계의 개념을 도입하면 정리하면 다음과 같다.

$$Q = \frac{\partial f}{\partial L}L + \frac{\partial f}{\partial K}K = MP_L\cdot L + MP_K\cdot K$$

양변에 가격 P를 곱하면 다음과 같다.

$$PQ = MP_L \cdot PL + MP_K \cdot PK \qquad (3)$$

노동의 보수(w)와 자본의 보수(r)를 다음과 같이 정의할 수 있다.

$$w = P \cdot MP_L, \qquad r = P \cdot MP_k$$

식 (3)은 다음과 같이 정리된다.

$$PQ = wL + rK$$

여기서 좌변은 국내총생산, 우변은 각 생산요소 사용에 대한 보수(pay)의 총합이라고 할 수 있다. 한 국가의 총생산은 생산요소인 노동과 자본의 보수로 분배됨을 보인다.

7-5. 이계 전미분

▶ 이계 전미분의 계산

함수 $z = f(x, y)$ 가 주어졌다면, 다음과 같은 dz를 구할 수 있다.

$$dz = f_x\,dx + f_y\,dy$$

dz를 다시 x와 y에 대해서 전미분한 이계 전미분 d^2z을 구하는 경우, dx 와 dy는 각 변수가 변화한 양을 나타내는 대수이므로 미분과정에 있어서 상수취급을 한다. f_x와 f_y는 각각 x, y의 함수이므로 dz 역시 x, y의 함수가 된다.

$$d^2z = d(dz) = \frac{\partial(dz)}{\partial x}dx + \frac{\partial(dz)}{\partial y}dy$$

$$= \frac{\partial}{\partial x}\left(f_x\,dx + f_y\,dy\right)dx + \frac{\partial}{\partial y}f_x\left(dx + f_y\,dy\right)dy$$

$$= \left(f_{xx}\,dx + f_{xy}\,dy\right)dx + (f_{yx}\,dx + f_{yy}\,dy)dy$$

$$= f_{xx}dx^2 + f_{xy}dydx + f_{yx}dxdy + f_{yy}dy^2$$

$$= f_{xx}dx^2 + 2f_{xy}dxdy + f_{yy}dy^2 \quad [f_{xy} = f_{yx}]$$

이 식은 정의역 내의 어떤 점 $(x_0,\ y_0)$ 에서 dx 와 dy 에 의하여 결정되는 d^2z 의 크기를 보여준다. dz 를 계산하기 위해 일계 편도함수들을 알아야 하는 것처럼 d^2z 를 계산하기 위해서는 점 $(x_0,\ y_0)$ 에서 계산된 이계 편도함수 f_{xx}, f_{xy}, f_{yy}의 값들을 계산해야 한다.

※ d^2z, dy^2의 지수 2의 의미는 이계 미분을 의미하고, dz^2, dy^2의 지수 2는 제곱을 의미함에 유의한다.

생각 열기

$\boldsymbol{z = x^2 + 2xy - y^3}$에서 $\boldsymbol{dz}$, $\boldsymbol{d^2z}$를 구하면 다음과 같다.

$$\boldsymbol{dz = (2x + 2y)dx + (2x - 3y^2)dy}$$

$$\boldsymbol{d^2z = 2dx^2 + 4dxdy - 6ydy^2}$$

예를 들어 ($\boldsymbol{x}$ =2, $\boldsymbol{y}$ =1)에서의 전미분, 이계전미분을 구해보면 $\boldsymbol{dz = 6dx + dy}$ 이고, $\boldsymbol{d^2z = 2dx^2 + 4dxdy - 6dy^2}$ 를 얻을 수 있다.

7-6. 전도함수와 연쇄법칙

▶ **연쇄 법칙:** $y = f(x,\ w)$, $x = g(w)$라면 함수 f와 g는 합성함수 $y = f[g(w), w]$로 결합될 수 있다. 여기서 세 변수의 관계는 아래의 경로도와 같이 나타낼 수 있다.

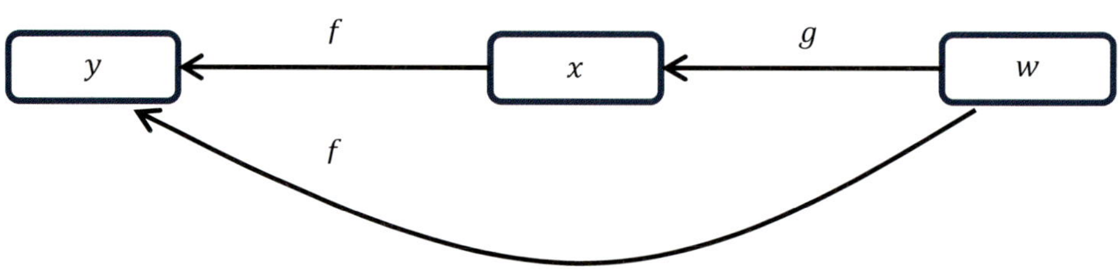

y 변화의 원인은 x가 고정되어 있는 조건하에 w가 변하여 영향을 미치는 직접적인 효과와 w가 x에 영향을 미치어 다시 x가 y에 영향을 미치는 간접적인 효과에 있다. 직접적 효과는 편도함수 f_w로 나타낼 수 있으나 간접적 효과는 합성함수의 연쇄법칙에 의하여 두 도함수의 곱인 $f_x \frac{\partial x}{\partial w}$ 즉, $\frac{\partial y}{\partial w}\frac{\partial w}{\partial x}$로만 표현할 수 있다. 두 효과를 합하면 w에 관한 y의 전도함수를 구할 수 있다. 수식은 다음과 같다.

$$\frac{dy}{dw} = f_x \frac{\partial x}{\partial w} + f_w$$

$$= \frac{\partial y}{\partial x}\frac{\partial x}{\partial w} + \frac{\partial y}{\partial w}$$

경제적인 관점에서 설명하면, w는 원자재, x는 중간재, y는 최종재라고 볼 수 있다. 원자재 w의 변화는 직접적으로 최종재 y에 영향을 미치지만, 간접적으로 중간재 x를 통하여 영향을 미친다. 이것이 합성함수 $y = f[g(w), w]$이다.

문제

1. 다음 함수들의 전도함수 $\frac{dy}{dw}$ 를 구하시오.

(1) $\boldsymbol{y = f(x,w) = x^2 + 2x - w^2,\ x = g(w) = w^3 - w^2}$

(2) $\boldsymbol{y = f(u,v,w),\ u = g(w),\ v = h(w)}$

2. y는 인구, r는 인구 증가율이다. 인구 증가율은 t의 영향을 받는다. 이를 식으로 표시하면 다음과 같다.

$$\boldsymbol{y = ke^r,\ r = t^2}$$

이 경우 $\frac{dy}{dt}$를 구하시오.

3. 재화를 생산하는데 들어가는 총 비용 C는 원자재와 중간재인 x와 y의 함수이며 중간재인 y는 원자재인 x의 함수이다. 이를 함수로 표현하면 다음과 같다.

$$\boldsymbol{C = 2x^2 + y^2,\ y = 3x^3 - 3x - 5}$$

이 경우 도함수 $\frac{dC}{dx}$를 구하라.

4. $z = f(x,y) = x^2 + y^3,\ x = 2t - 3,\ y = 5t^2$일 때 전도함수를 구하시오.

5. 함수가 다음과 같이 정의될 때 편도함수 $\frac{dw}{dm}$ 와 $\frac{dw}{dn}$를 구하시오.

(1) $\mathbf{w} = \ln(x+y+z),\quad x = m,\ y = m - n,\ z = 2n$

(2) $\mathbf{w} = \ln(x^2+y^2),\quad x = mn,\ y = m + n$

(3) $\mathbf{w} = \ln(x^2+y^2+z),\quad x = m+n,\ y = m - n,\ z = mn$

풀이

1. (1) $\frac{dy}{dw} = \frac{\partial f}{\partial x}\frac{\partial x}{\partial w} + \frac{\partial f}{\partial w} = (2x+2)(3w^2-2w)+(-2w)$

$= (2w^3-2w^2+2)(3w^2-2w) - 2w = 6w^5 - 10w^4 + 4w^3 + 6w^2 - 6w$

(2) $\frac{dy}{dw} = \frac{\partial f}{\partial u}\frac{\partial u}{\partial w} + \frac{\partial f}{\partial v}\frac{\partial v}{\partial w} + \frac{\partial f}{\partial w} = f_u g'(w) + f_v h'(w) + f_w$

2. $e^{t^2} = m,\ t^2 = n$으로 치환하면,

$$\frac{dy}{dt} = \frac{\partial y}{\partial m}\frac{\partial m}{\partial n}\frac{\partial n}{\partial t} = ke^r \cdot 2t = ke^{t^2} \cdot 2t$$

3. $dc = f_x dx + f_y dy \ \Rightarrow \frac{dc}{dx} = f_x + f_y \frac{\partial y}{\partial x}$

$f_x = 4x,\qquad f_y = 2y,\qquad \frac{dy}{dx} = 9x^2 - 3$

따라서 $\frac{dc}{dx} = 4x + 2y \cdot (9x^2-3) = 4x + 2(3x^3 - 3x - 5)\cdot(9x^2-3)$

$= 2(27x^5 - 36x^3 - 45x^2 + 11x + 15)$

4. $dz = f_x dx + f_y dy \ \Rightarrow \frac{dz}{dt} = f_x \frac{dx}{dt} + f_y \frac{dy}{dt}$

$f_x = 2x,\ f_y = 3y^2,\ \frac{dx}{dt} = 2,\ \frac{dy}{dt} = 10t$

따라서 $\frac{dz}{dt} = 2x \cdot 2 + 3y^2 \cdot 10t = 4(2t-3) + 3(5t^2)\cdot 10t = 150t^3 + 8t - 12$

5. (1) $w = \ln(m + m - n + 2n) = \ln(2m + n)$

$$\frac{dw}{dm} = \frac{2}{2m+n}$$

$$\frac{dw}{dm} = \frac{1}{2m+n}$$

(2) $w = \ln(m^2n^2 + m^2 + 2mn + n^2)$

$$\frac{dw}{dm} = \frac{2mn^2 + 2m + 2n}{m^2n^2 + m^2 + 2mn + n^2}$$

$$\frac{dw}{dn} = \frac{2m^2n + 2m + 2n}{m^2n^2 + m^2 + 2mn + n^2}$$

(3) $w = \ln((m+n)^2 + (m-n)^2 + mn)$
$= \ln(2m^2 + mn + 2n^2)$

$$\frac{dw}{dm} = \frac{4m + n}{2m^2 + mn + 2n^2}$$

$$\frac{dw}{dn} = \frac{m + 4n}{2m^2 + mn + 2n^2}$$

7-7. 음함수의 미분

▶ **양함수(explicit function)**: 양함수는 우변의 독립변수와 좌변의 종속변수로 표현될 수 있는 관계식을 말한다. 따라서 좌변의 종속변수인 y는 우변의 독립변수인 x로 표현될 수 있다. 예를 들면 양함수를 표기하면 다음과 같다.

$$y = f(x) \text{ 또는 } y = 3x$$

따라서 양함수는 독립변수 x의 값을 투입 시 종속변수 y의 값이 나오는 관계식이다.

▶ **음함수(implicit function)**: 음함수는 좌변에 독립변수와 종속변수를 함께 두고 우변을 0으로 표현 하는 함수이다. 따라서 양함수인 $y = f(x)$의 경우, 독립변수 x를 포함하는 관계식 $f(x)$를 좌변으로 이항하여 $y - f(x) = 0$가 되도록 만들면 음함수가 된다. 그러나 함수에서 변수간의 관계는 양함수에서 음함수로 전환되는 순간 바뀐다. 독립변수와 종속변수를 우변과 좌변에 명확히 구분하여 표현하는 양함수에서는 x가 정해지면 y도 동시에 정해지지만, 독립변수와 종속변수를 모두 좌변에 둔 음함수에서는 y가 먼저 정해질 수도 있고 두 변수가 동시에 주어질 수도 있다. 음함수를 표기하면 다음과 같다.

$$F(y, x) = 0,$$
$$y - f(x) = 0,$$
$$y - 3x = 0$$

따라서 음함수는 좌변의 변수 y의 값과 $f(x)$의 값과의 차이가 0만 되면 된다. 반면, 양함수에서는 독립변수의 값만 주어지면 종속변수의 값은 함수의 식에 의해서 정해진다.

▶ **음함수 미분:** 음함수 $F(x,y)=0$의 전미분은 함수 F를 y와 x에 대해 미분하면 된다. 만약 y가 x에 대해 미분 가능하다면 $\frac{dy}{dx}$의 값을 구할 수도 있다. 즉, 음함수 $F(x,y)=0$를 전미분한 도함수를 $\frac{dy}{dx}$에 대해 정리하면 다음과 같다.

$$\frac{\partial F}{\partial x}dx+\frac{\partial F}{\partial y}dy=0 \quad => F_x dx+F_y dy=0$$

이를 다시 $\frac{dy}{dx}$에 대해 정리하면 다음과 같다.

$$\frac{dy}{dx}=-\frac{F_x}{F_y}$$

문제

1. 함수 $y=2x^2+3x-1$의 도함수를 구하고, 음함수 정리를 통해 구한 $y-2x^2-3x+1=0$의 $\frac{dy}{dx}$와 비교하시오.

2. 미분이 가능한 음함수 $2y^2+x^3-3z^2-xy+10=0$ 의 x,y에 대한 z의 편도함수를 구하시오.

3. 다음 음함수 $f(x,y)=0$인 경우 $\frac{dy}{dx}$를 구하시오.

(1) $f(x,y)=2x^2+xy+4y^3=0$
(2) $f(x,y)=10x^4-2y=0$
(3) $f(x,y)=5x^3-10y=0$
(4) $f(x,y)=y^2-\frac{x-3}{2x+1}=0$
(5) $f(x,y)=\frac{y}{x-y}=0$

4. 다음 함수 $f(x, y, z)$에 대하여 $\frac{dy}{dx}$와 $\frac{dy}{dz}$를 구하시오.

(1) $f(x,y,z)=x^2y^2+z+yz=0$
(2) $f(x,y,z)=x^3z^2+2y^2+xyz=0$
(3) $f(x,y,z)=x^3y+xy^2z^3+4xyz+z^2x=0$
(4) $f(x,y,z)=x^2+3xy+2yz+y^2+z^2-11=0$

(5) $f(x, y, z) = 2y^2 + x^3 - 3z^2 - xy + 10 = 0$

5. $p - Q^2 + 10Q - 34 = 0$**은 재화의 가격** p**와 수요량** Q**와의 관계를 나타내는 음함수이다.** $p = 10$**에서 수요의 탄력성을 구하시오.**

풀이

1. 양함수는 다음과 같이 도함수를 구할 수 있다. $\frac{dy}{dx} = 4x + 3$

음함수로 정리하면 다음과 같이 쓸 수 있다. $F(x, y) = y - 2x^2 - 3x + 1 = 0$. 이를 미분하면 다음과 같다.

$$F_x dx + F_y dy = 0$$

따라서 미분 값은 다음과 같다.

$$\frac{dy}{dx} = -\frac{F_x}{F_y} = -\frac{-4x - 3}{1} = 4x + 3$$

2.

$$F(x, y, z) = 2y^2 + x^3 - 3z^2 - xy + 10 = 0$$

$$F_x = 3x^2 - y,\ F_y = 4y - x,\ F_z = -6z$$

$$\frac{dz}{dx} = -\frac{F_x}{F_z} = \frac{3x^2 - y}{6z}$$

$$\frac{dz}{dy} = -\frac{F_y}{F_z} = \frac{4y - x}{6z}$$

3. (1) $\frac{dy}{dx} = -\frac{f_x}{f_y} = -\frac{4x+y}{x+12y^2}$

(2) $\frac{dy}{dx} = -\frac{f_x}{f_y} = -\frac{40x^3}{-2} = 20x^3$

(3) $\frac{dy}{dx} = -\frac{f_x}{f_y} = \frac{15x^2}{10} = \frac{3}{2}x^2$

(4) $\frac{dy}{dx} = -\frac{f_x}{f_y} = \frac{7}{2y(2x+1)^2}$

(5) $\frac{dy}{dx} = -\frac{f_x}{f_y} = \frac{y}{x}$

4. (1) $\frac{dy}{dx} = -\frac{f_x}{f_y} = -\frac{2xy^2}{2x^2y+z}$, $\frac{dy}{dz} = -\frac{f_z}{f_y} = -\frac{1+y}{2x^2y+z}$

(2) $\frac{dy}{dx} = -\frac{f_x}{f_y} = -\frac{3x^2z^2+yz}{4y+xz}$, $\frac{dy}{dz} = -\frac{f_z}{f_y} = -\frac{2x^3z+xy}{4y+xz}$

(3) $\frac{dy}{dx} = -\frac{f_x}{f_y} = -\frac{3x^2y+y^2z^3+4yz+z^2}{x^3+2xyz^3+4xz}$, $\frac{dy}{dz} = -\frac{f_z}{f_y} = -\frac{3xy^2z^2+4xy+2zx}{x^3+2xyz^3+4xz}$

(4) $\frac{dy}{dx} = -\frac{f_x}{f_y} = -\frac{2x+3y}{3x+2z+2y}$, $\frac{dy}{dz} = -\frac{f_z}{f_y} = -\frac{2y+2z}{3x+2z+2y}$

(5) $\frac{dy}{dx} = -\frac{f_x}{f_y} = -\frac{3x^2-y}{4y-x}$, $\frac{dy}{dz} = -\frac{F_z}{F_y} = \frac{6z}{4y-x}$

5.

$$e_p = \frac{dQ}{dp}\frac{p}{Q}$$

$$\frac{dQ}{dp} = \frac{f_p}{f_Q} = \frac{1}{2Q-14}$$

$p = 10$일 때의 Q 값은 $10 - Q^2 + 12Q - 34 = 0$ 에서 12임을 알 수 있다. 따라서 $p = 10$일 때의 탄력성은 다음과 같다.

$$e_p = \frac{dQ}{dp}\frac{p}{Q} = \left(\frac{1}{10}\right)\left(\frac{10}{12}\right) = \frac{1}{12}$$

7-8. 음함수의 응용

▶ **무차별곡선(indifference curve)과 등량곡선(ioquant curve):** 소비자의 효용함수에서 도출되는 무차별곡선과 생산자의 생산함수에서 도출되는 등량곡선은 수학적으로 등고선(level curve)과 같은 개념이다. 무차별곡선이란 동일한 효용 수준을 가져오는 재화의 조합을 좌표로 표시한 것이다. 따라서 $U(x,y) = \bar{u}$를 만족하는 x와 y의 조합을 연결한 선이 무차별곡선이다. 여기서 x, y 는 각 재화의 소비량을 뜻하며 $\bar{u}$ 는 상수로써 고정된 효용수준을 뜻한다. 마찬가지로 등량곡선이란 동일한 생산량을 가져오는 생산요소의 조합을 연결한 것이며, $F(L,K) = \bar{Q}$ 로 표시한다. 여기서 L, K는 각 생산요소인 노동과 자본의 투입량을 의미하며, $\bar{Q}$는 상수로써 고정된 기수적 속성을 지닌 생산량을 뜻한다.

무차별곡선상의 한 점에서의 기울기(dx/dy)를 한계대체율($Marginal\ Rate\ of\ Substitution$)이라고 하며, 등량곡선의 기울기($dK/dL$)를 한계기술대체율($Marginal\ Rate\ of\ Substitution$)이라고 한다. 이 값들은 음함수의 미분을 이용하여 쉽게 구할 수 있다.

효용함수 $U(x,y)=\bar{u}$에서 한계대체율을 도출하기 위해서는 전미분을 먼저 구한다.

$$\frac{\partial U}{\partial x}dx+\frac{\partial U}{\partial y}dy=0$$

다음으로 한계대체율의 정의에 따라서 정리하면 다음과 같다.

$$\frac{dy}{dx}=-\frac{\frac{\partial U}{\partial x}}{\frac{\partial U}{\partial y}}=-\frac{MU_x}{MU_y}$$

마찬가지로 생산함수 $F(L,K)=\bar{Q}$에서 한계기술대체율은 다음과 같다.

$$\frac{dK}{dL}=-\frac{\frac{\partial F}{\partial L}}{\frac{\partial F}{\partial K}}=-\frac{MP_L}{MP_K}$$

여기서 MU_x는 x재의 한계효용을 말하며, MP_L은 노동의 한계생산물을 말한다.

생각 열기

효용은 소비자가 $\boldsymbol{x}$와 $\boldsymbol{y}$를 소비함으로써 느끼는 만족도이다. 이를 함수로 표시한 효용함수는 일반적으로 다음과 같이 표기한다.

$$\boldsymbol{u=u(x,y)}$$

미분가능한 효용함수는 다음과 같은 성질을 가진다.

(1) 효용함수를 $\boldsymbol{x}$에 대해 미분한 한계효용($\boldsymbol{MU_x}$)은 $\boldsymbol{x}$의 소비를 추가적으로 하는 경우 그 추가분으로 인하여 발생하는 효용의 크기를 말한다.
(2) 한계효용체감의 법칙($\boldsymbol{\frac{dMU_x}{dx}<0}$)은 $\boldsymbol{x}$의 소비를 증가시킴에 따라 한계효용이 감소하는 현상을 말한다.
(3) 무차별곡선이란 소비자에게 동일한 만족을 주는 상품 $\boldsymbol{x}$와 $\boldsymbol{y}$의 조합을 연결한 선이다.
(4) 한계대체율(***Marginal Rate of Substitution***)은 무차별곡선의 기울기로 두 상품 $\boldsymbol{x}$와 $\boldsymbol{y}$ 사이의 주관적인 교환비율로 $\boldsymbol{\frac{dy}{dx}}$로 표기할 수 있다.
(5) $\boldsymbol{x}$와 $\boldsymbol{y}$의 균형 소비량은 무차별곡선의 기울기인 $\boldsymbol{MRS}$와 소득제약선의 기울기인 ($\boldsymbol{\frac{P_x}{P_y}}$)가

같은 점에서 이루어진다.(단, 두 기울기의 절대값으로 비교한다.)

문제

1. 효용함수의 균형 소비량 x, y를 구하시오. 단 예산제약식은 $I = P_x X + P_y y$이다.

(1) $u = x^a y^b$, (단 $a, b > 0$)

(2) $u(x, y) = ax + by$

(1) 먼저 MRS를 구하고 이를 예산제약식의 기울기와 비교하여야 한다.

$$MRS = \frac{\left(\frac{du}{dx}\right)}{\left(\frac{du}{dy}\right)} = \frac{\mathrm{a}x^{a-1}y^b}{bx^a y^{b-1}} = \frac{ay}{bx}$$

이제 예산제약식인 $I = P_x X + P_y y$의 기울기 $\frac{P_x}{P_y}$를 이용하여 균형 소비량을 구하면 다음과 같다.

$$MRS = \frac{P_x}{P_y}$$
$$\frac{ay}{bx} = \frac{P_x}{P_y}$$
$$y = \frac{bP_x}{aP_y}x$$

$y = \frac{bP_x}{aP_y}x$를 예산제약식에 대입하면 다음과 같은 균형 소비량을 구할 수 있다.

$$x^* = \frac{a}{a+b}\frac{I}{P_x}, \quad y^* = \frac{b}{a+b}\frac{I}{P_y}$$

그림으로 나타내면 다음과 같다.

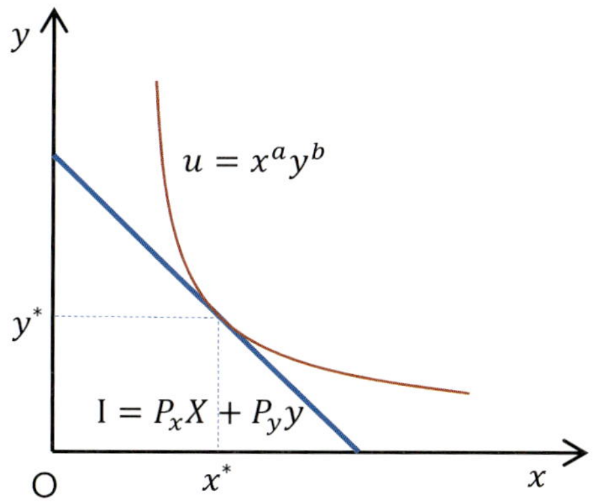

(2) 선형함수는 가격이 상대적으로 저렴한 하나의 상품만을 소비하게 된다. 먼저, MRS는 다음과 같다.

$$MRS = \frac{a}{b}$$

예산제약식의 기울기는 다음과 같다.

$$\text{예산제약식의 기울기} = \frac{P_x}{P_y}$$

따라서 다음과 같은 3가지 조건에 따라 균형값이 달라진다.

① if $\frac{a}{b} > \frac{P_x}{P_y}$, $x^* = \frac{I}{P_x}, y^* = 0$. 이 경우 x만 소비하게 된다.

② if $\frac{a}{b} = \frac{P_x}{P_y}$, $x \in \left[0, \frac{I}{P_x}\right], y \in \left[0, \frac{I}{P_y}\right]$. 즉, 두 상품에 대해 무차별하므로 x, y 중 무엇을 선택하여도 무관하다. 단, 예산제약식을 만족시켜야 한다. 따라서 x만 다 소비하여도 균형이 된다.

③ if $\frac{a}{b} < \frac{P_x}{P_y}$, $x^* = 0$, $y^* = \frac{I}{P_y}$. 이 경우 y만 소비하게 된다.

이를 그림으로 나타내면 다음과 같다.

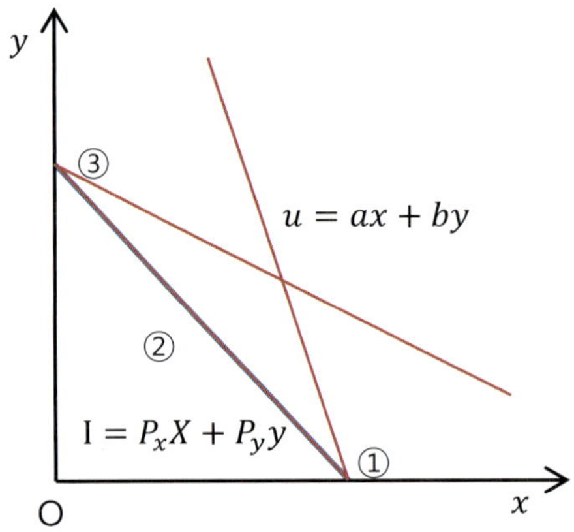

문제

1. 다음의 함수가 주어진 경우 다음 물음에 답하시오.

$$U(x, y) = x^a y^b = C, \qquad (\text{단 } a, b > 0)$$

(1) $C = 0$, $C = 10$인 경우, $\frac{dy}{dx}$을 구하시오.

(2) $U(x, y)$가 효용함수인 경우, $C = 0$, $C = 10$의 의미를 설명하고, MRS를 구하시오.

(3) $U(x, y)$가 생산함수인 경우, $C = 0$, $C = 10$의 의미를 설명하고, MRTS를 구하시오.

(4) $(x = 1, y = 2)$인 경우, 효용함수의 MRS와 생산함수인 경우의 MRTS를 구하시오.

2. 기업의 생산함수가 다음과 같이 주어진 경우, 다음 물음에 답하시오.

$$Q = AL^{\alpha}K^{\beta}$$

(1) Cobb-Douglas(C-D)생산함수의 노동 (*L*)과 자본 (*K*)에 대한 한계생산물 (*MP*)을 구하라

(2) *L*과 *K*가 각각 (1,2) 혹은 (2,1)인 경우의 노동과 자본의 한계생산물(*MP*)을 구하라

(3) 노동(*L*)과 자본(*K*)에 대한 총생산량의 변화를 전미분을 이용하여 구하라.

(4) 등량곡선의 한계기술대체율을 구하라.

풀이

1. (1)

$$\frac{dy}{dx} = -\frac{f_x}{f_y} = -\frac{ax^{a-1}y^b}{bx^a y^{b-1}} = -\frac{ay}{bx}$$

(2) 효용함수인 경우 $C = 0$, $C = 10$ 는 효용이 $U(x, y) = 0$ 과 $U(x, y) = 10$ 을 의미한다.

따라서 효용이 각각 0과 10이 되는 재화 $\boldsymbol{x},\boldsymbol{y}$의 관계를 좌표로 표시하면 효용이 0과 10인 무차별곡선 이 된다. 이 경우 한계대체율인 MRS는 다음과 같다.

$$\boldsymbol{MRS = -\frac{MU_x}{MU_y} = -\frac{ax^{a-1}y^b}{bx^a y^{b-1}} = -\frac{ay}{bx}}$$

(3) 생산함수인 경우 $\boldsymbol{C=0}$, $\boldsymbol{C=10}$는 생산량이 $\boldsymbol{U(x,y)=0}$과 $\boldsymbol{U(x,y)=10}$을 의미한다. 따라서 생산량이 각각 0과 10이 되는 생산요소 $\boldsymbol{x},\boldsymbol{y}$의 관계를 좌표로 표시하면 생산량이 0과 10인 등량곡선이 된다. 이 경우 한계기술대체율인 MRTS는 다음과 같다.

$$\boldsymbol{MRTS = -\frac{MP_x}{MP_y} = -\frac{ax^{a-1}y^b}{bx^a y^{b-1}} = -\frac{ay}{bx}}$$

(4)

$$\boldsymbol{MRS = MRTS = -\frac{a2}{b}}$$

2. (1) $\boldsymbol{MP_L = \frac{\partial Q}{\partial L} = \alpha A L^{\alpha-1}K^{\beta}}$, $\boldsymbol{MP_K = \frac{\partial Q}{\partial K} = \beta A L^{\alpha}K^{\beta-1}}$

(2) L과 K가 (1,2)인 경우 $\boldsymbol{MP_L = \alpha A 2^{\beta}}$, $\boldsymbol{MP_K = \beta A 2^{\beta-1}}$

L과 K가 (2,1)인 경우 $\boldsymbol{MP_L = \alpha A 2^{\alpha-1}}$, $\boldsymbol{MP_K = \beta A 2^{\alpha}}$

(3) $\boldsymbol{dQ = \alpha A L^{\alpha-1}K^{\beta}dL + \beta A L^{\alpha}K^{\beta-1}dK}$

(4) $\boldsymbol{MRTS = -\frac{MP_L}{MP_K} = \frac{\alpha A L^{\alpha-1}K^{\beta}}{\beta A L^{\alpha}K^{\beta-1}} = \frac{\alpha K}{\beta L}}$

제 8 장 다변수 함수의 극값

제 7장에서 설명한 전미분(total differentials)은 $z = f(x, y)$라는 함수가 주어져 있을 때 x와 y값의 변동에 따른 z값의 변동인 dz를 의미한다. 본 장에서는 전미분의 개념을 이용하여 두 개 이상의 독립변수로 구성된 함수의 극값을 도출하는 과정을 학습한다.

8-1. 이변수 함수의 극대 조건

▶ 1차 조건(필요조건)

극값 문제를 다시 생각해보자. 미분 가능한 함수 $y = f(x)$가 주어졌을 때 $f'(x) = 0$인 점에서 극값을 가지며, $\begin{cases} f''(x) > 0 \\ f''(x) < 0 \end{cases}$에 따라 $y(x)$가 극솟값 혹은 극댓값을 갖는다. 다변수 함수 역시 1차 미분과 2차 미분을 통하여 극값을 도출할 수 있다. 다만, 다변수 함수에는 변수가 여러개이므로 각 변수에 대한 미분, 즉, 편미분의 개념이 들어가는 것이 다르다. 우선 2변수 함수의 예를 들어 보자.

▶ 1차 조건(필요조건)

함수 $z = f(x, y)$가 극값을 갖기 위해서는 다음 두 편미분 식을 만족하는 $(x^*,\ y^*)$가 존재해야 한다.

$$\frac{\partial f(x,y)}{\partial x} = f_x = 0, \qquad \frac{\partial f(x,y)}{\partial y} = f_y = 0 \cdots (1)$$

두 편미분 식의 값이 모두 0이 되어야 한다는 1차 조건은 함수 $z = f(x, y)$의 1차 전미분 값이 0이 된다는 것과 동일한 조건이다. 다음과 같은 함수 $z = f(x, y)$의 전미분을 보자.

$$dz = \frac{\partial f}{\partial x}dx + \frac{\partial f}{\partial y}dy = f_x\,dx + f_y\,dy = 0$$

dx와 dy가 0이 아니므로 f_x와 f_y이 0이면 $dz = 0$이 된다. 이것이 이변수 함수의 1차 조건이다. 일변수 함수와 마찬가지로 위의 식 (1)은 다변수 함수의 1차 조건(필요조건)이다.

▶ 2차 조건(충분조건)

$z = f(x, y)$ 함수의 2차 조건을 살펴보자. 1차 조건인 도함수 $\mathrm{dz} = f_x dx + f_y dy$의 2차 조건은 다음과 같다.

$$d^2z = f_{xx}dx^2 + f_{xy}dxdy + f_{yx}dydx + f_{yy}dy^2$$

이를 다시 정리하면 다음과 같다.

$$d^2z = f_{xx}dx^2 + 2f_{xy}dxdy + f_{yy}dy^2$$

여기서 d^2z의 값이 $d^2z < 0$ 이면 극댓값, $d^2z > 0$ 이면 극솟값을 가진다. 여기서 d^2z의 지수 2는 2차 미분을 의미하고, dx^2, dy^2의 지수 2는 $(dx)^2, (dy)^2$와 같은 의미로 제곱을 의미 한다.

2차 조건을 다시 정리하면 다음과 같다.

$$d^2z = f_{xx}\left(dx + \frac{f_{xy}}{f_{xx}}dy\right)^2 + \left(\frac{f_{xx}f_{yy} - (f_{xy})^2}{f_{xx}}\right)dy^2$$

등식 우측의 첫째 항 $\left(dx + \frac{f_{xy}}{f_{xx}}dy\right)^2$는 적어도 음의 값은 아니며, 둘째 항의 dy^2은 항상 양의 값이다. 따라서 다음과 같은 경우 수가 발생한다.

$f_{xx} > 0$ 이고 $f_{xx}f_{yy} - (f_{xy})^2 > 0$인 경우는 $d^2z > 0$이 된다. 따라서 극솟값을 가진다.
$f_{xx} < 0$ 이고 $f_{xx}f_{yy} - (f_{xy})^2 > 0$인 경우는 $d^2y < 0$이 된다. 따라서 극댓값을 가진다.

▶ **행렬식 이용한 2차 조건**

행렬을 이용하여 2차 조건을 단순화 해보자. 이를 위해서는, 먼저 헤시안 행렬(Hessian matrix)의 개념부터 이해해야 한다. 다음과 같은 2변수 함수 $f(x_1,\ x_2)$의 헤시안 행렬을 고려해 보자.

$$H = \begin{bmatrix} f_{11} & f_{12} \\ f_{21} & f_{22} \end{bmatrix}$$

여기서 f_{ij}는 $\frac{\partial^2 f}{\partial x_i \partial x_j}$을 의미한다. 헤시안 행렬인 H를 이용하여 구성한 행렬 $H_1,\ H_2$은 다음과 같이 정의된다.

$$H_1 = [f_{11}]$$

$$H_2 = \begin{bmatrix} f_{11} & f_{12} \\ f_{21} & f_{22} \end{bmatrix}$$

헤시안 행렬의 행렬식 $|H|$는 헤시안 행렬식(Hessian determinant)이다. 따라서 $|H_1|$은 H_1의 행렬식이고, $|H_2|$는 H_2의 행렬식이다. 2변수 헤시안 행렬을 이용한 함수의 2차 조건은 다음과 같다.

(1) 극댓값이기 위해서는 $|H_1| < 0,\ |H_2| > 0$ 이어야 하며
(2) 극솟값이기 위해서는 $|H_1| > 0,\ |H_2| > 0$ 이어야 한다.

▶ **이변수 함수의 극대조건인 (1차 조건, 2차 조건)**

$Z = f(x,y)$ 함수의 경우 (x^*,y^*)가 $f_x = f_y = 0$ 을 만족할 때

(1) $(x,y) = (x^*,y^*)$에서 $f_{xx} < 0$이고 $f_{xx}f_{yy} - \left(f_{xy}\right)^2 > 0$ 이 성립하면 $f(x^*,y^*)$는 극댓값 이며,
(2) $(x,y) = (x^*,y^*)$에서 $f_{xx} > 0$이고 $f_{xx}f_{yy} - \left(f_{xy}\right)^2 > 0$ 이 성립하면 $f(x^*,y^*)$는 극솟값이 된다.
(3) $(x,y) = (x^*,y^*)$에서 $f_{xx}f_{yy} - \left(f_{xy}\right)^2 < 0$ 이면 $f(x^*,y^*)$는 극값이 될 수 없다.
(4) $(x,y) = (x^*,y^*)$에서 $f_{xx}f_{yy} - \left(f_{xy}\right)^2 = 0$ 이 성립하면 극값 여부를 판정할 수 없다.

<2변수함수의 극값 판정>

	극댓값	극솟값
1차 조건(필요조건)	$f_x = f_y = 0$	
2차 조건(충분조건)	$f_{xx} < 0$ $f_{xx}f_{yy} - f_{xy}^2 > 0$	$f_{xx} > 0$ $f_{xx}f_{yy} - f_{xy}^2 > 0$

8-2. 다변수 함수의 극대조건

▶ 3변수 함수의 1차 조건(필요조건)

$z = f(x_1^*,\ x_2^*,\ x_3^*)$ 이 극값이 되기 위한 조건은 다음과 같다.

$$(x_1,\ x_2,\ x_3) = (x_1^x,\ x_2^*,\ x_3^*) \text{ 일 때 } f_1 = f_2 = f_3 = 0$$

▶ 3변수 함수의 2차 조건(충분조건)

다음과 같은 3변수 함수 $f(x_1, x_2, x_3)$의 헤시안 행렬을 고려해 보자.

$$H = \begin{bmatrix} f_{11} & f_{12} & f_{13} \\ f_{21} & f_{22} & f_{23} \\ f_{31} & f_{32} & f_{33} \end{bmatrix}$$

헤시안 행렬인 H를 이용하여 구성한 행렬 H_1, H_2, H_3을 다음과 같이 정의한다.

$$H_1 = [f_{11}]$$

$$H_2 = \begin{bmatrix} f_{11} & f_{12} \\ f_{21} & f_{22} \end{bmatrix}$$

$$H_3 = \begin{bmatrix} f_{11} & f_{12} & f_{13} \\ f_{21} & f_{22} & f_{23} \\ f_{31} & f_{32} & f_{33} \end{bmatrix}$$

헤시안 행렬의 행렬식 $|H|$는 헤시안 행렬식(Hessian determinant)이다. 따라서 $|H_1|$은 H_1의 행렬식이고, $|H_2|$는 H_2의 행렬식이고, $|H_3|$은 H_3의 행렬식이다. 3변수 헤시안 행렬을 이용한 함수의 2차 조건은 다음과 같다.

제1차 필요조건을 만족하는 $f(x_1^x, x_2^*, \cdots x_n^*)$가

(1) 극댓값이기 위해서는 $|H_1| < 0, |H_2| > 0, |H_3| < 0$ 이어야 하며

(2) 극솟값이기 위해서는 $|H_1| > 0, |H_2| > 0, |H_3| > 0$ 이어야 한다.

▶ n변수인 다변수 함수의 2차 조건(충분조건)

n변수 함수의 헤시안 행렬은 다음과 같다.

$$|H_n| = \begin{bmatrix} f_{11} & f_{12} & \cdots & f_{1n} \\ f_{21} & f_{22} & \cdots & f_{2n} \\ \vdots & \vdots & & \vdots \\ f_{n1} & f_{n2} & \cdots & f_{nn} \end{bmatrix}$$

이제 헤시안 행렬을 이용하여 다변수 함수의 2차 조건을 다음과 같이 나타낼 수 있다.

제1차 필요조건을 만족하는 $f(x_1^x, x_2^*, \cdots x_n^*)$가

(1) 극댓값이기 위해서는 $|H_1| < 0, |H_2| > 0, |H_3| < 0, \cdots, (-1)^n|H_n| > 0$ 이어야 하며

(2) 극솟값이기 위해서는 $|H_1| > 0, |H_2| > 0, |H_3| > 0, \cdots, |H_n| > 0$ 이어야 한다.

이해를 돕기 위해 그림으로 표현하면 다음과 같다.

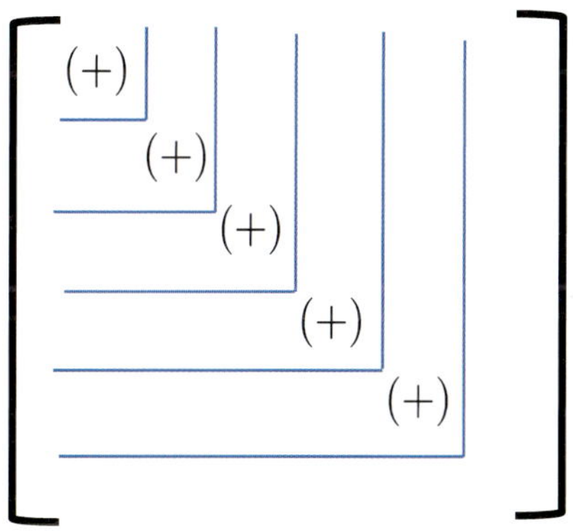

극솟값

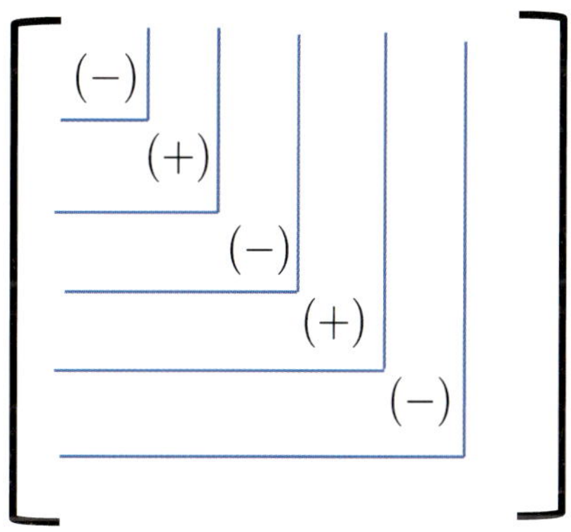

극댓값

문제

1. 다음 함수의 극값을 구하시오.

(1) $f(x,y) = x^2 + xy + y^2 - 6x - 6y$

(2) $f(x,y) = 2x^3 + 2xy - x^2 + y^2 + 2$

(3) $f(x,y,z) = x + 2y + 3z - \frac{1}{100}x^2 - \frac{1}{100}y^2 - \frac{1}{200}z^2$

(4) $f(x,y,z) = 2x^2 + y^2 + 2z^2 + xy + yz + x + z$

2. 완전경쟁시장에서 두 가지 제품을 생산하는 어떤 기업의 총수입함수와 총비용함수가 다음과 같다.

$$TR = 6Q_1 + 4Q_2$$
$$TC = 2Q_1^2 + Q_2^2 + 2Q_1Q_2 + 4$$

이윤 극대화를 위한 충분조건을 만족한다고 가정하고, 이 기업의 이윤극대화 생산량과 극대 이윤을 구하시오.

3. 시장에서 독점적인 기업 A는 두 개의 공장을 동시에 운영하고 있다. 기업 A의 총수입 함수는 $TR = 100 + 10x_1 + 12x_2 - x_1x_2$ 이며, 두 공장의 총비용 함수는 각각 $C_1(x_1) = {x_1}^2$, $C_2(x_2) = 2{x_2}^2$ 이다. 독점기업 A의 이윤 함수를 $\pi = TR - TC_1 - TC_2$ 라고 할 때 이윤을 극대화 두 공장의 생산량을 구하시오.

풀이

1. (1) 우선 1차 필요조건을 만족하는 값부터 구해야 하므로,

$$f_x = 2x + y - 6 = 0$$

$$f_y = x + 2y - 6 = 0$$

의 방정식을 풀면 $(x^* = 2,\ y^* = 2)$ 임을 알 수 있다.
이계조건에 적용하기 위해 이계 편도함수를 구해보면

$$f_{xx} = 2,\ f_{yy} = 2,\ f_{xy} = f_{yz} = 1$$

이므로

$$f_{xx} > 0,\ f_{xx}f_{yy} - \left(f_{xy}\right)^2 = 4 - 1 = 3 > 0$$

에서 $(\boldsymbol{x}^* = 2, \boldsymbol{y}^* = 2)$ 일 때의 함수 값 $\boldsymbol{f}(2,2) = -12$ 이 극솟값임을 알 수 있다.

(2) 우선 1차 필요조건을 만족하는 값부터 구해야 하므로

$$f_x = 6x^2 + 2y - 2x = 0$$

$$f_y = 2x + 2y = 0$$

$x = -y$ 를 이용해 방정식을 풀면 순서쌍 (0, 0)과 $\left(\frac{2}{3}, -\frac{2}{3}\right)$ 를 얻을 수 있다.
이계조건에 적용하기 위해 이계 편도함수를 구해보면

$$f_{xx} = 12x - 2, \qquad f_{yy} = 2, \qquad f_{xy} = f_{yz} = 2$$

먼저 순서쌍 (0, 0) 에 이계조건을 적용해보면 $f_{xx} = -2$ 이므로 $f_{xx}f_{yy} < \left(f_{xy}\right)^2$ 이 되어 이계 조건을 만족하지 못한다.
다음 순서쌍 $\left(\frac{2}{3}, -\frac{2}{3}\right)$ 에 이계조건을 적용해보면

$$f_{xx} > 0, f_{xx}f_{yy} - \left(f_{xy}\right)^2 = 12 - 4 = 8 > 0$$

에서 순서쌍 $\left(\frac{2}{3}, -\frac{2}{3}\right)$ 일 때의 함수 값 $f\left(\frac{2}{3}, -\frac{2}{3}\right) = \frac{46}{27}$ 이 극솟값임을 알 수 있다.

(3) 우선 $\frac{\partial f}{\partial x} = \frac{\partial f}{\partial y} = \frac{\partial f}{\partial z} = 0$을 만족하는 (x^*, y^*, z^*)을 구해보면 그 과정은 다음과 같다.

$$\frac{\partial f}{\partial x} = 1 - \frac{2}{100}x = 0, \qquad \frac{\partial f}{\partial y} = 2 - \frac{2}{100}y = 0, \qquad = \frac{\partial f}{\partial z} = 3 - \frac{2}{200}z = 0$$

따라서 $x^* = 50$, $y^* = 100$, $z^* = 300$ 이 제1차 필요조건을 충족시킴을 알 수 있으며 헤시안 행렬을 구해보면

$$H = \begin{bmatrix} -\frac{2}{100} & 0 & 0 \\ 0 & -\frac{2}{100} & 0 \\ 0 & 0 & -\frac{1}{100} \end{bmatrix}$$

$$|H_1| = -\frac{1}{100} < 0, \qquad |H_2| = \frac{2}{10,000} > 0, \qquad |H_3| = -\frac{4}{1000000} < 0$$

$(x^* = 50, y^* = 100, z^* = 300)$일 때 극댓값 575를 가진다.

(4) $\frac{\partial f}{\partial x} = 4x + y + 1 = 0, \frac{\partial f}{\partial y} = 2y + x + z = 0, \frac{\partial f}{\partial z} = 4z + y + 1 = 0$

해를 구하면, $x^* = -\frac{1}{3}\ \ y^* = \frac{1}{3}\ \ z^* = -\frac{1}{3}$ 가 됨을 알 수 있다. 헤시안 행렬을 구해보면

$$H = \begin{bmatrix} 4 & 1 & 0 \\ 1 & 2 & 1 \\ 0 & 1 & 4 \end{bmatrix}$$

$$|H_1| = 4 > 0, \qquad |H_2| = 7 > 0, \qquad |H_3| = (4)(8-1) - (1)(4) > 0$$

$f\left(-\frac{1}{3}, \frac{1}{3}, -\frac{1}{3}\right) = \frac{14}{9}$ 가 극솟값이다.

2. [목적함수] $\pi(Q_1, Q_2) = 6Q_1 + 4Q_2 - 2Q_1^2 - Q_2^2 - 2Q_1Q_2 - 4$

[일계조건]

$$\frac{\partial \pi}{\partial Q_1} = 6 - 4Q_1 - 2Q_2 = 0$$
$$\frac{\partial \pi}{\partial Q_2} = 4 - 2Q_2 - 2Q_1 = 0$$

연립방정식을 풀면 $Q_1^* = Q_2^* = 1$이다. 이를 목적함수에 대입하면 극대이윤 $\pi^* = 3$이다.

3. [목적함수] $\pi(Q) = TR(Q) - TC(Q_1) - TC(Q_2) = 100 + 10x_1 + 12x_2 - x_1x_2 \text{-} {x_1}^2 - 2{x_2}^2$

[일계조건]

$$\frac{\partial \pi}{\partial x_1} = 10 - x_2 - 2x_1 = 0$$
$$\frac{\partial \pi}{\partial x_2} = 12 - x_1 - 4x_2 = 0$$

연립방정식을 풀면 $x_1^* = 4, x_2^* = 2$이다.

[이계조건]

$$H_2 = \begin{bmatrix} -2 & -1 \\ -1 & -4 \end{bmatrix}$$

$|\boldsymbol{H_1}| < \mathbf{0}; |\boldsymbol{H_2}| > \mathbf{0}$ 이므로 $\boldsymbol{\pi}(\boldsymbol{x_1^*},\ \boldsymbol{x_2^*})$ 는 극댓값이다. 따라서 독점기업 A의 이윤 극대화 생산량은 각각 $\boldsymbol{x_1^*} = \mathbf{4}, \boldsymbol{x_2^*} = \mathbf{2}$이다.

제 9 장 제약조건하의 극대·극소

제약조건이 존재하지 않는 경우, 함수를 구성하는 독립변수들은 상호 독립적이다. 그러나 제약조건이 가미되면(경제학적인 예를 들면, '생산량의 합이 일정' 하거나, '정해진 비용이 있다' 등등) 변수들 사이의 독립성은 없어지게 된다. 변수들이 서로 영향을 미치게 된다면 극값의 도출방법이 복잡해진다. 이 장에서는 등식형태를 가진 제약조건하의 극값 도출을 쉽게 해주는 라그랑지 승수법의 개념과 적용방법을 학습한다.

9-1. 라그랑지 함수의 개념

▶ 라그랑지 함수

라그랑지 함수란 목적함수 $f(x_1, x_2, \ldots, x_n)$와 음함수 형태의 제약조건 $g_0 - g(x_1, x_2, \ldots, x_n) = 0$을 선형 결합하여 만든 함수이고 이러한 과정을 라그랑지 승수법이라 한다. 즉, 라그랑지 함수란 제약조건이 가미된 최적화 문제를 제약조건이 없는 함수의 극값 문제로 변환시킨 함수이다.

목적함수가 $z = f(x_1, x_2)$로 주어져 있고 제약조건이 $g(x_1, x_2) = c$의 형태로 주어져 있는 최적화 문제의 일반 형태는 다음과 같다.

$$\max \ f(x_1, \cdots, x_n)$$
$$\text{Subject to } \ g(x_1, \cdots, x_n) = \mathrm{c}$$

라그랑지 승수(λ)를 이용하여 하나의 함수로 만들면 다음과 같다.

$$L(x_1, x_2, \lambda) = f(x_1, x_2) + \lambda[c - g(x_1, x_2)]$$

이를 라그랑지 함수라고 하며, 라그랑지 함수는 변수가 x_1, x_2, λ인 함수가 된다. 일반적으로 목적함수 $z = f(x_1, x_2)$는 비선형이고 제약조건 $g(x_1, x_2) = c$는 선형함수이다. 따라서 두 함수의 선형결합인 라그랑지 함수는 비선형이 된다. 라그랑지 함수는 목적함수에 라그랑지 승수인 λ가 추가된 다변수 함수의 극값으로 간주하면 된다.

9-2. 라그랑지 승수법의 조건

▶ 1차 조건(일계조건)

제약조건이 있는 2변수 함수는 라그랑지 함수로 다음과 같이 전환되었다.

$$L(x_1, x_2, \lambda) = f(x_1, x_2) + \lambda[c - g(x_1, x_2)]$$

라그랑지 함수의 최적화 1차 조건은 라그랑지 함수를 변수 x_1, x_2, λ에 대해 다음과 같이 편미분하는 것이다.

$$L_1 = f_1 - \lambda g_1 = 0$$

$$L_2 = f_2 - \lambda g_2 = 0$$

$$L_\lambda = g_0 - g(x_1, x_2) = 0$$

미지수가 3개이고 방정식이 3개인 연립방정식을 풀면 다음과 같이 해가 도출된다.

연립방정식의 해: $(x_1^*, x_2^*, \lambda^*)$

라그랑지 함수를 만들 때 추가된 변수인 라그랑지 승수 λ에 대해서도 편미분을 한다는 것에 주목하자. 이러한 방법을 라그랑지 승수법이라고 한다.

▶ 2차 조건(이계조건)

라그랑지 함수가 $L(x_1, x_2, \lambda) = f(x_1, x_2) + \lambda[c - g(x_1, x_2)]$로 정의 될 때, 유계 헤시안(bordered Hessian)은 다음과 같이 정의되는 행렬식을 의미한다.

$$\left|\bar{H_2}\right| = \begin{bmatrix} 0 & g_1 & g_2 \\ g_1 & L_{11} & L_{12} \\ g_2 & L_{21} & L_{22} \end{bmatrix}$$

※ 이 정의에서 $g_i = \frac{\partial g}{\partial x_i}$, $L_{ij} = \frac{\partial^2 L}{\partial x_i \partial x_j}$를 의미한다.

▶ $\frac{\partial L}{\partial x_1} = 0$, $\frac{\partial L}{\partial x_2} = 0$, $\frac{\partial L}{\partial \lambda} = 0$ **의 제1차 필요조건을 충족하는** $(x_1^*, x_2^*, \lambda^*)$**가 주어졌을 때**

(a) $\left|\bar{H_2}\right| < 0$ 이 성립하면 $f(x_1^*, x_2^*)$ 는 극솟값이며,
(b) $\left|\bar{H_2}\right| > 0$ 이 성립하면 $f(x_1^*, x_2^*)$ 는 극댓값이다.

생각 열기

경제학에서 가장 많이 사용되는 다음의 함수 3가지를 생각해보자.

(1) 선형함수: $\max y(x_1, x_2) = ax_1 + bx_2$, 제약식 $p_1x_1 + p_2x_2 = I$
(2) C-D함수: $\max y(x_1, x_2) = x_1^a x_2^b$, 제약식 $p_1x_1 + p_2x_2 = m$
(3) 레온티에프 함수: $\min y(x_1, x_2) = \{ax_1, b\,x_2\}$, 제약식 $wx_1 + rx_2 = C$

(1) 선형과 선형이 만나는 점은 각각의 기울기에 따라 결정된다. 기울기가 다르면 한 점에서 만나고 기울기가 같으면 평행하거나 일치하는 선분이다. (1)에 주어진 목적함수와 제약식을 보면, 두 함수 모두 선형인 함수이다. 목적함수의 기울기는 a, b에 의해서 결정되고 제약식의 기울기는 p_1, p_2에 의해서 결정된다. 따라서 기울기에 의해서 해(corner solution)가 결정된다. 라그랑지 함수의 해를 구하기 위해서는 2차 미분이 필요하다. 그러나 선형과 선형의 결합은 2차 미분이 항상 $\mathbf{0}$이 되므로 라그랑지 함수에 의한 최적값 도출은 불가능하다. 따라서 2계조건도 불필요하다. 주어진 (1)의 경우 해는 다음과 같다.

$$\begin{cases} \frac{a}{b} > \frac{p_1}{p_2} : \; x^* = \frac{I}{p_1},\; y^* = 0 \\ \frac{a}{b} = \frac{p_1}{p_2} : x \in \left[0, \frac{I}{p_1}\right],\; y \in \left[0, \frac{I}{p_2}\right] (I = p_1x_1 + p_2x_2) \\ \frac{a}{b} < \frac{p_1}{p_2} : \; x^* = 0,\; y^* = \frac{I}{p_2} \end{cases}$$

(2) C-D 함수는 비선형이고 제약식은 선형이므로 두 함수의 결합인 라그랑지 함수는 비선형이 된다. 따라서 2차 미분 값이 존재한다. 이 경우 랑그랑지 함수는 다음과 같다.

$$L(x_1, x_2, \lambda) = x_1^a x_2^b + \lambda(m - p_1x_1 - p_2x_2)$$

[일계조건]

$$L_1 = ax_1^{a-1}x_2^b - \lambda p_1 = 0$$

$$L_2 = bx_1^a x_1^{b-1} - \lambda p_2 = 0$$

$$L_3 = m - p_1x_1 - p_2x_2 = 0$$

연립방정식의 해를 구해보면

$$\frac{L_1}{L_2} = \frac{ax_1^{a-1}x_2^b}{bx_1^a x_2^{b-1}} = \frac{\lambda p_1}{\lambda p_2}$$

$$\frac{\mathrm{a}x_2}{bx_1} = \frac{p_1}{p_2} \Rightarrow x_2 = \frac{bp_1}{ap_2}x_1$$

x_2를 L_3에 대입하면

$$p_1x_1 + p_2\left(\frac{bp_1}{ap_2}\right) = m$$

$$x_1^* = \frac{a}{(a+b)}\frac{m}{p_1},\quad x_2^* = \frac{b}{(a+b)}\frac{m}{p_2}$$

[이계조건]

$$\left|\bar{H_2}\right| = \begin{bmatrix} 0 & p_1 & p_2 \\ p_1 & a(a-1)x_1^{a-2}x_2^b & abx_1^{a-1}x_2^{b-1} \\ p_2 & abx_1^{a-1}x_2^{b-1} & b(b-1)x_1^a x_1^{b-2} \end{bmatrix} > 0$$

따라서 극댓값이 존재한다.

(3) 레온티에프 함수는 연속적인 함수가 아니다. 따라서 미분이 불가능하므로 라그랑지를 통하여 구할 수가 없다. 이런 경우 극값은 다음과 같은 방법으로 구한다.

① $ax_1 < bx_2$인 경우, $y = ax_1$가 성립하므로 제약식이 $wx_1 + rx_2 = C$ 인 경우 $x_1^* = \frac{C}{w}$가 성립한다. 따라서

$$y = a\frac{C}{w}\text{가 된다.}$$

② $ax_1 > bx_2$인 경우, $y = bx_2$가 성립하므로 제약식이 $wx_1 + rx_2 = C$인 경우 $x_2^* = \frac{C}{r}$가 성립한다. 따라서

$$y = b\frac{C}{r}\text{가 된다.}$$

③ $ax_1 = bx_2$인 경우, 마찬가지 방식으로 $y = a\frac{C}{w} = ax_1$ 혹은 $y = b\frac{C}{r} = bx_2$ 위 (1)과 (2)에 의해서

$$y = \max\left\{a\frac{C}{w},\ b\frac{C}{r}\right\}\text{가 된다.}$$

문제

1. 석현이는 원금 200만원을 가지고 채권과 주식에 적절히 분배하여 투자하려고 한다. 채권에 x_1만큼 투자하고, 주식에 x_2만큼 투자한다면 1년 후의 총 기대수익(단위:만원) 함수는 다음과 같다.

$$f(x_1, x_2) = x_1 + 2x_2 - \frac{1}{100}\left(x_1^2 + 3x_1x_2 + x_2^2\right)$$

총 기대수익 $f(x_1, x_2)$을 최대화 할 수 있도록 채권과 주식에 대한 투자금액을 각각 구하였으나, 석현이는 총 기대수익 함수가 잘못되었음을 알았다. 무엇이 문제인지 제시하시오.

2. 다음 Cobb-Douglas함수 형태의 효용함수와 제약 조건하에서의 극댓값을 구하시오.

(1) $y(x_1, x_2) = x_1^{\frac{1}{2}}x_2^{\frac{1}{2}}$ 제약식 $p_1x_1 + p_2x_2 = m$

(2) $f(x_1, x_2) = x_1^{\frac{1}{4}}x_2^{\frac{3}{4}}$ 제약식 $2x_1 + 4x_2 = 100$

3. 목적함수가 선형함수이고 제약식의 경우, 극댓값 혹은 극솟값을 구하시오.

(1) 선형함수인 $Q(x_1, x_2) = x_1 + x_2$인 경우 제약조건이 $x_1^2 + x_2 = 2$일 때 f의 극값을 구하시오.

(2) 선형함수인 $C(x_1, x_2) = x_1 + x_2$인 경우 제약조건이 $x_1^2 - x_2 = 2$일 때 f의 극값을 구하시오.

4. 생산요소인 x와 y를 각각 투입하면 $f(x,y) = -2x^2 - 4y$의 함수에 의하여 생산량이 결정된다. 생산요소 x의 가격이 단위당 10만원, 생산요소 y의 가격이 단위당 2만원이고, 주어진 총 예산은 310만원이다. 이때 생산량을 극대화하는 생산요소의 투입량을 구하시오.

풀이

1.

$$L(x_1, x_2, \lambda) = x_1 + 2x_2 - \frac{1}{100}\left(x_1^2 + 3x_1x_2 + x_2^2\right) + \lambda(200 - x_1 - x_2)$$

[일계조건]

$$L_1 = 1 - \frac{2x_1}{100} - \frac{3x_2}{100} - \lambda = 0$$

$$L_2 = 2 - \frac{3x_1}{100} - \frac{2x_2}{100} - \lambda = 0$$

$$L_3 = 200 - x_1 - x_2 = 0$$

연립방정식을 풀어 x_1^*, x_2^*, λ^* 를 구하면

$$x_1^* = 150, \qquad x_2^* = 50, \qquad \lambda^* = -3.5$$

따라서 채권에 150만원을, 주식에 50만원을 투자하는 것이 가장 기대수익을 높이는 방법이 될 것이다.

[이계조건]

$$\left|\bar{H}_2\right| = \begin{bmatrix} 0 & -1 & -1 \\ -1 & -\frac{2}{100} & -\frac{3}{100} \\ -1 & -\frac{3}{100} & -\frac{2}{100} \end{bmatrix} < 0$$

$\left|\bar{H}_2\right| < 0$ 이 성립하면 $f(x_1^*, x_2^*)$ 는 극솟값이 되므로 수익을 극대화하는 방법이 아니다.

2. (1) $L(x_1, x_2, \lambda) = x_1^{\frac{1}{2}} x_2^{\frac{1}{2}} + \lambda(m - p_1x_1 - p_2x_2)$

[일계조건]

$$L_1 = \frac{1}{2}x_1^{-\frac{1}{2}}x_2^{\frac{1}{2}} - \lambda p_1 = 0$$

$$L_2 = \frac{1}{2}x_1^{\frac{1}{2}}x_1^{-\frac{1}{2}} - \lambda p_2 = 0$$

$$L_3 = m - p_1x_1 - p_2x_2 = 0$$

연립방정식의 해를 구해보면

$$\frac{L_1}{L_2} = \frac{\frac{1}{2}x_1^{-\frac{1}{2}}x_2^{\frac{1}{2}}}{\frac{1}{2}x_1^{\frac{1}{2}}x_2^{-\frac{1}{2}}} = \frac{\lambda p_1}{\lambda p_2}$$

$$\frac{x_2}{x_1} = \frac{p_1}{p_2} \Rightarrow x_2 = \frac{p_1}{p_2}x_1$$

x_2를 L_3에 대입하면

$$p_1x_1 + p_2\left(\frac{p_1}{p_2}\right)x_1 = m$$

$$x_1^* = \frac{m}{2p_1}, \quad x_2^* = \frac{m}{2p_2}$$

[이계조건]

$$\left|\bar{H}_2\right| = \begin{bmatrix} 0 & p_1 & p_2 \\ p_1 & \frac{1}{2}(-\frac{1}{2})x_1^{-\frac{3}{2}}x_2^{\frac{1}{2}} & \left(\frac{1}{2}\right)\left(\frac{1}{2}\right)x_1^{-\frac{1}{2}}x_2^{-\frac{1}{2}} \\ p_2 & \left(\frac{1}{2}\right)\left(\frac{1}{2}\right)x_1^{-\frac{1}{2}}x_2^{-\frac{1}{2}} & \left(\frac{1}{2}\right)\left(-\frac{1}{2}\right)x_1^{\frac{1}{2}}x_1^{-\frac{3}{2}} \end{bmatrix} > 0$$

x_1^*과 x_2^*의 값을 투입하여 유계 헤시안을 가격의 함수로 전환 후 행렬식의 값을 구하면 유계 헤시안 값은 (+)의 값을 가진다.

따라서 $x_1^* = \frac{1}{2} \cdot \frac{m}{p_1}$, $x_2^* = \frac{1}{2} \cdot \frac{m}{p_2}$는 극댓값이 된다.

(2) $L(x_1, x_2, \lambda) = {x_1}^{0.25}{x_2}^{0.75} + \lambda(100 - 2x_1 - 4x_2)$

[일계조건]

$$L_1 = 0.25x_1^{-0.75}x_2^{0.75} - 2\lambda = 0$$

$$L_2 = 0.75x_1^{0.25}x_2^{-0.25} - 4\lambda = 0$$

$$L_3 = 100 - 2x_1 - 4x_2 = 0$$

연립방정식의 해를 구해보면

$$\frac{L_1}{L_2} = \frac{0.25x_1^{-0.75}x_2^{0.75}}{0.75x_1^{0.25}x_2^{-0.25}} = \frac{2\lambda}{4\lambda}$$

$$x_2 = \frac{3}{2}x_1$$

x_2를 L_3에 대입하면

$$2x_1 + 4\left(\frac{3}{2}x_1\right) = 100$$

$$x_1^* = \frac{600}{48} = \frac{25}{2}$$

$$x_2^* = \frac{300}{16} = \frac{75}{4}$$

[이계조건]

$$|\bar{H}| = \begin{bmatrix} 0 & 2 & 4 \\ 2 & (-0.75)(0.25)x_1^{-1.75}x_2^{0.75} & (0.25)(0.75)x_1^{-0.75}x_2^{-0.25} \\ 4 & (0.25)(0.75)x_1^{-0.75}x_2^{-0.25} & (-0.25)(0.75)x_1^{0.25}x_2^{-1.25} \end{bmatrix} > 0$$

x_1^*과 x_2^*의 값을 투입하여 유계 헤시안 행렬식의 값을 구하면 유계 헤시안 값은 (+)의 값을 가진다.

따라서 $\mathbf{x_1^*} = \frac{25}{2}$ 와 $\mathbf{x_2^*} = \frac{75}{4}$ 은 극댓값이 된다.

3. (1) $L = x_1 + x_2 + \lambda(2 - x_1^2 - x_2)$

[일계조건]

$$L_1 = \frac{\partial L}{\partial x_1} = 1 - 2\lambda x_1 = 0$$

$$L_2 = \frac{\partial L}{\partial x_2} = 1 - \lambda = 0$$

$$L_3 = \frac{\partial L}{\partial \lambda} = 2 - x_1^2 - x_2 = 0$$

이 연립방정식을 풀면 $x_1^* = 0.5$, $x_2^* = 1.75$, $\lambda^* = 1$을 구할 수 있다.

[이계조건]

$$|\bar{H}| = \begin{bmatrix} 0 & 2 & 1 \\ 2 & -2 & 0 \\ 1 & 0 & 0 \end{bmatrix} = 2 > 0$$

따라서 $f(0.5, 1.75)$가 극댓값임을 알 수 있다.

(2) $L = 4x_1 + x_2 + \lambda(2 - x_1^2 + x_2)$

[일계조건]

$$L_1 = \frac{\partial L}{\partial x_1} = 4 - 2\lambda x_1 = 0$$

$$L_2 = \frac{\partial L}{\partial x_2} = 1 + \lambda = 0$$

$$L_3 = \frac{\partial L}{\partial \lambda} = 2 - x_1^2 + x_2 = 0$$

이 연립방정식을 풀면 $x_1^* = -2$, $x_2^* = 2$, $\lambda^* = -1$을 구할 수 있다.

[이계조건]

$$|\bar{H}| = \begin{bmatrix} 0 & 4 & -1 \\ 4 & 2 & 0 \\ -1 & 0 & 0 \end{bmatrix} = -2 < 0$$

따라서 $f(-2,\ 2)$가 극솟값임을 알 수 있다.

4. $L(x, y, \lambda) = -2x^2 - 4y + \lambda(310 - 10x - 2y)$

[일계조건]

$$\frac{\partial L}{\partial x} = -4x - 10\lambda = 0,$$

$$\frac{\partial L}{\partial y} = -4 - 2\lambda = 0,$$

$$\frac{\partial L}{\partial \lambda} = 310 - 10x - 2y = 0$$

이 연립방정식을 풀면 $(x^* = 5,\ y^* = 130,\ \lambda^* = -2)$를 구할 수 있다.

[이계조건]

$$|\bar{H}| = \begin{bmatrix} 0 & 10 & 2 \\ 10 & -4 & 0 \\ 2 & 0 & 0 \end{bmatrix} = 16 > 0$$

$|\bar{H}|$이 0보다 크므로 $(x^* = 5,\ y^* = 130)$은 생산량을 극대화하는 최적자원투입량이다.

9-3. 라그랑지 승수법의 일반화

▶ 다변수 목적함수의 경우

목적함수는 f=$f(x_1, x_2, \cdots, x_n)$이고 제약조건은 $g(x_1, x_2, \cdots, x_n) = c$인 최적화 문제를 살펴보자. 목적함수와 제약조건의 변수가 많다고 하더라도 라그랑지 승수법의 적용 과정은 차이가 없다.

$$L(x_1, x_2, \cdots, x_n, \lambda) = f(x_1, x_2, \cdots, x_n, \lambda) + [c - g(x_1, x_2, \cdots, x_n)]$$

$$\frac{\partial L}{\partial x_1} = \frac{\partial f}{\partial x_1} - \lambda \frac{\partial g}{\partial x_1} = 0$$

$$\frac{\partial L}{\partial x_2} = \frac{\partial f}{\partial x_2} - \lambda \frac{\partial g}{\partial x_2} = 0$$

$$\vdots \quad \vdots \quad \vdots \quad \vdots$$

$$\frac{\partial L}{\partial x_n} = \frac{\partial f}{\partial x_n} - \lambda \frac{\partial g}{\partial x_n} = 0$$

$$\frac{\partial L}{\partial \lambda} = c - g(x_1, x_2, \cdots, x_n) = 0$$

이 조건을 충족시키는 $(x_1^*,\ x_2^*, \cdots,\ x_n^*,\ \lambda^*)$가 제2차 충분조건도 충족시키는지 여부를 판정하기 위해서는 유계 헤시안을 도출해야 하는데, 다변수 목적함수의 경우도 행렬의 형태는 같다.

$$|\bar{H}| = \begin{vmatrix} 0 & g_1 & g_2 & \cdots & g_n \\ g_1 & L_{11} & L_{12} & \cdots & L_{1n} \\ g_2 & L_{21} & L_{22} & \cdots & L_{2n} \\ \vdots & \vdots & \vdots & & \vdots \\ g_n & L_{n1} & L_{n2} & \cdots & L_{nn} \end{vmatrix}$$

※ 이 식에서 $g_i = \frac{\partial g}{\partial x_i}$ 이며, $L_{ij} = \frac{\partial^2 L}{\partial x_i \partial x_j}$ 를 의미한다.

유계 헤시안이 위와 같이 주어질 때, 순차적인 유계 헤시안 주소행렬식 $|\bar{H}_n|$를 다음과 같이 정의한다.

$$|\bar{H}_2| = \begin{bmatrix} 0 & g_1 & g_2 \\ g_1 & L_{11} & L_{12} \\ g_2 & L_{21} & L_{22} \end{bmatrix}, \qquad |\bar{H}_3| = \begin{bmatrix} 0 & g_1 & g_2 & g_3 \\ g_1 & L_{11} & L_{12} & L_{13} \\ g_2 & L_{21} & L_{22} & L_{23} \\ g_3 & L_{31} & L_{32} & L_{33} \end{bmatrix}, \qquad \cdots$$

$$|\bar{H}_n| = |\bar{H}|$$

(a) 만일 $|\bar{H}_2|$이 양의 부호(+)를 가지며, 이하 모든 유계 헤시안 주소행렬식의 부호가 (-)과 (+)를 번갈아 가며 반복한다면 라그랑지 함수는 극댓값을 갖는다.

(b) 만일 $|\bar{H}_2|$를 포함하여 모든 유계 헤시안 주소행렬식의 부호가 음의 부호(-)를 갖는다면 라그랑지 함수는 극솟값을 갖는다.

이를 정리하면 다음과 같다.

$\frac{\partial L}{\partial x_1} = \frac{\partial L}{\partial x_2} = \cdots = \frac{\partial L}{\partial x_n} = \frac{\partial L}{\partial \lambda} = 0$의 제1차 필요조건을 충족하는 $(x_1^*, x_2^*, \cdots, x_n^*, \lambda^*)$ 가 주어졌을 때

(a) $\left|\bar{H_2}\right| > 0,\ \left|\bar{H_3}\right| < 0,\ \left|\bar{H_4}\right| > 0, \cdots,\ (-1)^n \left|\bar{H_n}\right| > 0$ 을 만족하면 $f(x_1^*, x_2^*, \cdots, x_n^*, \lambda^*)$는 극댓값이며,

(b) $\left|\bar{H_2}\right|,\ \left|\bar{H_3}\right|,\ \cdots,\ \left|\bar{H_n}\right| < 0$ 이면 $f(x_1^*, x_2^*, \cdots, x_n^*, \lambda^*)$는 극솟값이다.

문제

1. 목적함수, 제약조건이 다음과 같이 주어졌을 때, 라그랑지 승수법을 이용하여 극대·극소를 판단하고 극점을 구하시오.

(1) 목적함수 $\boldsymbol{f(x,y,z) = x^2 + 2y^2 + z^2}$

제약조건 $\boldsymbol{g(x,y,z) = x + y + z = 10}$

(2) 목적함수 $\boldsymbol{f(x,y,z) = xy + xz + yz}$

제약조건 $\boldsymbol{g(x,y,z) = xyz = 1000}$

풀이

1. (1) $\mathbf{L}(\boldsymbol{x,y,z,\lambda}) = \boldsymbol{x^2 + 2y^2 + z^2 + \lambda(10 - x - y - z)}$

[일계조건]

$$\frac{\partial L}{\partial x} = 2x - \lambda = 0, \qquad \frac{\partial L}{\partial y} = 4y - \lambda = 0$$

$$\frac{\partial L}{\partial z} = 2z - \lambda, \qquad \frac{\partial L}{\partial \lambda} = 10 - x - y - z = 0$$

이를 정리하면

$$2x = 4y = 2z = \lambda, \qquad x + y + z = 10$$

따라서 $(x^*, y^*, z^*) = (4, 2, 4)$임을 알 수 있다.

[이계조건]

유계 헤시안을 정의하면 다음과 같다.

$$\left|\bar{\mathrm{H}}\right| = \begin{bmatrix} 0 & g_x & g_y & g_z \\ g_1 & L_{xx} & L_{xy} & L_{xz} \\ g_y & L_{yx} & L_{yy} & L_{yz} \\ g_z & L_{zx} & L_{zy} & L_{zz} \end{bmatrix} = \begin{vmatrix} 0 & -1 & -1 & -1 \\ -1 & 2 & 0 & 0 \\ -1 & 0 & 4 & 0 \\ -1 & 0 & 0 & 2 \end{vmatrix}$$

$\left|\bar{H_2}\right| < 0, \left|\bar{H_3}\right| < 0, \left|\bar{H_4}\right| < 0$ 이므로 $f(x,y,z) = (4,2,4)$에서 극솟값을 갖는다.

(2) $\boldsymbol{L(x,y,z,\lambda) = xy + xz + yz + \lambda(1000 - xyz)}$

[일계조건]

$$\frac{\partial L}{\partial x} = y + z - \lambda yz = 0, \qquad \frac{\partial L}{\partial y} = x + z - \lambda xz = 0,$$

$$\frac{\partial L}{\partial z} = x + y - \lambda xy = 0, \qquad \frac{\partial L}{\partial \lambda} = 1000 - xyz = 0$$

이를 정리하면,

$$xy + xz = xy + yz = xz + yz = \lambda xyz$$

따라서 $x^* = y^* = z^*$ 임을 알 수 있다. 제약식 $xyz = x^3 = 1000$에서 다음 결과가 도출된다.

$$x^* = y^* = z^* = 10,\ \lambda = \frac{1}{5}$$

[이계조건]

유계 헤시안을 정의하면 다음과 같다.

$$|\bar{H}| = \begin{bmatrix} 0 & g_x & g_y & g_z \\ g_1 & L_{xx} & L_{xy} & L_{xz} \\ g_y & L_{yx} & L_{yy} & L_{yz} \\ g_z & L_{zx} & L_{zy} & L_{zz} \end{bmatrix} = \begin{bmatrix} 0 & yz & xz & xy \\ yz & 0 & 1-\lambda z & 1-\lambda y \\ xz & 1-\lambda z & 0 & 1-\lambda x \\ xy & 1-\lambda y & 1-\lambda x & 0 \end{bmatrix}$$

$|\bar{H_2}| < 0$, $|\bar{H_3}| < 0$ 이므로 $(x^* = 10,\ y^* = 10,\ z^* = 10)$은 함수의 극솟값이 되는 점들이다.

▶ 다수의 제약조건이 있는 경우

제약조건이 2개 이상인 경우에도 라그랑지 승수법을 이용하여 극값을 구할 수 있다. 목적함수와 제약조건이 다음과 같이 주어져 있다고 하자.

$$\max\ f(x_1, x_2, \cdots, x_n)$$

$$\text{Subject to} \begin{cases} g^1(x_1, x_2, \cdots, x_n) = c_1 \\ g^2(x_1, x_2, \cdots, x_n) = c_2 \\ \vdots \\ g^m(x_1, x_2, \cdots, x_n) = c_m \end{cases}$$

이때의 라그랑지 함수는 다음과 같이 정의된다.

$$L(x_1, x_2, \cdots, x_n, \lambda_1, \lambda_2, \cdots, \lambda_m) = f(x_1, \cdots, x_n) + \sum_{j=1}^{m} \lambda_j \left[c_j - g^j(x_1, \cdots, x_n)\right]$$

이는 각 제약식 g^j에 대해 λ_j가 추가되어 라그랑지 함수에 포함되는 형태이다. 이러한 경우에 1차 조건(필요조건)은 다음과 같다.

$$\frac{\partial L}{\partial x_i} = \frac{\partial f}{\partial x_i} + \sum_{j=1}^{m} \lambda_j \frac{\partial g^j}{\partial x_i} = 0 \quad (i = 1, 2, \cdots, n)$$

$$\frac{\partial L}{\partial \lambda_j} = c_j - g^j(x_1, x_2, \cdots, x_n) = 0 \quad (j = 1, 2, \cdots, m)$$

목적함수와 제약조건이 1차 조건을 만족한다면, 다음과 같은 형태의 유계 헤시안 행렬을 만들 수 있다.

$$|\bar{H}| = \left|\begin{array}{cccc:cccc} 0 & 0 & \cdots & 0 & g_1^1 & g_2^1 & \cdots & g_n^1 \\ 0 & 0 & \cdots & 0 & g_1^2 & g_2^2 & \cdots & g_n^2 \\ \vdots & \vdots & & \vdots & \vdots & \vdots & & \vdots \\ 0 & 0 & \cdots & 0 & g_1^m & g_2^m & \cdots & g_n^m \\ \hdashline g_1^1 & g_1^2 & \cdots & g_1^m & L_{11} & L_{12} & \cdots & L_{1n} \\ g_2^1 & g_2^2 & \cdots & g_2^m & L_{21} & L_{22} & \cdots & L_{2n} \\ \vdots & \vdots & & \vdots & \vdots & \vdots & & \vdots \\ g_n^1 & g_n^2 & \cdots & g_n^m & L_{n1} & L_{n2} & \cdots & L_{nn} \end{array}\right|$$

위의 유계 헤시안을 살펴보면, $g_i^j(x_1, x_2, \cdots, x_n)$는 j 번째 제약식의 1계편도함수를 의미하며, L_{in}은 라그랑지 함수의 2계편도함수임을 의미한다. 이와 같은 유계 헤시안에 대하여 소행렬식 $|\overline{H_2}|, |\overline{H_3}|, \cdots, |\overline{H_n}|$은 다음과 같이 정의된다.

$$|\overline{H_2}| = \begin{vmatrix} 0 & 0 & \cdots & 0 & g_1^1 & g_2^1 \\ 0 & 0 & \cdots & 0 & g_1^2 & g_2^2 \\ \vdots & \vdots & & \vdots & \vdots & \vdots \\ 0 & 0 & \cdots & 0 & g_1^m & g_2^m \\ g_1^1 & g_1^2 & \cdots & g_1^m & \mathrm{L}_{11} & \mathrm{L}_{12} \\ g_2^1 & g_2^2 & \cdots & g_2^m & \mathrm{L}_{21} & \mathrm{L}_{22} \end{vmatrix}, \quad |\overline{H_3}| = \begin{vmatrix} 0 & 0 & \cdots & 0 & g_1^1 & g_2^1 & g_3^1 \\ 0 & 0 & \cdots & 0 & g_1^2 & g_2^2 & g_3^2 \\ \vdots & \vdots & & \vdots & \vdots & \vdots & \vdots \\ 0 & 0 & \cdots & 0 & g_1^m & g_2^m & g_3^m \\ g_1^1 & g_1^2 & \cdots & g_1^m & L_{11} & L_{12} & L_{13} \\ g_2^1 & g_2^2 & \cdots & g_2^m & L_{21} & L_{22} & L_{23} \\ g_3^1 & g_3^2 & \cdots & g_3^m & L_{31} & L_{32} & L_{33} \end{vmatrix}, \quad \cdots, \quad |\overline{H_n}| = \mathrm{H}$$

즉, $|\overline{H_n}|$는 L_{ii}가 선 가장 끝인 우측 아래에 있는 소행렬식이다. 이렇게 구해진 소행렬식으로 2차 조건(충분조건)을 정리하면 아래와 같다.

1차 조건(필요조건)은 $\frac{\partial L}{\partial x_i} = 0 \ (i = 1, 2, \cdots, n)$와 $\frac{\partial L}{\partial \lambda} = 0$을 만족하는 $(x_1^*, x_2^*, \cdots, x_n^*, \lambda^*)$를 찾는 것이며 2차 조건은 다음과 같다.

(1) $|\overline{H_2}| > 0,\ |\overline{H_3}| < 0,\ |\overline{H_4}| > 0,\ \cdots, (-1)^n|\overline{H_n}| > 0$ 을 만족한다면 함수 $f(x_1^*, x_2^*, \cdots, x_n^*)$ 은 극댓값이며,

(2) $|\overline{H_2}| < 0,\ |\overline{H_3}| < 0,\ |\overline{H_4}| < 0,\ \cdots, (-1)^n|\overline{H_n}| < 0$ 을 만족한다면 함수 $f(x_1^*, x_2^*, \cdots, x_n^*)$ 은 극솟값이다.

제 10 장 적분

미분이 잘게 잘랐을 때의 모양이라면 적분은 전체를 합쳤을 때의 모양이다. 따라서 함수의 적분은 넓이와 부피를 계산하는 많이 사용된다. 8 장에서는 미분의 역 연산으로서의 적분의 개념과 그 적분법에 대해 알아본다.

10-1. 부정적분의 개념

▶ 부정적분의 정의

함수 $f(x)$가 $F(x)$의 미분이면, 다음과 같은 식이 성립한다.

$$\frac{dF(x)}{dx} = f(x)$$

이 경우 함수 $F(x)$를 $f(x)$의 역도함수(anti-derivative) 또는 원시함수(primitive function)라고 한다. 부정적분(indefinite integral)은 바로 역도함수인 $F(x)$를 구하는 연산이다. 이러한 이유로 부정적분을 미분의 역 연산이라고 한다. 역 역산을 기호로 표시하면 다음과 같다.

$$\int \frac{dF(x)}{dx} dx = \int f(x) dx = F(x) + C$$

여기서 C를 적분상수(integral constant)라 한다. 함수 $F(x)$는 $f(x)$의 역도함수이지만 유일한 역도함수는 아니다. 따라서 임의의 상수 C를 더한 것이 전체 역도함수를 대표하는 함수가 된다.

생각 열기

부정적분의 한자는 不定積分이고 영어는 indefinite integral이다. 즉, 정해지지 않은 적분을 의미한다. 정해지지 않았다는 것이 무슨 말인가? 그것은 적분값이 정해지지 않았다는 것이다. 즉, $\boldsymbol{f(x)}$의 부정적분값은 원시함수인 $\boldsymbol{F(x)}$와 상수인 $\boldsymbol{C}$의 합이고, 상수인 $\boldsymbol{C}$는 무수히 많기 때문에 적분값이 정해지지 않았다는 의미이다.

적분은 작게 잘라진 것을 합쳤을 때의 전체 모양이라고 할 수 있다. 예를 들어 일반적인 사각형의 넓이를 통하여 모양을 확인한다면 그 때 사각형의 넓이는 '밑변 x 높이'이다. 구체적으로 밑변이 2cm이고 높이가 4cm인 경우 사각형의 넓이는 $\boldsymbol{8cm^2}$이다. 정적분은 특정한 사각형의 넓이인 $\boldsymbol{8cm^2}$가 된다. 반면, 부정적분은 일반적인 사각형의 넓이 공식에 해당한다고 볼 수 있다.

▶ 적분 기호의 의미

적분기호 $\int$ 는 합친다(integral)는 의미이고, dx는 x의 순간 변화량이다. 따라서 부정적분인 $\int f(x)\,dx$의 의미는 $f(x)$와 dx의 곱을 모두 합친다는 의미이다. 수학적으로 표현하면 다음과 같다.

$$\int f(x)\,dx \approx \lim_{\Delta x \to 0} \sum_{x} f(x)\Delta x$$

도형으로 이해하면 $dx\ (= \Delta x)$는 밑변의 길이가 되고, $f(x)$는 높이가 되는 사각형이라고 할 수 있다. 따라서 $f(x)\,dx$와 $f(x)\Delta x$는 사각형의 넓이가 된다. 결국 $\int f(x)\,dx$는 사각형의 넓이를 모두 합한 것이란 의미이다.

10-2. 부정적분의 기본공식

부정적분의 공식을 증명해 보자.

▶ **부정적분의 기본공식 1**

$$\int x^n\,dx = \begin{cases} \dfrac{x^{n+1}}{n+1} + C \ \ (n \neq -1) \\ \\ \ln|x| + C \ (n = -1) \end{cases}$$

(증명)

먼저, $\int x^n\,dx = \frac{x^{n+1}}{n+1} + c\ (n \neq -1)$를 증명하자. x^{n+1}의 미분은 다음과 같다.

$$(x^{n+1})' = \frac{d(x^{n+1})}{dx} = (n+1)x^n$$

이를 정리하면 다음과 같다.

$$x^n = \frac{(x^{n+1})'}{n+1}$$

위 식의 양변에 적분을 취하면,

$$\int x^n\,dx = \int \frac{(x^{n+1})'}{n+1}dx = \frac{1}{n+1}\int (x^{n+1})'\,dx$$

미분함수에 적분을 취하면 원함수가 되므로 다음의 적분공식이 성립한다.,

$$\int x^n\,dx = \frac{x^{n+1}}{n+1} + C$$

다음으로, $\int x^n\,dx = \frac{x^{n+1}}{n+1} = \ln|x| + C(n = -1)$를 증명하자. $\ln x$를 미분하면 다음과 같다.

$$\frac{d(\ln x)}{dx} = \frac{1}{x}$$

위 식의 양변에 적분을 취하면 다음과 같다.

$$\int \frac{d(\ln x)}{dx}dx = \int \frac{1}{x}dx$$

따라서 다음이 성립한다.

$$\ln x + C = \int x^{-1} dx$$

단, $\ln x$에서 x는 양(+)이므로 절대값을 취한 $|x|$이 된다.

▶ 부정적분의 기본공식 2

$$\int \frac{f'(x)}{f(x)} dx = \ln|f(x)| + C$$

(증명)

$f(x) = y$라고 가정하자. x와 y에 대해서 전미분하면 다음과 같다.

$$\frac{\partial f}{\partial x} dx = dy$$

위 식을 정리하면

$$f'(x) = \frac{dy}{dx}$$

위 식을 다시 정리하면 아래와 같은 공식이 된다.

$$\int \frac{f'(x)}{f(x)} dx = \int \frac{1}{f(x)} \cdot f'(x) dx = \int \frac{1}{f(x)} \cdot \frac{\mathrm{d}y}{dx} dx = \int \frac{1}{y} dy = \ln|y| + C = \ln|f(x)| + C$$

▶ 부정적분의 기본공식 3

$$\int e^{rx}\, dx = \frac{1}{r} e^{rx} + C$$

(증명)

미분에 의해서 다음이 성립한다.

$$\frac{de^{rx}}{dx} = (e^{rx})' = re^{rx}$$

양변에 적분을 취하면,

$$\int (e^{rx})' \, dx = r \int e^{rx} \, dx$$

이를 다시 정리하면

$$e^{rx} = r \int e^{rx} \, dx$$

따라서 다음이 성립한다.

$$\int e^{rx} \, dx = \frac{1}{r} e^{rx} + C$$

▶ **부정적분의 기본공식 4**

$$\int kf(x) \, dx = k \int f(x) \, dx \quad (\text{단}, k\text{는 실수})$$

$$\int [f(x) + g(x)] \, dx = \int f(x) \, dx + \int g(x) \, dx$$

$$\int f(x) \, dx - \int g(x) \, dx$$

문제

1. 다음의 부정적분을 구하시오.

(1) $\int \boldsymbol{4x^3 dx}$

(2) $\int \boldsymbol{7dx}$

(3) $\int \boldsymbol{x^{-4} dx}$

(4) $\int \boldsymbol{(2x^2 - 6e^{2x} - 3) \, dx}$

(5) $\int \boldsymbol{\sqrt{x} \, dx}$

(6) $\int \boldsymbol{\sqrt{x^3} \, dx}$

(7) $\int \boldsymbol{x^2 \sqrt{x} \, dx}$

2. 어떤 기업의 한계수입함수 $\boldsymbol{MR(Q)}$와 한계비용함수 $\boldsymbol{MC(Q)}$가 다음과 같다.

$$\boldsymbol{MR(Q) = 60 - 4Q}$$
$$\boldsymbol{MC(Q) = 20}$$

(1) 총수입함수를 구하시오. 단, $Q = 0$일 때 총수입도 0이라고 가정하자.

(2) 총비용함수를 구하시오. 단, $Q = 0$일 때 고정비용은 300만원이라고 가정하자.

풀이

1. (1) $\int 4x^3 dx = x^4 + C$

(2) $\int 7dx = 7x + C$

(3) $\int x^{-4} dx = -\frac{1}{3}x^{-3} + C$

(4) $\int (2x^2 - 6e^{2x} - 3)\,dx = \int 2x^2\,dx - 6\int e^{2x}\,dx - 3\int 1\,dx = \frac{2}{3}x^3 - 3e^{2x} - 3x + C$

(5) $\sqrt{x} = x^{\frac{1}{2}}$ 이므로

$$\int x^{\frac{1}{2}}\,dx = \frac{2}{3}x^{\frac{3}{2}} + C$$

(6) $\sqrt{x^3} = x^{\frac{3}{2}}$ 이므로

$$\int x^{\frac{3}{2}}\,dx = \frac{2}{5}x^{\frac{5}{2}} + C$$

(7) $\int x^2\sqrt{x}\,dx = \int x^{\frac{5}{2}}\,dx = \frac{2}{7}x^{\frac{7}{2}} + C$

2. (1) 한계수입함수 *MR*(Q)는 총수입함수 *TR*(Q)을 생산량 Q에 대해 미분한 결과이므로 총수입함수는 다음과 같다.

$$\int MR(Q)\,dQ = \int (60 - 4Q)\,dQ = 60Q - 2Q^2 + C$$

가 된다. 만일 판매량 Q가 0이라면 총수입도 0이므로 총수입함수는 $TR(Q) = 60Q - 2Q^2$이 되어야 한다.

(2) 총비용함수는

$$C(Q) = \int MC(Q)\,dQ = \int 20\,dQ = 20Q + C$$

가 된다. $Q = 0$일 때의 총비용 TC는 300이다. 따라서 총비용함수는 $C(Q) = 20Q + 300$이다.

▶ 분수 적분법

분수의 적분은 다음과 같은 네 가지 유형으로 분류할 수 있다.

1. 기본 공식을 활용한다.

$$\int \frac{f'(x)}{f(x)} dx = \ln|f(x)| + C$$

이는 $\int \frac{1}{x} dx$를 생각하면 간단히 이해된다. $f(x) = x$이고 $f'(x) = 1$이므로 $\int \frac{1}{x} dx = \ln|x| + C$가 된다.

2. 분모의 차수보다 분자의 차수가 더 높은 경우는 직접 나누어 준다.

$$\frac{2x^3 + 10x}{x^2 + 4} = 2x + \frac{2x}{x^2 + 4}$$

따라서 적분하면 다음과 같다.

$$\int \frac{2x^3 + 10x}{x^2 + 4} dx = \int (2x + \frac{2x}{x^2 + 4}) dx = x^2 + \ln|x^2 + 4| + C$$

3. 인수분해가 가능하면 인수분해를 적극적으로 이용한다.

$$\frac{x - 2}{x^2 + 4x - 12} = \frac{x - 2}{(x + 6)(x - 2)} = \frac{1}{x + 6}$$

따라서 적분에 대입하면 다음과 같다.

$$\int \frac{x - 2}{x^2 + 4x - 12} dx = \int \frac{1}{x + 6} dx = \ln|x + 6| + C$$

4. 하나의 식을 두 개의 식으로 분해한다.

$$\frac{2}{x^2 - 6x + 8} = \frac{2}{(x - 4)(x - 2)} = \frac{1}{x - 4} + \frac{-1}{x - 2}$$

따라서 적분에 대입하면 다음과 같다.

$$\int \frac{2}{x^2 - 6x + 8} dx = \int \frac{1}{x - 4} - \frac{1}{x - 2} dx = \ln|x - 4| - \ln|x - 2| + C$$

문제

1. 다음의 부정적분을 구하여라.

(1) $\int \frac{1}{x} dx$

(2) $\int \frac{1}{x-2} dx$

(3) $\int \frac{1}{5x+1} dx$

(4) $\int \frac{3x^2+2x}{x^3+x^2} dx$

(5) $\int \frac{2x+5}{x^2+5x} dx$

(6) $\int \frac{x^3+2x}{x^2} dx$

(7) $\int \frac{1}{x^2+5} dx$

풀이

1. (1) $\int \frac{1}{x} dx = \ln|x| + C$

(2) $\int \frac{1}{x-2} dx = \ln|x-2| + C$

(3) $\int \frac{1}{5x+1} dx = \frac{1}{5} \int \frac{5}{5x+1} dx = \frac{1}{5} \ln|5x+1| + C$

(4) $\int \frac{3x^2+2x}{x^3+x^2} dx = \ln|x^3 + x^2| + C$

(5) $\int \frac{2x+5}{x^2+5x} dx = \ln|x^2 + 5x| + C$

(6) $\int \frac{x^3+2x}{x^2} dx = \int (x + \frac{2x}{x^2}) dx = \frac{x^2}{2} + \ln|x^2| + C$

(7) $\int \frac{1}{x^2+5x} dx = \int \frac{1}{x(x+5)} dx = \int \frac{1}{5}\left(\frac{1}{x} - \frac{1}{x+5}\right) dx$

$$= \frac{1}{5}\left[\int \frac{1}{x} dx - \int \frac{1}{x+5} dx\right] = \frac{1}{5}(\ln|x| - \ln|x+5|) + C$$

생각 열기

다음과 같은 분수함수의 부정적분을 생각해보자.

$$\int \frac{3x+1}{x^2+3x+2} dx$$

이러한 함수는 적분의 기본공식 및 치환적분 등의 방법으로도 부정적분을 구하기 어렵다. 이러한 분수함수의 부정적분을 구할 때에는 주어진 분수함수를 간단한 분수로 분해한 후에 적분한다.

$$\frac{3x+1}{x^2+3x+2} = \frac{3x+1}{(x+2)(x+1)} = \frac{a}{x+2} + \frac{b}{x+1}$$

여기서 미지수인 상수 a와 b가 새로 발생하였다. 미지수는 다음과 같은 방법으로 쉽게 구할 수 있다.

$$\frac{3x+1}{x^2+3x+2} = \frac{(a+b)x+a+2b}{(x+2)(x+1)} \Rightarrow a=5, b=-2$$

따라서 분수함수의 적분은 다음과 같이 구할 수 있다.

$$\int \frac{3x+1}{x^2+3x+2}dx = \int \left(\frac{5}{x+2} - \frac{2}{x+1}\right)dx = 5\ln|x+2| - 2\ln|x+1| + C$$

문제

1. 다음의 부정적분을 구하시오.

(1) $\int \frac{1}{x^2+3x+2}dx$

(2) $\int \frac{x+2}{x^2-3x+2}dx$

풀이

(1) $\int \frac{1}{x^2+3x+2}dx = \int \left(\frac{1}{x+1} - \frac{1}{x+2}\right)dx = \int \frac{1}{x+1}dx - \int \frac{1}{x+2}dx = \ln|x+1| - \ln|x+2| + C$

(2) $\int \frac{x+2}{x^2-3x+2}dx = \int \left(\frac{4}{x-2} - \frac{3}{x-1}\right)dx = 4\int \frac{1}{x-2}dx - 3\int \frac{1}{x-1}dx$

$= 4\ln|x-2| - 3\ln|x-1| + C$

10-3. 치환 적분법

▶ 치환 적분법

치환 적분법이란 피적분 함수의 일부를 치환하여 단순한 형태의 적분으로 만든 후 기존의 적분 공식을 이용하는 것이다. 치환 적분법은 복잡한 적분 문제를 쉽게 만드는 방법이다. 치환

적분을 하는 경우, 고민해야 되는 것은 '피적분함수의 어느 부분을 치환해야 하는가' 이다. 어느 부분을 치환해야 하는가라는 질문에 답하기 위해 다음의 합성함수를 이용하여 설명해보자.

원자재 t를 투입하여 중간재 x를 만들고 x를 다시 투입하여 최종재 y를 만드는 다음과 같은 함수를 고려하자.

$$x = G(t)$$
$$y = F(x)$$

$G(t)$는 중간재화 생산함수이고, $F(x)$는 최종재화 생산함수이다. 따라서 두 함수를 이용하여 합성함수 y를 다음과 같이 표시할 수 있다.

$$F(x) = F\big(G(t)\big) \qquad (1)$$

'원자재 t가 변화 시 최종재는 얼마나 변하는가?'를 알기 위해서는 식 (1)을 원자재 t에 대해 다음과 같이 미분하면 된다.

$$\frac{dF(x)}{dt} = \frac{dF}{dx} \cdot \frac{dx}{dt} = f(x) \cdot g(t) = f\big(G(t)\big)g(t)$$

단, $\frac{dF(x)}{dx} = f(x)$이고 $\frac{dx}{dt} = g(t)$이다.

위 식을 t에 대해 다시 적분하면

$$\int \frac{dF(x)}{dt}dt = \int \frac{dF}{dx} \cdot \frac{dx}{dt}dt = \int f\big(G(t)\big)g(t)dt$$

이를 정리하면 다음과 같다.

$$F(x) = \int f(x)dx = \int f\big(G(t)\big)g(t)dt$$

이 경우 다음이 성립한다.

$$f(x)dx = f\big(G(t)\big)g(t)dt$$

위 등식에 따라 다음이 성립한다.

$$x = G(t)$$
$$dx = g(t)dt$$

이제 어느 부분을 치환하는가에 대한 답을 알아보자. 합성함수이자 최종재화 생산함수인 $f(G(t))$의 안에 있는 중간재화 생산함수 G(t)를 독립변수 x로 치환하는 것이다. 결국 피적분함수가 복합함수인 경우 중간재화 생산함수인 $G(t)$를 x로 치환하고 치환한 부분의 미분 값인 $\frac{dx}{dt} = g(t)$를 활용하면 된다.

생각 열기

치환적분은 일반적으로 합성함수인 경우 치환하여 사용하는 것이다. 위에서 언급한 두 함수를 다시 생각해 보자.

$$\boldsymbol{x = G(t)}$$
$$\boldsymbol{y = F(x)}$$

위 두 함수의 관계는 $\boldsymbol{t}$가 투입되어 $\boldsymbol{x}$가 나오고 다시 $\boldsymbol{x}$가 투입되어 $\boldsymbol{y}$가 나온다. 즉, 합성함수로 되어 있다. 이런 합성함수의 경우 치환적분을 사용하면 된다. 다른 예를 들어보자. $\boldsymbol{y = x}$는 합성함수가 아니고, $\boldsymbol{y = \frac{1}{2x}}$는 $\boldsymbol{(x \to 2x \to \frac{1}{2x} = y)}$이므로 합성함수가 될 수 있고, $\boldsymbol{y = (2x+3)^2}$ 도 $\boldsymbol{(x \to 2x+3 \to (2x+3)^2 = y)}$ 이므로 합성함수가 될 수 있고, $\boldsymbol{y = (2x-1)/(x^2-x+1)}$도 $\boldsymbol{(x \to x^2-x+1 \to (2x-1)/(x^2-x+1) = y)}$이므로 합성함수가 될 수 있다. 이런 경우 치환적분을 사용한다. 다음 문제를 치환적분을 사용하여 풀어보자.

$$\boldsymbol{\int \frac{2x-1}{x^2-x+1} dx}$$

$\boldsymbol{x^2 - x + 1 = t}$라고 치환하면 $\boldsymbol{(2x-1)dx = dt}$가 된다. 따라서 치환된 $\boldsymbol{t}$를 사용하여 함수를 다시 쓰면 다음과 같다.

$$\boldsymbol{\int \frac{2x-1}{x^2-x+1} dx = \int \frac{(\frac{dt}{dx})}{t} dx = \int \frac{1}{t} dt = \ln|t| + C = \ln|x^2-x+1| + C}$$

문제

1. 다음 부정적분을 구하시오.

(1) $\int x\sqrt{x^2+2}\,dx$

(2) $\int \frac{2x}{\sqrt{x^2+3}}dx$

(3) $\int 2x\sqrt{x+3}\,dx$

(4) $\int 2xe^{x^2}\,dx$

(5) $\int \frac{e^x}{e^x+2}dx$

(6) $\int \frac{(\ln x)^2}{2x}dx$

(7) $\int \frac{2}{x\ln x}dx$

풀이

1. (1) 다항식 x^2+2를 t로 놓으면 단항식으로 변환된다.

즉, $x^2+2=t$로 놓으면 $\frac{dt}{dx}=2x$

$$\int x\sqrt{x^2+2}\,dx=\int \sqrt{t}\cdot\frac{1}{2}dt=\frac{1}{2}\int t^{\frac{1}{2}}\,dt=\frac{1}{2}\cdot\frac{2}{3}t^{\frac{3}{2}}+c=\frac{1}{3}(x^2+1)^{\frac{3}{2}}+C$$

(2) 다항식 x^2+3을 t로 놓으면 단항식으로 변환된다.

즉, $x^2+3=t$로 놓으면 $\frac{dt}{dx}=2x$

$$\int \frac{2x}{\sqrt{x^2+3}}dx=\int \frac{1}{\sqrt{t}}dt=\int t^{-\frac{1}{2}}\,dt=2t^{\frac{1}{2}}+c=2\sqrt{t}+c=2\sqrt{x^2+3}+C$$

(3) $x+3=t$로 놓으면 $\frac{dt}{dx}=1$

$$\int 2x\sqrt{x+3}\,dx=\int (2t-6)\sqrt{t}\,dt=\int (2t^{\frac{3}{2}}-6t^{\frac{1}{2}})dt=2\cdot\frac{2}{5}t^{\frac{5}{2}}-6\cdot\frac{2}{3}t^{\frac{3}{2}}+C$$
$$=\frac{4}{5}(x+3)^{\frac{5}{2}}-4(x+3)^{\frac{3}{2}}+\mathrm{C}$$

(4) $x^2=t$로 놓으면 $\frac{dt}{dx}=2x$

$$\int 2xe^{x^2}\,dx=\int \frac{dt}{dx}e^t\,dx=\int e^t\,dt=e^t+c=e^{x^2}+C$$

(5) $e^x+2=t$로 놓으면 $\frac{dt}{dx}=e^x$

$$\int \frac{e^x}{e^x+2}dx=\int \frac{1}{t}dt=\ln|t|+c=\ln(e^x+2)+c\ \ (\because e^x+2>0)$$

(6) $\ln x=t$로 놓으면 $\frac{dt}{dx}=\frac{1}{x}$

$$\int \frac{(\ln x)^2}{2x}dx=\int \frac{1}{2}t^2\,dt=\frac{1}{2}\int t^2\,dt=\frac{1}{2}\cdot\frac{1}{3}t^3+c=\frac{1}{6}(\ln x)^3+C$$

(7) $\ln x=t$로 놓으면 $\frac{dt}{dx}=\frac{1}{x}$

$$\int \frac{2}{x \ln x} dx = \int \frac{2}{t} dt = 2 \ln|t| + c = 2 \ln|\ln x| + C$$

10-4. 부분 적분법

▶ 부분적분법

피적분 함수가 곱셈, 로그, 혹은 지수 등의 형태를 취할 때에는 적분 공식의 적용이 어렵다. 이러한 경우 가장 많이 사용되는 것이 다음과 같은 부분 적분법(integration by parts)이다.

$$\int f(x)g'(x)\,dx = f(x)g(x) - \int g(x)f'(x)\,dx + C$$

이를 간단히 증명해 보자. 먼저, $f(x)g(x)$ 미분은 다음과 같다.

$$[f(x)g(x)]' = f(x)g'(x) + g(x)f'(x)$$

위 식 양변에 적분을 취하면 다음과 같다.

$$f(x)g(x) = \int f(x)g'(x)\,dx + \int g(x)f'(x)\,dx + C$$

따라서 우측 첫 번째 항을 중심으로 정리하면 다음과 같은 부분 적분법이 성립한다.

$$\int f(x)g'(x)\,dx = f(x)g(x) - \int g(x)f'(x)\,dx + C$$

생각 열기

수학문제를 풀기 위해서는 공식을 도표로 만들어 적용하는 것이 편리하다. 다음과 같은 표를 사용하여 부분 적분을 쉽게 해결할 수 있다.

아래의 표는 $\int AB\,dx$의 부분 적분을 위해서 만든 것이다. A를 미분한 것이 C이고 B를 적분한 것이 D이다. 이 경우 부분 적분은 다음과 같다.

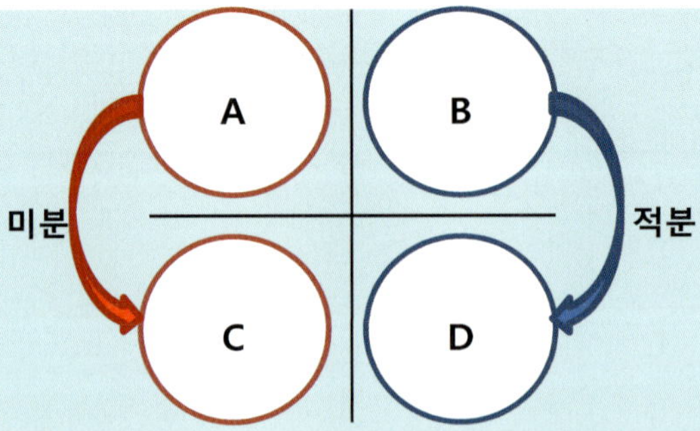

대각선의 곱인 AD에서 마지막 행의 곱인 CD에 적분을 취하여 빼주면 된다. 따라서 다음과 같은 공식이 적용된다.

$$\int AB\,dx = AD - \int CD\,dx$$

$\int \ln x\,dx$와 같은 예를 들어보자. $\ln x$를 미분한 것을 C의 자리에 적고, 1을 적분한 x를 D의 자리에 쓰면 다음과 같이 부분 적분을 해결할 수 있다.

$\ln x$	1
$\frac{1}{x}$	x

$$\int \ln x\,dx = (\ln x)(x) - \int (x)\left(\frac{1}{x}\right)dx = x\ln x - x + c$$

문제

1. 다음의 부정적분을 구하여라.

(1) $\int (\ln x)^2\,dx$

(2) $\int 3x^2e^x\,dx$

(3) $\int 3x^2\ln x\,dx$

2. 다음의 부정적분을 치환과 부분 적분을 이용하여 구하시오.

(1) $\int e^{3x}\,dx$

(2) $\int e^{-2x}\,dx$

(3) $\int xe^{3x}\,dx$

(4) $\int xe^{-x}\,dx$

풀이

1. (1)

$\ln x$	$\ln x$
$\frac{1}{x}$	$x\ln x - x$

따라서 $\int (\ln x)^2\,dx = x(\ln x)^2 - x\ln x\text{-}\int \ln x - 1\,dx$

$= x(\ln x)^2 - x\ln x - \int \ln x dx + x$

$= x(\ln x)^2 - x\ln x - (x\ln x - x) + x + C$

$= x(\ln x)^2 - 2x\ln x + 2x + C$

(2)

$3x^2$	e^x
$6x$	e^x

따라서 $\int 3x^2 e^x\,dx = 3x^2e^x - \int 6x\,e^x dx$,

다시 $\int 6x\,e^x dx$에 부분적분을 적용하면 다음과 같다.

$6x$	e^x
6	e^x

$$\int 6x\,e^x dx = 6xe^x - \int 6\,e^x dx = 6xe^x - 6e^x + \mathrm{C}$$

따라서 $\int 3x^2e^x\,dx = 3x^2e^x - 6xe^x + 6e^x + C = (3x^2 - 6x + 6)e^x + C$

(부정적분의 경우 적분상수(C) 앞의 부호는 일반적으로 (+)로 한다. c의 값이 미정이므로 부호가 무엇이든 상관 없지만 일반적으로 (+)를 쓴다.

(3)

$$f(x) = \ln x,\ \ g'(x) = 3x^2\text{으로 놓으면 } f'(x) = \frac{1}{x},\ \ g(x) = x^3$$

$\ln x$	$3x^2$
$\frac{1}{x}$	x^3

따라서 $\int 3x^2 \ln x\, dx = x^3 \ln x - \int \frac{1}{x} \cdot x^3\, dx = x^3 \ln x - \frac{1}{3}x^3 + C = \left(\ln x - \frac{1}{3}\right)x^3 + C$

2. (1) $3x = u$로 놓으면 $dx = \frac{1}{3}du$

따라서 $\int e^{3x}\, dx = \int e^u \left(\frac{1}{3}\right) du = \frac{1}{3}\int e^u du = \frac{1}{3}e^u + c = \frac{1}{3}e^{3x} + C$

(2) $-2x = u$로 놓으면 $dx = -\frac{1}{2}du$

따라서 $\int e^{-2x}\, dx = \int e^u \left(-\frac{1}{2}\right) du = -\frac{1}{2}\int e^u du = -\frac{1}{2}e^{-2x} + C$

(3) x를 미분하면 1이고 e^{3x}을 적분하면 $\frac{1}{3}e^{3x}$이다. 따라서 다음과 같이 표로 만들 수 있다.

x	e^{3x}
1	$\frac{1}{3}e^{3x}$

부분적분 공식을 이용하면 다음과 같다.

$$\int xe^{3x}\, dx = x \cdot \frac{1}{3}e^{3x} - \int \frac{1}{3}e^{3x}\, dx = \frac{1}{3}xe^{3x} - \frac{1}{9}e^{3x} + c = \left(\frac{1}{3}x - \frac{1}{9}\right)e^{3x} + C$$

(4) x를 미분하면 1이고 e^{-x}을 적분하면 $-e^{-x}$이다. 따라서 다음과 같이 표로 만들 수 있다.

x	e^{-x}
1	$-e^{-x}$

부분적분 공식을 이용하면 다음과 같다.

$$\int xe^{-x}\, dx = -xe^{-x} - \int (-e^{-x})\, dx + c = -(1 + x)e^{-x} + C$$

10-5. 정적분의 개념과 공식

▶ 정적분의 개념

함수 $f(x)$가 폐구간 $[a, b]$에서 연속일 때, 구간 $[a, b]$를 n등분하여 각 점의 x좌표를 $x_0(=a)$, x_1, $\cdots$, $x_n(=b)$라고 하고, $\frac{b-a}{n}=\Delta x$라고 할 때, $\lim_{\Delta x \to 1} \sum_{i=1}^{n} f(x_i)\Delta x$를 $f(x)$의 a에서 b까지의 정적분이라 하고 다음과 같이 표기한다.

$$\int_a^b f(x)\,dx = \lim_{\Delta x \to 0} \sum_{i=1}^{n} f(x_i)\Delta x$$

$\sum_{i=1}^{n} f(x_i)\Delta x$의 의미는 '밑변이 Δx이고 높이가 $f(x_i)$인 n개 직사각형의 넓이를 모두 더한 합'이다. 따라서 정적분인 $\int_a^b f(x)\,dx$는 'x축, $x=a$, $x=b$, $y=f(x)$의 그래프에 의해 둘러싸인 도형의 넓이'를 의미한다. 이런 특징 때문에 정적분은 면적, 부피, 곡선의 길이, 표면적 등을 구하는데 사용되고 있다.

▶ 정적분의 계산

$f(x)$의 부정적분 중 하나를 $F(x)$라고 하면 정적분은 다음과 같다.

$$\int_a^b f(x)\,dx = F(b) - F(a)$$

여기서 a를 적분하한(lower limit of integration), b를 적분상한(upper limit of integration)이라 한다.

▶ 정적분 공식

다음의 정적분공식을 이용하면 편리하다.

(1) $\int_a^b f(x)\,dx = -\int_b^a f(x)\,dx$

(2) $\int_a^a f(x)\,dx = 0$

(3) $\int_a^d f(x)\,dx = \int_a^b f(x)\,dx + \int_b^c f(x)\,dx + \int_c^d f(x)\,dx \quad (a < b < c < d)$

(4) $\int_a^b -f(x)\,dx = -\int_a^b f(x)\,dx$

(5) $\int_a^b kf(x)\,dx = k\int_a^b f(x)\,dx$ (단, k는 실수)

(6) $\int_a^b [f(x)+g(x)]\,dx = \int_a^b f(x)\,dx + \int_a^b g(x)\,dx$

(7) $\int_a^b f(x)g'(x)\,dx = f(x)g(x)|_a^b - \int_a^b f'(x)g(x)\,dx$

문제

1. 다음을 계산하시오.

(1) $\int_0^2 2\sqrt{2x}\,dx$

(2) $\int_1^3 (x-2)\,dx + \int_3^4 (x-2)\,dx$

(3) $\int_0^1 x^2(x^3+1)^{20}\,dx$

(4) $\int_1^4 (e^{3x}+3e^x)\,dx$

(5) $\int_0^1 x^2e^{2x}\,dx$

(6) $\int_{-2}^{e-3} \frac{2}{x+3}\,dx$

(7) $\int_1^e \ln x\,dx$

풀이

1. (1) $\int_0^2 2\sqrt{2x}\,dx = 2\sqrt{2}\cdot\frac{2}{3}\cdot x^{\frac{3}{2}}\Big|_0^2 = 2\sqrt{2}\cdot\frac{2}{3}\cdot 2^{\frac{3}{2}} = 8\cdot\frac{2}{3} = \frac{16}{3}$

(2) $\int_1^3 (x-2)\,dx + \int_3^4 (x-2)\,dx = \int_1^4 (x-2)\,dx = \frac{1}{2}x^2 - 2x\Big|_1^4 = \frac{1}{2}\cdot 4^2 - 8 - \frac{1}{2} + 2 = \frac{3}{2}$

(3) 우선 $u = x^3+1$ 이라 놓으면 $du = 3x^2\,dx$ 가 되므로, 이를 이용하면

$$\int_0^1 x^2(x^3+1)^{20}\,dx = \int_0^1 \left(\frac{1}{3}\frac{du}{dx}\right)u^{20}\,dx = \int_1^2 \frac{1}{3}u^{20}\,du = \frac{1}{3}\frac{u^{21}}{21}\Big|_1^2 = \frac{(2)^{21}-1}{63}$$

이 된다.

정적분에서 적분의 범위가 dx에서 du로 바뀌므로 정적분의 적분 범위도 x에서 u로 바뀌어야 한다. 여기서 $x=0$일 때 $u=1$, $x=1$일 때 $u=2$ 로 전환되므로 정적분의 범위도 위처럼 바뀐다.

(4) $\int_1^4 e^{3x}+3e^x\,dx = \int_1^4 e^{3x}dx + \int_1^4 3e^x\,dx = \frac{1}{3}e^{3x}\Big|_1^4 + 3e^x|_1^4 = \frac{1}{3}e^{12} - \frac{1}{3}e^3 + 3e^4 - 3e$

(5) x^2를 미분하면 $2x$이고, e^{2x}를 적분하면 $\frac{e^{2x}}{2}$가 되므로 다음과 같이 표를 만들 수 있다.

x^2	e^{2x}
$2x$	$\frac{e^{2x}}{2}$

부분 적분 공식을 이용하면 다음과 같다.

$$\int_0^1 x^2 e^{2x}\, dx = x^2 \frac{e^{2x}}{2}\bigg|_0^1 - \int_0^1 \frac{e^{2x}}{2}(2x)\, dx = \frac{e^2}{2} - \int_0^1 xe^{2x}\, dx$$

이번에는 x를 미분하면 1이고, e^{2x}를 적분하면 $\frac{e^{2x}}{2}$가 되므로 다음과 같이 표를 만들 수 있다.

x	e^{2x}
1	$\frac{e^{2x}}{2}$

부분 적분 공식을 이용하면 다음과 같다.

$$\int xe^{2x}\, dx = (x)\left(\frac{e^{2x}}{2}\right) - \int \frac{e^{2x}}{2}(1)\, dx = \frac{1}{2}xe^{2x} - \frac{1}{4}e^{2x} + C$$

$$\int_0^1 x^2 e^{2x}\, dx = \frac{e^{2x}}{2} - \int_0^1 xe^{2x}\, dx = \frac{e^2}{2} - \frac{1}{2}xe^{2x}\bigg|_0^1 + \frac{1}{4}e^{2x}\bigg|_0^1 = \frac{e^2}{2} - \frac{e^2}{2} + \frac{e^2}{4} - \frac{1}{4} = \frac{e^2}{4} - \frac{1}{4}$$

(6) $\int_{-2}^{e-3} \frac{2}{x+3} dx = 2\ln|x+3||_{-2}^{e-3} = 2\ln e - 2\ln 1 = 2 - 0 = 2$

(7) $\ln x$를 미분하면 $\frac{1}{x}$이고 1을 적분하면 x이 된다. 따라서 표를 이용하여 정적분을 하면 다음과 같다.

$\ln x$	1
$\frac{1}{x}$	x

$$\int_1^e \ln x\, dx = x\ln x|_1^e - \int_1^e 1\, dx = x\ln x|_1^e - x|_1^e = e - e + 1 = 1$$

생각 열기

▷ 넓이

구간 $[a,b]$에서 함수 $f(x)$와 $g(x)$가 연속이고 아래 그림과 같다고 하자. 이때 $y=f(x)$, $y=g(x)$, $x=a$, $x=b$로 둘러싸인 도형의 넓이는 다음과 같다.

$$A=\int_a^b (f(x)-g(x))dx$$

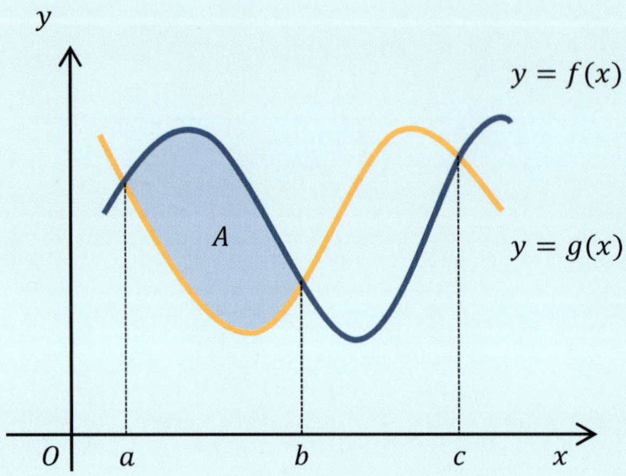

$f(x)$와 $g(x)$는 일종의 선분이 되고, 구간 $[a,b]$에서 선분인 두 함수 $f(x)$와 $g(x)$가 연속이 되므로 선분을 다 합치면 넓이가 된다.

▷ 부피

구간 $[a,b]$에서 단면의 넓이인 함수 $f(x)$가 연속이라고 하자. 입체의 부피 V는 다음과 같다.

$$V=\int_a^b f(x)dx$$

함수 $f(x)$는 넓이가 되고, 함수 $f(x)$ 구간 $[a,b]$에서 변하므로, 넓이를 다 합치면 부피가 된다.

▷ 운동 거리와 정적분

시속을 $v(t)$라고 했을 때, 시간 $t=a$에서 $t=b$까지 움직인 거리는 다음과 같다.

$$\boldsymbol{s = \int_a^b v(t)dt}$$

$\boldsymbol{v(t)}$는 속력이고 $\boldsymbol{dt}$는 시간이므로 $\boldsymbol{v(t)dt}$는 움직인 거리이다. 따라서 $\boldsymbol{s}$는 움직인 거리를 다 합한 총 거리이다.

10-6. 이상적분

▶ **이상적분(improper integral)의 경우:** 정적분 $\int_a^b f(x)\,dx$가 이상적분이 되는 경우는 일반적으로 다음 두가지의 경우이다.

(1) 정적분의 상한 또는 하한 중 적어도 하나가 무한대인 ∞ 또는 $-\infty$인 경우이다.

$$\int_a^{\infty} f(x)dx \text{ 또는 } \int_a^b f(x)dx$$

이러한 경우 극한의 개념을 이용한다. 예를 들면 다음과 같다.

$$\int_a^{\infty} f(x)dx = \lim_{b\to\infty}\int_a^b f(x)dx$$

(2) 피적분 함수의 정의역 원소인 $x = c$가 정의되지 않는 경우이다. 아래와 같은 분수의 적분에서 발생한다.

$$\int_0^5 \frac{1}{x-3}dx$$

이러한 경우 $x = 3$에서 함수가 정의되지 않는다. 이 경우 적분의 구간을 나누어서 다시 정리하면 된다. 예를 들면 다음과 같다.

$$\int_0^5 \frac{1}{x-3}dx = \int_0^3 \frac{1}{x-3}dx + \int_3^5 \frac{1}{x-3}dx$$

생각 열기

다음과 같은 분수의 이상적분을 그래프로 알아보자.

$$\int_1^5 \frac{1}{x-3}dx$$

피적분 함수의 정의역 $x = 3$에서 피적분 함수가 정의되지 않는다. 만약 기존의 방식으로 적분을 계산하면 다음과 같다.

$$\int_1^5 \frac{1}{x-3}dx = \ln|x-3|\Big|_1^5 = \ln(5-3) - \ln|1-3| = \ln 2 - \ln(2) = 0$$

그러나 적분의 구간 중 $x = 3$에서는 분수가 정의되지 않으므로 위에서 계산된 값은 틀린 값이다. 즉, 피적분함수인 $\frac{1}{x-3}$이 주어진 구간 $1 < x < 5$에서 연속이지 않으므로 다른 방법에 의해서 적분을 해야 한다. 그래프를 생각해 보면 $\frac{1}{x-3}$는 x가 3인 경우 발산(diverge)하며 연속적이지 않게 된다. 바로 이런 경우의 적분을 이상적분이라고 한다.

문제

1. 다음의 이상적분이 계산되는지 확인하시오.

(1) $\int_4^\infty x^{-\frac{1}{2}}dx$

(2) $\int_{-\infty}^0 e^x dx$

(3) $\int_0^1 \frac{1}{x}dx$

(4) $\int_0^5 \frac{1}{x-3}dx$

(5) $\int_{-3}^2 \frac{1}{x}dx$

풀이

(1)

$$\int_4^\infty x^{-\frac{1}{2}}dx = \lim_{t\to\infty}\int_4^t x^{-\frac{1}{2}}dx = \lim_{t\to\infty}\left[2t^{\frac{1}{2}}\right] - 4 = \infty$$

따라서 $\int_4^\infty x^{-\frac{1}{2}}dx$ 의 값은 발산하므로 존재하지 않는다.

(2)

$$\int_{-\infty}^{0} e^x\,dx = \lim_{t\to-\infty}\int_t^0 e^x\,dx = 1 - \lim_{t\to-\infty}(e^t) = 1$$

(3)

$$\int_0^1 \frac{1}{x}dx = \lim_{t\to0}\ln|x|_t^1 = \ln 1 - \lim_{t\to0}\ln|t| = 0-(-\infty)$$

따라서 발산한다.

(4)

$$\int_0^5 \frac{1}{x-3}dx = \int_0^3 \frac{1}{x-3}dx + \int_3^5 \frac{1}{x-3}dx$$

우측 첫 번째 항을 정리하면 다음과 같다.

$$\int_0^3 \frac{1}{x-3}dx = \lim_{a\to3-}\ln|x-3|\Big|_0^a$$

마찬가지로 우측 두 번째 항을 정리하면 다음과 같다.

$$\int_3^5 \frac{1}{x-3}dx = \lim_{a\to3+}\ln|x-3|\Big|_a^5 = -(-\infty) = \infty$$

우측 두 개항 모두 수렴할 때만 수렴한다고 말할 수 있다. 만약 둘 중에 하나라도 발산하면 발산한다고 말한다. 따라서 이 이상적분은 발산한다.

(5)

$$\int_{-3}^2 \frac{1}{x}dx = \int_{-3}^0 \frac{1}{x}dx + \int_0^2 \frac{1}{x}dx$$

따라서

$$\int_{-3}^0 \frac{1}{x}dx = \lim_{a\to0-}\int_{-3}^a \frac{1}{x}dx = \lim_{a\to0-}\ln|x|\Big|_{-3}^a$$

$$\int_0^2 \frac{1}{x}dx = \lim_{a\to0+}\int_a^2 \frac{1}{x}dx = \lim_{a\to0+}\ln|x|\Big|_a^2 = -(-\infty) = \infty$$

따라서 발산한다.

10-7. 적분의 응용

▶ 소비자 잉여

소비자 잉여(*Consumer Surplus*)는 소비자가 한 재화를 소비하기 위해 지불하고자 하는 최대 금액과 실제로 지불하는 금액 간의 차이다. 따라서 소비자 잉여는 주어진 수요곡선 $D(\mathrm{x})$ 와 소비량 구간 $[0,\ x^*]$ 까지 적분한 값에서 실제 지불금액을 뺀 값이다. 이를 식으로 나타내면 다음과 같다.

$$CS = \int_0^{x^*} D(x)dx - p^*x^*$$

이를 그래프로 나타내면 다음과 같다.

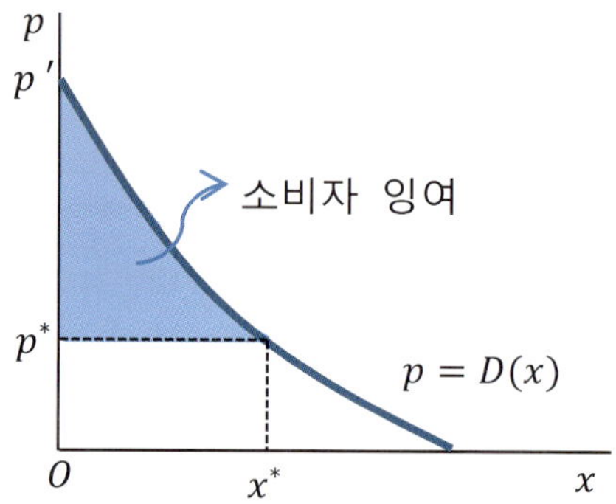

변화하는 구간이 $[p^*,\ p']$ 인 경우 함수는 $g(p)$ 가 되며, 이 경우 소비자 잉여를 식으로 나타내면 다음과 같다.

$$CS = \int_{p'}^{p^*} g(p)dp$$

▶ 생산자 잉여

생산자 잉여(*Producer Surplus*)는 어떤 재화를 일정량만큼 판매한 판매 수입에서 생산하는 데에 들어간 총 비용을 뺀 값이다. 공급곡선은 한계비용이므로 한계비용을 적분하면 총 가변비용이 된다(아래 생각 열기 참조). 따라서 판매 수입에서 공급곡선 $S(x)$를 적분한 값을 뺀 값이라 할 수 있다. 이를 그래프와 식으로 나타내면 다음과 같다.

$$PS = p^*x^* - \int_0^{x^*} S(x)dx$$

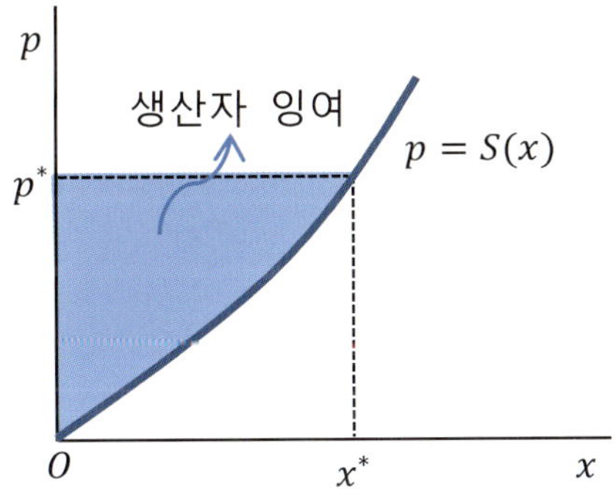

생각 열기 **(수요곡선과 공급곡선)**

수요곡선과 공급곡선을 공급자의 이윤함수에서 도출해 보자. 생산자의 이윤함수는 다음과 같다.

$$\boldsymbol{\pi = pD(x) - C(x)} \qquad (1)$$

여기서 $\boldsymbol{\pi}$, $\boldsymbol{D(x)}$, $\boldsymbol{C(x)}$는 이윤함수, 수요함수, 비용함수이다. 생산자의 이윤함수에 수요함수가 들어가는 이유는 무엇일까? 공급자의 판매량에 판매 가격을 곱하면 판매수입이 된다. 그러나 판매량은 공급자가 생산한 생산량이 아니고 수요자가 수요한 수요량이다. 생산량이 수요량을 초과하면 초과분은 재고가 된다. 그 이유로 생산량이 아닌 판매량 혹은 수요량인 수요함수가 사용된다. 이제 이윤 극대화 1차 조건을 도출하기 위해 식 (1)을 미분 해보자.

$$\boldsymbol{pMU(x) = MC(x)} \qquad (2)$$

식 (2)를 보면, 한계효용 가치인 $pMU(x)$와 한계비용인 $MC(x)$가 같아지는 점에서 판매량 혹은 소비량이 결정된다. 식 (2)의 우측 $MU(x)$는 x의 소비량이 증가할수록 감소하고, 식 (2)의 좌측 $MC(x)$는 x의 생산량이 증가할수록 증가한다. 이는 $MC(x)$는 수요함수이고 $MU(x)$는 공급함수이기 때문이다.

문제

1. 볼펜을 소비하는 소비자의 소비함수가 $p = 200 - Q$ 라고 하자. 볼펜 80만큼 소비할 때 가격은 120이다. 이 때 소비자 잉여를 구하시오.

2. 어떤 제품을 x만큼 생산하는 기업의 공급곡선이 $S = 4x$라고 하자. 제품을 x^*만큼 생산할 때 단위당 가격은 20이라고 한다. 이 때 기업의 생산자 잉여를 구하시오.

3. 수요함수가 $D(p) = 50 - 2p$ 로 주어져 있다.

(1) $p = 20$ 이라 할 때 소비자 잉여를 적분의 구간을 수요량인 D로 정하고 구하시오.

(2) $p = 15$ 일 때 소비자 잉여가 얼마인지 적분의 구간을 가격인 p로 두고 구하시오.

(3) 가격이 20 에서 15로 하락했을 때 소비자잉여는 얼마나 증가했는가?

풀이

1. 소비자 잉여는 수요함수의 적분에서 총 지출액을 뺀 값이다.

$$\begin{aligned} CS &= \int_0^{80} (200 - Q)dQ - 120 \cdot 80 \\ &= 200Q - \frac{1}{2}Q^2\Big|_0^{80} - 9600 = 3200 \end{aligned}$$

2. 생산자 잉여는 수입에서 공급곡선을 적분한 값을 뺀 값이다.

$$\begin{aligned} PS &= 20x^* - \int_0^{x^*} 4x\,dx \\ &= 20t - 2x^2|_0^{x^*} = 20x^* - 2x^{*2} \end{aligned}$$

3. (1) 수요가 0일 때의 가격을 구해보면 $50 - 2p = 0$ 에서 $p = 25$ 임을 알 수 있다. 따라서 소비자 잉여는 다음과 같이 구할 수 있다.

$$\int_{20}^{25}(50-2p)\,dp = (50p-p^2)|_{20}^{25} = 25$$

(2)

$$\int_{15}^{25}(50-2p)\,dp = (50p-p^2)|_{15}^{25} = 100$$

(3) 앞에서 구한 결과를 이용하면 **100 − 25 = 75** 임을 쉽게 알 수 있지만, 아래와 같은 식을 통해서도 알 수 있다.

$$\int_{\text{하락한 가격}}^{\text{원래가격}} D(p)\,dp = \int_{15}^{20}(50-2p)\,dp = 75$$

▶ 미래가치의 현재가치

다음 그림과 같이 주어진 기간 t에 연속인 수익함수 $f(t)$가 주어진 경우, 어느 특정 시점인 x년 동안 벌어들이게 될 총 수익의 현재가치는 얼마인지 알아보자.

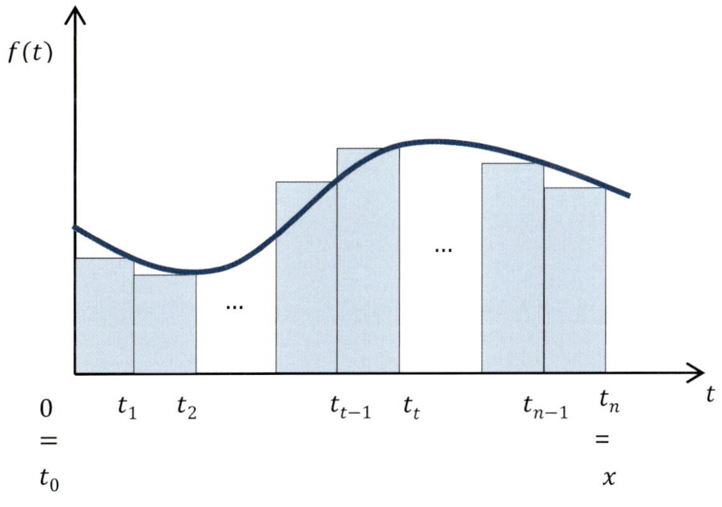

각 시점의 미래가치인 함수 $f(t)$를 현재가치로 표시하기 위해서는 이자율 r을 이용하여 구할 수 있다. 예를 들면, t기 시점의 총 수익은 $f(t)$이고 이는 미래가치이다. 미래가치를 e^{-rt}를 이용하여 할인하면 현재가치로 다음과 같이 전환된다.

$$현재가치 = f(t)e^{-rt}$$

따라서 x년간 총 수익의 현재가치는 각 시점 수익 현재가치의 합이 된다.

$$총\ 수익의\ 현재가치 = \int_0^x f(t)e^{-rt}\,dt$$

문제

1. 1980년 S기업은 석유가격의 폭등으로 중동지역에 진출하여 석유파동을 극복하기로 하였다. 중동 지역에 진출하는 경우 S기업은 10년간 매년 5천만 원의 이익을 창출하는 반면, 비용은 매년 2천만 원이 발생한다. 이 경우 S기업이 중동 지역에 진출하는 것이 타당한지를 분석하시오. 단 연간 이자율은 10%이며 매년 기대되는 순이익은 1년에 걸쳐 지속적으로 발생한다고 가정한다.

풀이

1. 10년간 S기업 순이익의 현가는 다음과 같이 구할 수 있다.

$$\int_0^{10} (5-2)\,e^{-0.1t}dt = 3\left(\frac{-1}{0.1}\right)e^{-0.1t}\Big|_0^{10} = -30(e^{-1}-1) > 0$$

따라서 S건설은 중동지역에 진출하는 것이 좋다.

▶ 로렌츠 곡선과 지니 계수

로렌츠 곡선(Lorenz curve)은 소득분포의 불평등한 정도를 나타내는 개념으로, 인구의 백분율을 횡축에 표시하고 소득 금액의 누적 백분율을 종축에 표시해 각각의 점을 연결한 소득분포 곡선이다. 누적 인구수와 누적 소득액이 같은 비율로 증가하는 45° 대각선으로 표시된다면 이는 소득이 고르게 분포되어 있는 상태인 완전평등 상태를 나타낸다.

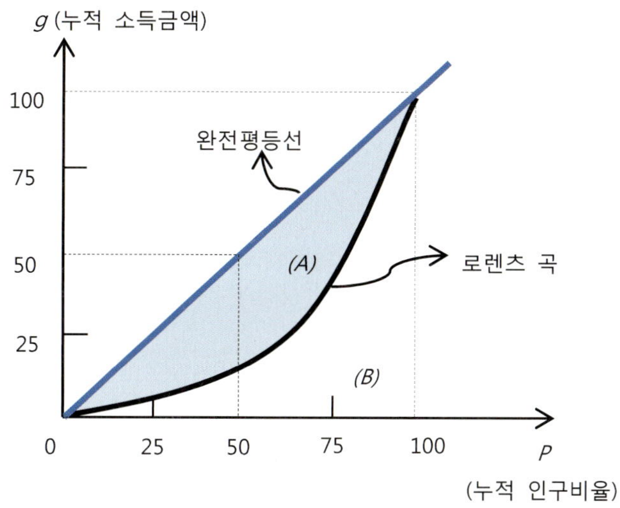

로렌츠 곡선과 함께 많이 쓰이는 용어는 다음과 같이 정의되는 지니 계수($Gini\ coeffieient$)이다. 지니 계수는 $(A+B)$에서 (A)가 차지하는 비중을 말한다. 지니 계수는 0과 1 사이의 값을 가지며 값이 클수록 소득분배가 불평등하다는 것을 보여준다.

$$G = \frac{\text{로렌츠 곡선과 완전평등선 사이의 면적}}{\text{완전평등선 아래의 면적}} = \frac{A}{A+B}$$

$$= \frac{\frac{1}{2} - \int_0^1 L(x)\,dx}{\frac{1}{2}} = 1 - 2\int_0^1 L(x)\,dx$$

문제

1. 로렌츠 곡선이 $L(x) = x^2$인 한 국가의 지니 계수를 구하시오.

풀이

1.

$$\int_0^1 L(x)\,dx = \int_0^1 (x^2)\,dx = \frac{1}{3}$$

$$G = 1 - 2\int_0^1 L(x)\,dx = 1 - \frac{2}{3} = \frac{1}{3}$$

따라서 이 국가의 지니 계수는 $\frac{1}{3}$이다.

찾아보기